Le secret de la sérénité

## Du même auteur

*Renaître d'en Haut, une vie renouvelée par l'Esprit Saint*, Éditions de l'Emmanuel, 2008.

*L'abandon à Dieu, un chemin de paix*, Éditions du Carmel, 2010.

*Que vienne ta miséricorde*, Éditions de l'Emmanuel, 2011.

*La sagesse de la Croix*, Éditions de l'Emmanuel, 2012.

*Vivre en Marie*, Éditions du Carmel, 2013.

*L'art d'être libre*, Éditions de l'Emmanuel, 2013.

*Prêtre*, Éditions de l'Emmanuel, 2014.

*Rendre amour pour amour*, Éditions Téqui, 2015.

*La puissance de la foi*, Éditions Téqui, 2016.

*Prêcher dans l'Esprit*, Éditions Téqui, 2017.

*Contempler l'Au-delà pour vivre pleinement l'Ici-bas*, Éditions Téqui, 2017.

*Léonie, la faiblesse transfigurée*, Éditions du Carmel 2018.

*L'heure est venue*, Éditions Téqui, 2018.

*Vivre le Notre Père*, Éditions Téqui, 2019.

*Jésus, Maître de vie intérieure*, Éditions Artège, 2019.

*Le combat spirituel*, Éditions Artège, 2020.

## Site internet

Les personnes désireuses de participer à une retraite prêchée par le père Joël Guibert peuvent consulter le site suivant :

**www.perejoel.com**

Joël Guibert

# Le secret de la sérénité

*La confiance en Dieu avec saint François de Sales*

ARTÈGE

10, rue Mercœur – 75011 Paris
9, espace Méditerranée – 66000 Perpignan

*www.editionsartege.fr.*

ISBN : 979-10-336-1217-9
EAN Epub : 9791033612322

# Introduction

Existe-t-il un secret de la sérénité ? Si, à toutes les périodes de l'histoire, cette question a habité le cœur des hommes, croyants ou non, la quête de la sérénité est devenue encore plus pressante dans ce monde agité et particulièrement inquiet qui est le nôtre. Ce bien de la sérénité, de la paix profonde, est si précieux qu'il est certainement la valeur numéro 1 plébiscitée par nos contemporains.

On fait avec ce qu'on a ! Ceux qui n'ont pas eu la grâce de faire la rencontre personnelle du Dieu d'amour, mais qui sont désireux d'accéder à une plus grande harmonie intérieure, sont bien obligés de se rabattre sur les moyens humains qui sont à leur disposition. Certains *voyagent* pour se détendre ; d'autres butinent sur les sites internet de *coaching* promettant relaxation ; ils déambulent dans les librairies au rayon *développement personnel* ; un certain nombre s'essaient à la pratique de la *méditation* – une posture de yoga, un zeste de contemplation en pleine conscience, « soyons zen », chante Zazie ; d'autres *s'immergent en pleine nature* afin de retrouver un rythme moins trépidant et de se remplir « d'énergies positives » ; enfin quelques malheureux, de plus en plus nombreux paraît-il, consomment *médicaments* et autres calmants pour être mieux ou, plus exactement, pour être moins mal. Il n'est pas question de mépriser tout ce qui peut aider humainement à plus de paix intérieure, à condition bien sûr que ces techniques soient compatibles avec l'anthropologie chrétienne – ce qui malheureusement est loin d'être le cas pour nombre de propositions alléchantes.

La question rebondit : existe-t-il un secret de la sérénité ? Pour tenter de répondre à cette interrogation, nous voudrions ne pas en rester à l'humain, tout en nous référant à des êtres très humains, ces intimes de Dieu qu'on appelle les saints. Les saints sont et seront toujours les plus grands *experts en humanité* : ils le sont parce qu'ils se sont montrés *experts en divinité* ! Ces fous d'amour ont pris Dieu au sérieux au point de le laisser entrer à flot dans leur être tout entier. Ils ont osé dire au Très-Haut : « Dieu, sois pleinement chez toi chez moi ! » Et lorsqu'on laisse Dieu être Dieu en soi, il fait tout logiquement son œuvre, il irradie de son amour et de sa paix. Les saints sont des êtres particulièrement *harmonisés*, car ils ont permis à Dieu de les unifier. En effet, seul l'Esprit Saint peut réaliser cette unification intérieure, car il est ce « Centre » qui tient tout notre être en équilibre. Les saints sont des êtres particulièrement *pacifiés*, car ils se sont laissés habiter par le « Prince de la Paix » (Is 9,5), alors qu'ils faisaient face – comme nous et certainement davantage que nous – à des situations angoissantes ou à des contradictions déstabilisantes. Ces amis de Dieu, par-delà leurs limites de surface, sont des êtres particulièrement *sains*, car ils ont permis au Christ rédempteur de les guérir, de les refonder : « La santé de l'âme, c'est l'amour de Dieu », dit saint Jean de la Croix[1]. De ce fait, les saints sont des êtres particulièrement *accomplis*, car ils se sont livrés sans réserve à l'absolu de Dieu, seul capable de combler les aspirations les plus profondes de l'homme.

Les saints sont certainement les meilleurs médecins de l'âme humaine, les thérapeutes les plus compétents pour soigner notre mal-être profond. Leur doctrine est sûre et, de plus, « c'est du vécu ! » comme on dit communément, c'est-à-dire qu'ils ont expérimenté le pouvoir curatif et pacifiant des remèdes qu'ils préconisent. Ils méritent vraiment le titre de « docteurs » des âmes, car ils ont été les premiers « patients » des traitements qu'ils recom-

---

1. « Dans les maladies ordinaires, nous disent les philosophes, un mal se guérit par son contraire. L'amour, lui, ne se guérit que par ce qui lui est conforme. La raison en est que la santé de l'âme, c'est l'amour de Dieu », Saint Jean de la Croix, *Œuvres spirituelles*, « Cantique spirituel B », Str. 11, 11, éd. du Cerf, 1990, p. 1269.

mandent, ils en ont constaté les bienfaits et le pouvoir régénérant. Comment pourrions-nous mépriser de telles ressources, comment pourrions-nous bouder leur sagesse de vie ? Comment ne pas nous mettre en toute confiance à leur école ? C'est tout l'objet de ce parcours de santé de l'âme.

Pour cet itinéraire, nous aurions pu faire appel aux richesses multiples de l'enseignement des nombreux saints qui jalonnent l'histoire de la spiritualité. Nous avons pris le parti de nous mettre à l'école d'un seul : François de Sales (1567-1622), évêque de Genève, maître en matière de vie spirituelle et de paix intérieure[2]. Il est une figure lumineuse, particulièrement rayonnante de sérénité. À son sujet, le cardinal de Bérulle a pu dire qu'il « possédait une paix imperturbable [...] et la communiquait aux personnes qui s'approchaient de lui. Il traitait les affaires de la terre avec les yeux fixés au Ciel par pur amour de Dieu[3]. » Deux paroles de saint François de Sales, mises en exergue de notre parcours, posent les fondements

2. Il nous paraît impossible de séparer saint François de Sales de sainte Jeanne de Chantal, tant leur destin ainsi que leur âme furent liés. Nous n'hésiterons donc pas à citer çà et là sainte Jeanne de Chantal : son enseignement est particulièrement imprégné de la doctrine de son bienheureux père. Pour bien comprendre la force, la pureté et le caractère tout à fait unique de l'union de leurs deux âmes, on lira avec profit la belle introduction de leur correspondance, sous la plume du père Max Huot de Longchamp : « La correspondance entre saint François de Sales et sainte Jeanne de Chantal constitue la chronique de la plus extraordinaire amitié de tous les temps, car si l'amitié est "réciproque communication de choses vertueuses", comme le rappelle François citant Aristote, le bien échangé ici n'est autre que Dieu lui-même. "Si nous avions un seul filet d'affection en notre cœur qui ne fût pas à lui et de lui, ô Dieu, nous l'arracherions tout soudainement. [...] Ô ma Mère, Dieu comble de bénédictions votre cœur, que je chéris comme mon cœur propre. Je suis sans fin vôtre, en Celui qui sera par sa miséricorde, s'il lui plaît, sans fin tout nôtre" », peut-on trouver dans un courrier de l'évêque de Genève à Jeanne de Chantal. Cf. père Max Huot de LONGCHAMP, *Une extraordinaire amitié, Correspondance*, éd. Monastère de la Visitation-Sainte-Marie d'Annecy, 2010, p. IX (Lettre de fin juillet ou commencement d'août 1606 et Lettre MDCCCLXXIII).

3. Déposition de sainte Jeanne de Chantal, *Œuvres de sainte Jeanne de Chantal*, 1876, t. 2, p. 185.

de son enseignement sur la sérénité : « La paix et la tranquillité du cœur [...] prennent leur origine dans une parfaite confiance en la bonté de Dieu[4]. » La même conviction, mais vue d'un autre angle : « C'est la sainte indifférence [*i.e.* l'abandon spirituel] qui vous conservera en la paix de votre Époux éternel[5]. » On l'a compris : pas de paix profonde sans abandon à Dieu qui est la Paix par excellence.

Nous le notions à l'instant, l'autorité des paroles des saints s'explique, entre autres, par le fait qu'ils ont expérimenté les vérités qu'ils enseignent. Pourquoi donc les considérations de saint François de Sales sur la paix profonde, fruit de l'abandon à Dieu, touchent-elles tant les gens, hier comme aujourd'hui ? Tout simplement parce que Dieu lui a donné de passer par « la grande épreuve » intérieure, qui l'a conduit à *s'abandonner à Dieu* alors qu'il avait le sentiment *d'être abandonné de Dieu.* Lorsque Dieu veut se servir d'un apôtre en vue du bien des âmes, il lui fait souvent vivre certaines situations, traverser certaines épreuves, ceci afin d'être mieux à même de « soigner » les âmes que Dieu mettra sur sa route. La fécondité de ce traitement divin est triple :

**Compassion.** Le creuset purificateur amène l'apôtre à mieux comprendre de l'intérieur les êtres blessés et fragiles qui se présentent à lui. Ayant vécu une forme de *passion*, il est capable de faire preuve de *compassion.*

> « Dites-moi, je vous supplie, écrivait François de Sales à un gentilhomme qui était tombé dans une profonde mélancolie, quel sujet avez-vous de nourrir cette triste humeur qui vous est si préjudiciable ? Je me doute que votre esprit est encore embarrassé de quelque crainte de la mort soudaine et des jugements de Dieu. Hélas ! que c'est

4. Saint François de Sales, *Œuvres*, édition complète par la Visitation d'Annecy, 19, 128.
5. *Ibid.*

> un étrange tourment ! [...] Mon âme, précise François, qui l'a enduré six semaines durant, est bien capable de *compatir* à ceux qui en sont affligés[6]. »

**Sagesse.** Non seulement le jeune François de Sales a été introduit dans l'épreuve, mais il en est sorti victorieux grâce à certaines clés. Il est un immense pédagogue. Ayant assimilé de l'intérieur certaines expériences douloureuses, il a découvert les clés fondamentales qui permettent de s'en extraire. Il sait mettre des mots sur les mouvements profonds et souvent mystérieux de l'âme : se sentant *compris*, son auditeur ou son lecteur *comprend.*

**Docilité.** Il est un troisième bénéfice, sans doute le plus grand, de ce passage divin au creuset purificateur. L'apôtre qui consent à la purification divine, non seulement devient un interlocuteur précieux pour la personne douloureuse, mais, par l'épreuve elle-même, cet apôtre développe une souplesse très grande entre les doigts de Dieu. Cette plasticité permet à Dieu de l'utiliser puissamment auprès des personnes qu'il rencontre, sa générosité apostolique et vertueuse des débuts fait moins obstacle à l'agir de Dieu. Il cesse d'être un *entrepreneur pour* Dieu, désormais il *se laisse entreprendre par* Dieu. Ce n'est qu'au prix de cette subtile *démission* que commence la vraie *mission.* Ce n'est qu'au prix de cette conversion intime que l'âme connaît la joie insouciante de l'enfance spirituelle, la paix profonde du disciple qui laisse Dieu être Dieu dans sa vie : « Ce n'est plus moi qui vis, mais le Christ qui vit en moi. Ma vie présente dans la chair, je la vis dans la foi au Fils de Dieu qui m'a aimé et s'est livré pour moi » (Ga 2,20).

Venons-en justement à cette expérience que fit saint François de Sales et qui l'amena à s'en remettre totalement entre les mains

6. Abbé de Baudry, *Le véritable esprit de saint François de Sales*, Paris, 1846, IV, p. 181-189. Cité par Henri Brémond, *Histoire littéraire du sentiment religieux en France*, éd. Jérôme Millon, 2006, vol. 1, p. 126.

de Dieu et à connaître dans l'instant même une paix sans nom, la paix même de Dieu. Notre saint traversa une crise intérieure terrible entre 1586-1587, alors qu'il était jeune étudiant à Paris. À cette époque, les affirmations de Luther et de Calvin concernant la prédestination[7] agitaient le monde des théologiens. Notre jeune étudiant se laissa impressionner par certaines paroles radicales de saint Augustin sur le sujet, au point de tomber dans la perplexité : « Moi François, suis-je du nombre de ceux que Dieu a ordonnés à la vie éternelle ? » En décembre 1586, la tension intérieure atteint un degré quasi insupportable : même physiquement, il n'en peut plus. Il n'y a plus qu'une solution : crier vers le ciel et s'en remettre totalement à Dieu. Revenant seul du collège, un jour de janvier 1587, il entre dans l'église dominicaine de Saint-Étienne-des-Grès, se dirige tout droit vers la chapelle de la Vierge noire et supplie de tout son cœur :

> « Seigneur, dans l'éternel décret de votre prédestination et de votre réprobation, vous dont les jugements sont un abîme immense [...], je vous aimerai, Seigneur, au moins en cette vie, s'il ne m'est pas donné de vous aimer en la vie éternelle [...]. Si, mes mérites l'exigeant, je dois être maudit parmi les maudits qui ne verront pas votre très doux visage, accordez-moi du moins de n'être pas de ceux qui maudiront votre saint nom. »

Il récite alors la prière mariale du *Salve Regina* et, au moment même, la terrible tentation disparaît : « En ce même instant, rapporte sainte Jeanne de Chantal, il se trouva parfaitement et

7. Selon une mauvaise compréhension de la prédestination, Dieu aurait choisi de toute éternité ceux qui iront au ciel et ceux qui seront définitivement damnés, ceci indépendamment du choix libre des personnes.

entièrement guéri ; et il lui sembla que son mal était tombé sur ses pieds comme des écailles de lèpre[8]. »

Ce fut pour lui une expérience fondatrice en vue de son futur ministère auprès des nombreuses personnes qui viendraient à lui pour l'accompagnement spirituel et, bien sûr, auprès de sainte Jeanne de Chantal et des religieuses de la Visitation dont il fut le fondateur. À partir de cette expérience décisive, notre jeune étudiant s'attela tout au long de sa vie à cultiver la remise de soi à Dieu, jusqu'à ce que son abandon paisible devienne un style de vie, devienne sa vie. Cher lecteur, en mettant votre main dans celle de ce bon François de Sales, vous ne serez pas trompé : « Tous les chemins sont bons à ceux que Dieu tient dans sa main », écrit-il[9]. Si vous acceptez de vous mettre à son école d'abandon, vous en sortirez refaits et unifiés, apaisés et grandis, vous goûterez à un autre style de vie, votre vie vous apparaîtra pour ce qu'elle est réellement quand elle est vécue en Dieu, simple et simplifiée : « Dieu est un esprit simplificateur[10]. »

Cet ouvrage aux allures de parcours initiatique, même s'il est distribué en une douzaine de chapitres, peut être divisé en deux grandes parties. Jusqu'au sixième chapitre, nous avancerons progressivement jusqu'au cœur de la sérénité : comme vient de le dire François de Sales, elle découle de l'abandon à Dieu, de l'union de notre volonté à celle de Dieu. C'est au fond une attitude spirituelle extrêmement simple, il s'agit de vivre comme un enfant entre les bras du Père éternel. Or nous savons que les réalités les plus simples paraissent compliquées tant qu'elles ne sont pas intégrées, vécues de l'intérieur. Voilà pourquoi nous n'hésiterons pas à prendre notre temps, à descendre pas à pas dans les arcanes de l'abandon, ceci afin d'en montrer les enjeux et débusquer les obstacles, les contrefaçons.

---

8. André RAVIER, *François de Sales, un sage et un saint*, éd. Nouvelle cité, 2003, p. 27-28.
9. Saint François DE SALES, *Œuvres*, *op. cit.*, t. 13, p. 140.
10. *Ibid.*, 26, 298.

Nous appuyant sur les fondements de cette première partie, nous serons mieux à même d'ouvrir la seconde grande section, dont l'intention est d'inscrire très concrètement l'abandon dans la vie. À cet effet, les six derniers chapitres se voudraient des « travaux pratiques » : comment vivre et faire grandir l'abandon par la prière, par la vie dans l'Esprit, par la pratique des vertus. Mûris par l'expérience, le moment viendra de recueillir les fruits délicieux, les immenses bienfaits de l'union de volonté et de l'abandon confiant.

## CHAPITRE 1

# L'AMOUR, AU FONDEMENT DE L'ABANDON

Dès l'introduction nous avons mis en relief le nœud autour duquel tourne toute la réflexion de ce livre : la *sérénité*, intimement liée à *l'abandon* confiant; la paix profonde, conséquence directe d'une vie sous le regard de Dieu. Mais ces deux mots de sérénité et d'abandon, indéfectiblement liés entre eux, seraient trop courts pour rendre compte de leur influence mutuelle. *L'Amour* est en effet le troisième terme, indispensable, sans lequel la voie d'enfance spirituelle risque de se réduire à une simple technique de relaxation.

L'Amour traverse de part en part et la sérénité et l'abandon :

**Amour et abandon.** L'amour doit traverser notre abandon en Dieu selon deux points de vue. Tout d'abord parce que Dieu est amour et nous offre tous les moyens pour que nous correspondions en retour à son amour. Ensuite, de notre côté, nous nous abandonnons à Dieu parce que le vœu de l'amour est de se conformer à l'Aimé. « L'abandonnement est la vertu des vertus : c'est la crème de la charité[1]. »

1. Saint François DE SALES, *Œuvres*, *op. cit.*, 6, 26. L'expression *abandonnement* est propre au langage du siècle de saint François de Sales, elle signifie *abandon spirituel*.

**Amour et sérénité**. En quoi l'amour a-t-il le pouvoir d'irradier notre sérénité ? La sérénité la plus profonde ne vient pas de l'absence de soucis, mais du rayonnement de l'amour en nous. Se savoir inconditionnellement, indéfectiblement et infiniment aimé, voilà ce qui comble et apaise le plus le cœur de l'homme. Or seul Dieu peut combler ces attentes profondes et absolues d'amour. Tout au long de notre parcours, ayons bien présente au cœur cette sentence de notre bon François de Sales : « L'amour ne loge que dans la paix[2]. »

## 1 – L'amour vrai aspire à l'abandon

Pour tous les saints, l'amour doit traverser toute la vie spirituelle. Mais on peut dire que saint François de Sales n'en fait pas une simple insistance, il le pose au principe même de la spiritualité qu'il propose à tous : l'amour en tant que fondement, moyen et fin de la perfection et donc du bonheur. Même lorsqu'il parle de mortification, il l'entrevoit comme une « ascèse d'amour ». Surtout ne pensons pas que notre saint fait appel à l'amour pour faire « avaler » des points plus exigeants. Non, il en est profondément convaincu, et il voudrait que nous le soyons aussi : l'amour devrait être le combustible de toutes nos entreprises humaines et spirituelles. « Tout ce qui se fait pour l'amour est amour ; le travail, oui même la mort n'est qu'amour quand c'est pour l'amour que nous les recevons[3]. »

L'amour humain, gagné de nos jours par l'individualisme, subit une telle implosion, que certains parlent d'amour « de déliaison » : on ne croit plus guère au grand amour, à l'amour-don, ainsi la « déliaison » semble être inscrite au point de départ de toute relation. Avec un tel climat, on comprend sans peine que le discours de l'Église – en l'occurrence celui de saint François de

2. *Ibid.*, 15, 302.
3. Saint François DE SALES, *Œuvres*, *op. cit.*, 15, 101.

Sales – à propos du « bel amour », soit devenu difficilement audible par nos contemporains. Mais ce n'est pas parce qu'un « produit » se vend beaucoup moins bien qu'il est un mauvais produit : cela peut provenir tout simplement de la « clientèle » qui est atteinte de tournis ! « Proclame la parole, insiste à temps et à contretemps, réfute, menace, exhorte, avec une patience inlassable et le souci d'instruire. Car un temps viendra où les hommes ne supporteront plus la saine doctrine, mais au contraire, au gré de leurs passions et l'oreille les démangeant, ils se donneront des maîtres en quantité et détourneront l'oreille de la vérité pour se tourner vers les fables. » (2Tm 4,2-4). Que certaines conceptions réductrices de l'amour, si courantes de nos jours, ne nous paralysent pas au point de taire la beauté et la grandeur de l'amour-don. L'amour authentique pousse non seulement à s'unir à l'aimé, mais aussi à se conformer à l'aimé :

> « Le véritable amour n'est jamais ingrat, écrit François de Sales. Quand il se complaît en quelqu'un, il s'efforce de toujours lui complaire. De là vient que ceux qui s'aiment en viennent à se ressembler. [...] Cette transformation en l'objet aimé s'opère insensiblement. Nous nous complaisons dans un être, et la complaisance que nous y trouvons en engendre une autre : lui en donner en retour[4]. »

Ce qui vaut pour l'amour humain s'applique d'autant plus à notre relation à Dieu. Le vœu de l'amour spirituel est de s'unir à Dieu et même de désirer ressembler à l'Aimé : « Qui se plaît en Dieu désire lui plaire ; et pour lui plaire, désire lui ressembler[5]. » Pour l'âme qui ose la grande aventure spirituelle, l'amour de Dieu se fera « pressant » (2Co 5,14), cette âme voudra non seulement s'unir, mais mourir à elle-même pour renaître en Dieu. En effet, le

4. Saint François DE SALES, *Traité de l'amour de Dieu*, mis en français courant par Didier-Marie Proton, éd. du Cerf, 2011, p. 539.
5. *Ibid.*, p. 542.

vœu le plus puissant de l'amour est de mourir à sa volonté propre pour correspondre aux moindres attentes de la volonté de l'Époux divin : « À force de se plaire en Dieu, on finit par ressembler à Dieu ; et notre volonté, à force de se plaire dans la volonté de Dieu, se transforme elle-même en la volonté de Dieu[6]. » Que les maîtres du soupçon – si portés à imaginer que Dieu agit en rival de l'homme – se rassurent : l'âme livrée au Tout-puissant, la volonté humaine désarmée devant le divin vouloir, n'est surtout pas aplatie, au contraire, de cette union d'amour, elle en ressort grandie, transformée en la volonté même de Dieu. Ce n'est tout de même pas mal au change ! « La complaisance que nous mettons en Dieu nous transforme en Dieu, parce que nous l'aimons. Plus grande est la complaisance, plus grande est la transformation[7]. »

L'amour a donc pour vocation de traverser de part en part l'abandon : l'amour est le ressort qui pousse à s'abandonner à Dieu, mais l'amour est aussi le couronnement de la conformité de notre volonté à celle de Dieu. Une précision utile pour la lecture de cet ouvrage : même si l'évêque de Genève n'utilise pas précisément l'expression « enfance spirituelle », la réalité est bien là très présente dans ses écrits. Pour notre saint, toutes ces expressions – abandon confiant, conformité aimante, union de volonté, indifférence spirituelle, voie d'enfance spirituelle, se laisser gouverner par l'Esprit, repos en Dieu – recouvrent en fait la même chose.

> « Nous laisser [...] gouverner par l'Esprit de Dieu sans réserve : c'est cela que prétend la vraie simplicité [...]. Un enfant, tandis qu'il est bien petit [...] n'a pas d'autre connaissance que sa mère ; il a un seul amour qui est pour sa mère : étant [...] couché dessus ce sein bien-aimé, il ne veut rien d'autre. L'âme qui a la parfaite simplicité n'a qu'un amour qui est pour Dieu ; et en cet amour elle n'a qu'une seule prétention, qui est de reposer sur la poitrine

---

6. *Ibid.*, p. 540.
7. *Ibid.*, p. 541.

> du Père céleste, et là, comme un enfant d'amour, faire sa demeure, laissant entièrement tout le soin de soi-même à son bon Père, sans que jamais plus elle se mette en peine de rien, sinon de se tenir en cette sainte confiance[8]. »

Ayant montré combien l'amour vrai appelle de tous ses vœux l'abandon à l'autre, prenons maintenant un peu de hauteur pour mieux contempler l'amour de Dieu qui s'abandonne à l'homme, invitant l'homme, en retour, à s'abandonner entre les mains du Dieu d'amour.

## 2 – En Dieu Trinité tout est abandon d'amour

Le petit d'homme accède souvent à la connaissance de Dieu par ses parents, qui sont pour lui comme des icônes du visage du Très-Haut. Certains enfants naissent et grandissent au sein d'une famille où cette équation est plus ou moins absente ; notre ami François de Sales, lui, a été très favorisé dans ce domaine : un père épris de justice et une mère particulièrement aimante et religieuse : « Dieu et ma mère m'aiment bien », laissa-t-il échapper très tôt[9].

Grâce au cœur très tendre de sa mère de la terre, François s'est découvert aimé de Dieu. Cela le poussa à se jeter dans le divin cœur de Jésus embrasé d'amour. Commençons par considérer ce soleil qu'est Dieu lui-même, avant d'envisager ses rayons de lumière et de chaleur, c'est-à-dire son amour pour les hommes exprimé à travers l'histoire du salut. En Dieu, tout est don et tout est abandon d'amour entre les trois personnes divines :

> « Grand en vérité et parfait fut l'amour que l'Épouse portait à l'Époux au Cantique des Cantiques, puisqu'à sa parole son âme semblait se fondre et dissoudre comme

8. Saint François de Sales, *Œuvres*, *op. cit.*, 6, 258.
9. *Ibid.*, 14, 261.

> fait la cire aux rayons du soleil. [...] Tout autre est cet amour infini par lequel le Père et le Fils s'entr'aiment, car en cet amour ils ne se fondent pas, ils ne se dissolvent pas, ce qui serait imperfection ; mais sans altération de leur nature, ils produisent un Saint-Esprit, Dieu parfait du Dieu parfait, possédant en plénitude une même divine essence entre eux ; et sans se défaire de l'essence divine, ils la communiquent tout entièrement à ce Saint-Esprit et Amour[10]. »

Contempler le feu d'amour qui consume la Tri-unité de Dieu devrait être notre première occupation, ceci pour au moins deux raisons. L'adoration de Dieu, océan de don et d'abandon d'amour, sera notre horizon lorsque nous entrerons dans l'éternité. D'autre part, seule cette source divine de l'amour donne sens à notre manière de vivre et d'aimer.

Nous l'avons précisé, abandon, union de volonté ou conformité à la volonté de Dieu, toutes ces expressions se recouvrent dans la pensée de saint François de Sales. Il importe donc, sans plus tarder, de dire quelques mots de la volonté de Dieu. Celle-ci n'est pas une réalité à situer à côté ou à l'opposé de son amour, elle est l'expression même de son amour infini : « Puisqu'elle n'est qu'amour à notre égard, cent fois le jour référons-nous à la volonté de Dieu[11]. » Cette volonté de Dieu se traduit à la fois par une immense *miséricorde*, mais aussi par une implacable *justice*. Cessons d'opposer ce que Dieu unit parfaitement en lui-même : « Il nous faut toujours adorer, aimer, et louer à jamais le *juste* châtiment de Dieu, comme nous aimons sa *miséricorde*, parce qu'ils sont tous deux enfants de sa bonté. Par sa grâce, il veut nous rendre bons, très bons, aussi bons qu'il est lui-même ; par sa justice, il veut châtier le péché, parce qu'il le hait[12]. »

---

10. *Ibid.*, 7, 3-5.
11. Saint François de Sales, *Traité de l'amour de Dieu*, *op. cit.*, p. 553.
12. *Ibid.*, p. 639.

## 3 – Comment Dieu s'abandonne entre les mains des hommes

La circulation d'amour au sein même de la Trinité permet d'entrevoir combien l'abandon d'amour n'est pas d'abord une disposition du cœur humain mais un trait marquant de l'Amour qui unit les trois personnes divines. Ajoutons aussitôt que cet abandon trinitaire éclate de tous ses feux lorsqu'on contemple la manière par laquelle Dieu sauve les hommes : non seulement les Trois s'abandonnent l'un à l'autre dans l'éternité de leur amour, mais tout au long de l'histoire du salut, les Trois « s'abandonnent » aux hommes pour mieux les sauver et les unir à la volonté divine.

### *L'incarnation : l'union de la volonté du Fils à la volonté de son Père*

L'épître aux Hébreux, reprenant les mots du Psaume 40 (versets 5 à 9), décrit le mouvement de l'incarnation comme la conformité parfaite de la volonté du Christ à son Père : « En entrant dans le monde, le Christ dit : "Tu n'as voulu ni sacrifice ni oblation, mais tu m'as façonné un corps." [...] Alors j'ai dit : Voici, je viens, car c'est de moi qu'il est question dans le rouleau du livre, pour faire, ô Dieu, ta volonté » (He 10,5-7).

N'allons pas imaginer que cette union de volonté fut marquée au coin par le moindre déséquilibre, que ce soit de la part du Père, ou du Fils de Dieu fait homme. La volonté du Père éternel de sauver les hommes par l'abaissement du Fils fut totalement guidée par l'amour, pas une trace de sadisme dans l'envoi du Christ dans le monde. Pareillement, le consentement volontaire du Fils au projet salvateur de son Père fut totalement guidé par l'amour, pas la moindre trace de dolorisme ou de masochisme dans son cœur à l'heure de l'incarnation ou de la Passion. L'acquiescement de Jésus à la volonté de son Père ne fut à aucun moment subi ou résigné. Bien au contraire, en toute liberté, notre Seigneur se portait au-devant des désirs de son Père, en tout ce qu'il a vécu au cours de son existence terrestre, il ne cessait de soupirer : « Je veux ce que tu veux, Père, parce que je t'aime infiniment ! » François de Sales considère logiquement l'incarnation comme un baiser d'amour : « Les Pères de l'Église, considérant cette parole du Cantique des Cantiques que l'Épouse adresse à son Époux : "Qu'il me baise d'un baiser de sa bouche" (Ct 1,1), disent que ce baiser qu'elle désire si ardemment n'est autre que l'exécution du mystère de l'incarnation de notre Seigneur, baiser tant attendu et souhaité pendant une si longue suite d'années par toutes les âmes qui méritent le nom d'amantes[13]. »

Tous les actes et pensées, les soupirs et les douleurs du pèlerinage terrestre de notre Seigneur furent parfaitement ajustés à la volonté de son Père tant aimé. On peut dire que le divin vouloir du Père fut une « obsession » pour Jésus, au point que cette volonté du Père devint sa nourriture (cf. Jn 4,34) :

> « À l'instant de son Incarnation, Jésus vit et lut dans le livre de la prédestination tout ce qu'il devait souffrir. Ce livre était intitulé la sainte Volonté de Dieu ; or, pendant toute sa vie, notre Seigneur ne fit autre chose que lire, pratiquer et garder tout ce qu'il y trouva écrit, ajustant ses volontés à celles de son Père céleste, comme il le dit lui-même : "Je suis descendu du ciel pour faire non pas ma volonté, mais la volonté de celui qui m'a envoyé" (Jn 6,38)[14]. »

### *La rédemption : le « jusqu'au bout » de l'union de volonté*

Tout l'enseignement de saint François de Sales est traversé par un puissant optimisme. Certes, le tempérament de notre saint le portait spontanément à « positiver », mais c'est bien en Dieu et dans

13. Saint François de Sales, *Œuvres*, *op. cit.*, 10, 41-42.
14. *Ibid.*, 9, 457.

l'œuvre du salut qu'il puisait cette disposition intérieure : « Là où le péché s'est multiplié, la grâce a surabondé » (Rm 5,20). Le péché n'aura donc jamais le dernier mot face à l'amour incommensurable de Dieu : « L'état de la rédemption vaut cent fois mieux que celui de l'innocence[15]. »

Le Fils de Dieu ne s'est pas incarné uniquement pour lancer au monde une belle déclaration d'amour ou seulement pour manifester sa solidarité avec le genre humain : il est venu « sauver ce qui était perdu », il est venu réparer l'alliance d'amour brisée par les hommes depuis Adam. C'est par *l'orgueilleuse désobéissance* que l'homme s'est coupé de Dieu depuis le début de l'humanité, c'est par *l'humble obéissance* du Dieu fait homme, que cette même alliance fut réparée et même rehaussée : « Adam voulait se rendre semblable à Dieu, voulant vivre de sa vie, comme l'ennemi l'en avait assuré quand il trahit le commandement de la divine Majesté. Remarquez ici, je vous prie, l'infinie bonté du Sauveur qui voulut mourir de la mort des hommes, pour nous faire vivre [...] de la vie de Dieu[16]. »

## *À la croix, Jésus nous abandonne son abandon !*

Si le début de la vie terrestre de notre Seigneur fut inauguré sous le signe de la volonté de son Père, la fin de sa vie laisse éclater un abandon sublime au bon vouloir de ce Père tendrement aimé : « Jetant un grand cri, Jésus dit : "Père, en tes mains je remets mon esprit." Ayant dit cela, il expira » (Lc 23,46).

À la croix, cette dernière parole en forme d'ultime soupir est un testament : au moment d'expirer, Jésus nous abandonne son abandon ! Son expiration, son dernier souffle tout abandonné entre les mains de son Père, prend la forme d'un souffle pentecostal, afin que nous recevions son abandon, afin que nous vivions de l'abandon même du Fils de Dieu.

---

15. *Ibid.*, 4, 105.
16. *Ibid.*, 9, 40.

« En langue française, lit-on dans le *Traité de l'Amour de Dieu*, nous avons une expression particulière pour désigner la mort des hommes : nous l'appelons "trépas" et les morts, "trépassés". Nous signifions ainsi que la mort n'est que le passage d'une vie à l'autre [...]. Notre volonté, elle, ne peut jamais mourir, ni notre esprit. Mais il arrive qu'elle outrepasse les limites de la vie ordinaire, pour vivre tout entière dans la volonté de Dieu[17]. »

Cette relecture du dernier cri de Jésus en croix ouvre des perspectives décisives pour l'âme qui aspire au don total. Cette âme pourra toujours se débattre avec ses propres forces et ses propres vertus pour grandir dans l'abandon confiant, c'est davantage à partir d'en-haut, en « se branchant » sur l'abandon même du Christ, qu'elle pourra croître en maturité ; c'est en se recevant toujours plus du Christ abandonné sur la croix qu'elle sera emportée dans cette belle aventure de l'union de volonté. « Vous voulez savoir quel fondement doit avoir notre confiance. Il faut qu'elle soit fondée sur l'infinie bonté de Dieu et sur les mérites de la mort et Passion de notre Seigneur Jésus Christ, avec cette condition de notre part, que nous ayons et connaissions en nous une entière et ferme résolution d'être tout à Dieu, et de nous abandonner totalement et sans réserve à sa Providence[18]. »

## 4 – Comment Dieu entraîne l'homme à s'abandonner à son tour

Nous avons noté que l'optimisme foncier de saint François de Sales se fonde sur l'amour de Dieu et tout particulièrement sur la volonté que Dieu a de se donner à l'homme pour que celui-ci en soit comblé : « Il ne nous a pas seulement aimés avant que nous

17. Saint François de Sales, *Traité de l'amour de Dieu*, *op. cit.*, p. 657.
18. Saint François de Sales, *Œuvres*, *op. cit.*, 6, 30.

existions, il nous a aimés pour que nous existions et pour que nous soyons saints[19]. » Le vœu de toute alliance d'amour est de s'unir à l'autre, de voir l'autre répondre à nos avances d'amour : rendre amour pour amour ! Il en est de même pour l'alliance avec Dieu : sa divine charité le pousse à se donner et à s'abandonner à l'homme, attendant en retour que l'homme s'abandonne à lui.

Nous pourrions penser que ce désir véhément que Dieu a de voir l'homme se donner à lui en retour, cacherait en fait une certaine emprise dans ses intentions profondes. Pour le dire autrement, Dieu n'exercerait-il pas une certaine pression sur le cœur de l'homme pour que celui-ci lui rende amour pour amour ? Au final, l'homme est-il vraiment libre face à de telles avances d'amour de la part de Dieu ? L'abandon spirituel, la conformité de volonté, tout ceci ne serait qu'un piège pour l'homme et sa liberté. Quelques éléments de réponse pour sortir de cette impasse…

### *Dieu ne force pas, il attire*

Se poser ce genre de questions est à l'évidence le signe qu'on demeure sous le joug de faux dieux, qu'on n'a pas encore fait la rencontre personnelle du Dieu de l'Évangile. En effet, tout ce questionnement torturé s'évanouit dès qu'on se place sous le « joug » du bon Jésus. Le joug de Dieu a en effet la particularité d'alléger l'âme, de lui enlever de nombreuses pesanteurs et au final de la libérer : « Venez à moi, vous tous qui peinez et ployez sous le fardeau, et moi je vous soulagerai. Chargez-vous de mon joug et mettez-vous à mon école, car je suis doux et humble de cœur, et vous trouverez soulagement pour vos âmes. Oui, mon joug est aisé et mon fardeau léger » (Mt 11,28-30). L'amour véritable a ses lois : il se propose, jamais il ne s'impose. Ce qui est vrai en ce qui concerne l'amour humain forcément limité, l'est infiniment plus

19. Saint François de Sales, *Traité de l'amour de Dieu*, *op. cit.*, p. 157.

lorsqu'il émane de l'amour immaculé et infini de Dieu. Celui-ci ne *force* jamais notre liberté, il *l'attire* seulement par le Bien et le Beau, par le désir d'aimer et de se laisser aimer. Le saint évêque de Genève a des paroles lumineuses à ce sujet :

> « Ce n'est pas avec des liens de fer, comme les taureaux ou les buffles, que Dieu nous attire à lui. Au contraire, il nous séduit par des attraits délicieux, il met en nous de saintes inspirations. [...] Ce qui attire la volonté humaine, c'est le plaisir : “On montre des noix à un enfant, dit saint Augustin, il est attiré par le lien non du corps mais du cœur.” Voilà comment le Père éternel nous attire : il nous enseigne en nous charmant ; il ne nous impose rien ; il fait connaître à notre cœur les plaisirs spirituels, qui sont comme les appâts par lesquels il nous attire, et il nous donne à goûter la douceur de ses préceptes. [...] Notre liberté n'est nullement violentée par la grâce. [...] La grâce est si gracieuse, elle saisit si gracieusement notre cœur pour l'attirer, qu'elle ne porte atteinte en rien à la liberté de notre volonté. Elle touche puissamment notre esprit mais avec une telle délicatesse que notre liberté n'en est nullement forcée. La grâce est puissante, non pour contraindre le cœur, mais pour le séduire. [...] Si bien que nous pouvons consentir ou résister à ses mouvements, selon que cela nous plaît ou non[20]. »

Ce premier obstacle écarté, nous découvrons avec émerveillement que s'abandonner à Dieu, se livrer sans réserve à sa volonté, ne violente aucunement notre liberté. Certes un certain nombre de « liftings » seront nécessaires pour purifier notre volonté,

20. *Ibid.*, p. 168-169.

mais lorsqu'elle consent enfin à se rendre à Dieu, elle en ressort étonnamment libérée, allégée et comblée. Tout ceci est parfaitement conforme aux paradoxes de l'Évangile qui enseigne que l'homme ne se trouve véritablement qu'à la condition de se perdre, au sens de se donner : « Qui aura trouvé sa vie la perdra et qui aura perdu sa vie à cause de moi la trouvera » (Mt 10,39). Dieu n'écrase jamais ses créatures, sa toute-puissance est si délicate qu'elle *façonne* la liberté humaine en la *fascinant*. Laissons-nous donc séduire par Dieu : nous ne serons jamais tant nous-mêmes qu'en ne nous appartenant plus et livrés à lui. Laissons-nous « fasciner » par l'amour de Dieu : notre moi ne sera jamais tant conscient de lui-même qu'en se laissant absorber par lui.

## *Dieu nous a créés* « capax Dei »

Nous venons d'écarter une première difficulté qui paralyse le cœur de nombre de nos contemporains et les porte à se méfier de la religion au point d'empêcher le saut dans l'expérience de Dieu : si Dieu est forcément un *concurrent* de l'homme, comment, dans de telles conditions, envisager positivement l'idée même de se donner à lui ? Il est un autre scénario fallacieux que l'homme moderne rejette à souhait : Dieu serait un *corps étranger*, parfaitement inadapté à ce qu'est l'homme.

Cette idée tronquée de Dieu méconnaît totalement cette vérité selon laquelle l'homme est créé à l'image de Dieu. Tout homme est effectivement « *capax Dei* » (capable de Dieu) : il a été créé en état de désir de Dieu, qu'il en ait conscience ou non, qu'il le méprise ouvertement ou non. Loin d'être un être d'une nature étrangère à l'homme, la mémoire de Dieu est au contraire inscrite dans les gènes de l'être humain. Dieu a mis en nous un attrait de lui-même, de sa beauté et de sa bonté suprême. Nous pouvons étouffer ce désir divin par l'indifférence et le péché, mais nous ne pourrons jamais éradiquer cet attrait de Dieu profondément ancré en nous.

Saint Thomas d'Aquin enseigne que l'amour de Dieu « par-dessus toutes choses », est inscrit dans notre cœur[21].

Saint François de Sales éclaire cette belle vérité par une image dont il a le secret :

> « Nous sommes créés à l'image et à la ressemblance de Dieu, qu'est-ce à dire sinon que nous avons une extrême convenance avec sa divine Majesté ? [...] Bien que notre nature humaine n'ait pas conservé la droiture originelle et que nous ayons été gravement corrompus par le péché, pour autant nous n'avons pas perdu la sainte inclination naturelle d'aimer Dieu par-dessus tout ; nous n'avons pas perdu non plus la lumière naturelle qui nous dit que la souveraine bonté est digne d'être aimée plus que tout. [...] Il arrive souvent que les perdrix, soit parce qu'elles veulent avoir des petits, soit par stupidité, couvent des œufs qui ne sont pas les leurs. Or voici une chose étrange et pourtant bien attestée : l'œuf étant éclos, au premier appel de la vraie mère, le perdreau quitte son nid, et la rejoint pour ne plus la quitter. Il agit ainsi par le lien qui est demeuré avec sa vraie mère. Ce lien ne paraissait pas ; il était demeuré caché, secret ; il dormait au fond de la nature, jusqu'à ce qu'il soit réveillé par l'appel de la vraie mère. Il en est de même de notre cœur. Bien qu'il soit couvé, nourri et élevé au milieu des bassesses de ce monde, [...] voilà qu'à la première pensée vers Dieu, à la première connaissance qu'il en reçoit, son inclination naturelle à aimer Dieu, qui était invisible et comme assoupie, se réveille soudain[22]. »

Toutes ces considérations ne peuvent qu'éveiller ou renforcer notre désir de nous livrer à Dieu. Comme nous l'avons remarqué

21. Saint Thomas d'Aquin, *Somme théologique*, I, a 60, a 5, c.

22. Saint François de Sales, *Traité de l'amour de Dieu*, *op. cit.*, p. 104 ; 108-109.

dans le point précédent, Dieu n'étouffe pas notre liberté puisqu'il l'influence par mode d'amour, de noble séduction. Le fait que l'homme soit créé « capable de Dieu » nous convainc aussi de la grandeur de l'abandon de la créature entre les mains du Père éternel. S'en remettre à Dieu, pratiquer l'union de volonté, ne conduit aucunement à une vie humaine diminuée, sclérosée. Bien au contraire, la remise de notre volonté entre les mains de Dieu est la meilleure manière d'accomplir notre humanité, de la transfigurer. On peut même dire que « l'abandonnement » à Dieu, expression chère à saint François de Sales, est le chemin par excellence d'un véritable humanisme : c'est bien en Dieu seul que l'humain se trouve et s'accomplit ; en dehors de ce terreau divin, l'homme demeure comme amputé, inachevé.

### *Jésus nous offre les moyens du saint abandon*

Nous venons de le voir, proposer aux hommes de bonne volonté l'abandon spirituel n'a rien de déplacé, puisque cela est en parfaite correspondance avec ce qu'est l'homme créé à l'image de Dieu et donc capable de Dieu. L'abandon à Dieu nous est possible car, à la différence des autres créatures animales – et tant pis pour l'antispécisme ! –, seul l'homme est « de la race de Dieu », comme le dit saint Paul aux Athéniens (Ac 17,29). L'abandon d'amour vécu au sein même de la Trinité trouve logiquement sa place dans le cœur des hommes, car nous sommes des « petits dieux » par participation : « N'est-il pas écrit dans votre Loi : Vous êtes des dieux ? Alors qu'elle a appelé dieux ceux à qui la parole de Dieu fut adressée – et l'Écriture ne peut être récusée », dit Jésus en saint Jean (Jn 10,34-35). Vertige de l'amour : un même sang divin coule dans nos veines et dans celles de Dieu !

La perspective est fascinante, mais une interrogation peut nous tarauder : « C'est merveilleux de savoir que je suis de la race de Dieu et que l'abandon d'amour vécu par Dieu lui-même m'est accessible… mais comment cet abandon du Fils de Dieu, vécu sur terre pendant une trentaine d'années, peut-il me rejoindre aujourd'hui, vingt siècles après l'incarnation ? » Qu'on se rassure, Jésus a tout prévu ! Il n'y a pas de fossé entre nous et Jésus, entre notre abandon possible et l'abandon confiant vécu par Jésus voici deux mille ans. Par la puissance de sa résurrection, le Verbe incarné, désormais dans la gloire à la droite de son Père (cf. 1P 3,22), ne connaît plus de limites, ni de temps ni d'espace. Il n'y a pas un seul centimètre carré de l'univers qui serait « *no God's land* », il n'y a pas un seul moment de l'histoire des hommes qui puisse échapper au pouvoir irradiant et transformant de sa résurrection : le Christ est désormais « tout en tous » (1Co 15,28). Tous les hommes, de toutes les nations et de toutes les époques sont rejoints mystérieusement par Dieu grâce à ce « trait d'union », cette fontaine divine qu'est l'Église[23], porteuse elle-même des sept torrents d'eau vive que sont les sacrements, qui ne nous donnent rien de moins que Dieu par le Fils de Dieu.

### L'Église, « trait d'union » entre le Christ et nous

De nos jours le visage de l'Église, à cause des graves scandales commis par des consacrés, est passablement sali et déformé. Et si ce terrible tangage actuel de la barque de l'Église était une « chance » à saisir pour redécouvrir le mystère immaculé de l'Église porteuse de la vie même de Dieu, par-delà les faiblesses de certains de ses membres ? Au plus intime de son être, l'Église est le corps même du Christ, cette fontaine qui nous offre la vie de Dieu, que ce soit saint Pierre qui baptise ou que ce soit Judas qui baptise. « L'Église est le vrai témoin de la réconciliation nouvelle, rappelle saint François de Sales dans un de ses sermons. Comme l'arc-en-ciel, quoiqu'il ne

23. « [Pour ceux qui ne sont pas formellement et visiblement membres de l'Église], le salut du Christ est accessible en vertu d'une grâce qui, tout en ayant une relation mystérieuse avec l'Église, ne les y introduit pas formellement mais les éclaire d'une manière adaptée à leur état d'esprit et à leur cadre de vie. Cette grâce vient du Christ, elle est le fruit de son sacrifice et elle est communiquée par l'Esprit Saint », Jean-Paul II, Encyclique *Redemptoris missio*, 10.

soit qu'une nuée, recevant les rayons du soleil, il est rendu très beau et apparent, ainsi l'Église, quoique ce ne soit qu'une assemblée d'hommes, recevant l'assistance du Saint-Esprit, elle est très belle et très remarquable[24]. »

Parmi les trésors dont l'Église est dépositaire, il y a bien sûr l'Écriture et l'enseignement des conciles. Mentionnons aussi la vie et la doctrine des saints. Pas un bienheureux n'a pu être déclaré saint sans avoir vécu à fond l'abandon, pas un saint n'a pu connaître la sérénité bienheureuse sans l'union de volonté. François recommande : « Ayez toujours avec vous quelque beau livre de spiritualité [des saints]. Lisez-en un peu chaque jour comme si vous lisiez des lettres envoyées par eux du haut du ciel, pour vous en montrer le chemin et vous encourager[25]. » Nourrissons-nous de la vie et de l'enseignement des saints, ils ont une grâce particulière pour incarner l'Évangile, pour rendre concret le chemin qui mène à la remise totale de soi : « Il n'y a pas plus de différence entre l'Évangile écrit et la vie des saints qu'entre une musique notée et une musique chantée », dit l'évêque de Genève[26].

### Par les sacrements nous recevons la « vie spirituelle » du Christ

Saint François de Sales aime citer les Pères de l'Église. Saint Léon le Grand, qui appartient au choix de ses auteurs, dit à propos des sacrements : « Ce qui était visible en notre Sauveur est passé dans les sacrements[27]. » Les sacrements ne sont donc pas de simples symboles qui donneraient à penser, ces signes visibles délivrent le feu d'amour de la Trinité, la vie intérieure du Christ, son divin cœur parfaitement abandonné à son Père. Une personne avide de

24. Saint François de Sales, *Œuvres*, *op. cit.*, 7, 211.

25. Saint François de Sales, *Introduction à la vie dévote*, mis en français courant par Didier-Marie Proton, éd. du Cerf, 2019, p. 177.

26. Saint François de Sales, *Œuvres*, *op. cit.*, 12, 306.

27. Saint Léon le Grand, *Serm.* 74, 2.

progresser dans l'abandon spirituel ne peut que désirer les sacrements. Par eux, elle se laisse progressivement « manger » par Dieu, assimiler à la vie intime de Jésus tout livré à la volonté de son Père. Évoquons seulement deux sacrements :

**Le sacrement du pardon** tout d'abord : « Quand l'homme juste se rend esclave du péché, toutes les bonnes œuvres qu'il a pu accomplir sont misérablement oubliées et réduites en boue. Mais lorsque, par la pénitence, il s'en libère, se remettant dans la grâce du divin amour, ses bonnes œuvres sont alors tirées du puits de l'oubli. Touchées par les rayons de la miséricorde divine, elles reprennent feu et redeviennent des flammes plus claires que jamais[28]. »

Mentionnons bien évidemment le sacrement des sacrements, **la sainte eucharistie**, dont François de Sales disait qu'elle était « le centre de la religion chrétienne, cœur de la dévotion[29] ». Il usait d'une comparaison charmante de naïveté : « L'hiver, les lièvres de nos montagnes deviennent blancs parce qu'ils ne voient et ne mangent que de la neige ; vous, à force d'adorer et de manger la beauté, la bonté et la pureté de ce divin sacrement, vous deviendrez bonne, belle et pure[30]. »

En évoquant l'Église, ses moyens de salut et ses sacrements, nous ne nous écartons pas de notre sujet puisqu'ils sont ce milieu divin dans lequel nous sommes appelés à puiser la vie du Christ et par là même son abandon d'amour au Père. Redisons-le, au risque de paraître insistant, l'abandon proprement chrétien n'est pas une technique de relaxation, c'est une relation, très exactement une participation au « Père en tes mains je remets mon esprit » du Verbe incarné, une immersion dans l'abandon d'amour vécu entre

28. Saint François de Sales, *Traité de l'amour de Dieu, op. cit.*, p. 828.
29. Saint François de Sales, *Introduction à la vie dévote, op. cit.*, p. 169.
30. *Ibid.*, p. 193.

les trois personnes divines. Plus nous demeurerons branchés sur ce divin cep qu'est l'Église, plus la sève de la grâce et de l'abandon divin nous seront donnés : « Sans la grâce, on ne grandit pas dans la grâce », souligne le *Traité de l'Amour de Dieu*, reprenant les mots de saint Prosper d'Aquitaine[31].

31. Saint François DE SALES, *Traité de l'amour de Dieu*, *op. cit.*, p. 211. Citation de saint Prosper D'AQUITAINE, *Carmen de Ingratis*, II, 1, 562.

CHAPITRE 2

# LA DIVINE PROVIDENCE, FONDEMENT DE NOTRE ABANDON

Avec le premier chapitre, nous avons pris un peu de hauteur, cela nous a permis d'entrevoir combien l'abandon spirituel, la conformité de notre volonté à celle de Dieu, est une alliance d'amour. Justement, puisqu'il s'agit d'une alliance, il est bon maintenant d'esquisser les contours du visage de ce « partenaire » divin qui désire nous faire entrer dans son pacte d'abandon : impossible de parler de l'union de volonté sans évoquer la *providence* de Dieu qui, seule, peut lui donner sens et consistance. « Avant de vous exhorter à joindre votre volonté à [celle de Dieu], je veux vous dire un mot de la Providence », prend soin de préciser saint François de Sales dès les premiers chapitres du *Traité de l'Amour de Dieu*[1]. La providence de Dieu est l'objet de telles caricatures qu'il importe de la définir en peu de mots. Laissons parler le saint évêque de Genève : « La Providence divine est l'acte par lequel Dieu veut fournir aux hommes les moyens nécessaires ou utiles pour parvenir à leur fin », c'est-à-dire « parvenir à la gloire[2] ». La définition est serrée, tentons d'en dire davantage. Rien n'arrive dans le cours de l'histoire du monde sans l'ordre ou la permission

1. Saint François DE SALES, *Traité de l'amour de Dieu*, *op. cit.*, p. 131.
2. *Ibid.*, p. 131.

de Dieu. De même, tout ce qui nous arrive au cours de notre vie est *directement voulu* ou *indirectement permis* par Dieu. Sans le divin vouloir de la Providence, pas une feuille d'arbre ne s'agite, pas un brin d'herbe ne meurt, pas un grain de sable n'est emporté par le vent. Au père de famille ou à la plus attentive des mères, il échappe mille détails. Lui, Dieu, dans l'intelligence infinie de sa Providence, possède le secret de pourvoir aux détails de nos journées. Même « nos cheveux sont tous comptés », dit l'Évangile (Mt 10,30). Chacun de nous n'est qu'un atome dans l'immensité de l'univers et pourtant... Si nuit et jour nous occupons à ce point la pensée du Père éternel, jusque dans les détails les plus insignifiants de la vie – jusqu'à la chute de nos cheveux ! –, comment ne pas être bouleversé par une telle sollicitude ? Comment, devant ce mystère enthousiasmant de la Providence, ne pas faire le choix de vivre « à l'endroit », en apprenant pour de bon à nous recevoir en tout du Père et en tentant de rejoindre son dessein bienveillant sur nos vies, ceci à travers la banalité du quotidien ?

## 1 – Qu'il est beau le dogme de la Providence !

Le dogme de la Providence est un des articles les plus fascinants du *Credo*. En voici quelques raisons décisives.

### *Une présence bienveillante*

Ce point de la foi enseigne tout d'abord que nous ne sommes pas seuls, perdus dans l'infini de l'univers. Non seulement ce dogme nous assure de la proximité de Dieu, mais il nous certifie que notre existence est lovée en sécurité dans ses mains bienveillantes : « Nul ne peut rien arracher de la main du Père » (cf. Jn 10,29). Vivre en conformité avec la volonté de cette Providence devrait être l'atmosphère dans laquelle se déploie la vie de tout homme, tel un poisson qui, tenant à la vie, demeure dans l'eau de son bocal. Le plus sage, le plus conforme à notre humanité devrait être de demeurer dans l'écrin du vouloir de Dieu, ne sortant jamais de la confiance, puisque, nous dit monseigneur de Sales, « Cette Providence touche tout, règne sur tout, et conduit tout à sa gloire[3]. »

## *Un sens puissant*

La foi en la divine Providence se présente par ailleurs comme un remède puissant pour l'homme moderne, très fragilisé par le pessimisme et la mentalité du chaos. Nos sociétés dites développées ont tout ce qu'il faut en ce qui concerne les biens matériels, sauf qu'il leur manque l'essentiel : Dieu qui, seul, offre aux choses et aux actes leur signification ultime. Quand tout devient indéchiffrable, puisque Dieu est expulsé des sociétés modernes, il ne reste plus que la dérision et l'insignifiance. Quand on ne sait plus d'où on vient, on finit par ne plus savoir où on va ! À rebours de cette mentalité dépressive, le dogme de la Providence délivre un sens puissant… ce sens qui donne sens à l'existence. Il laisse entrevoir que notre vie personnelle et la vie du monde ne sont pas à l'étroit, entre les mâchoires d'un *destin* froid, aveugle et menaçant. Bien au contraire, chacune de nos vies est enchâssée dans un *dessein* bienveillant (littéralement : qui veille à notre bien) : « Nous savons qu'avec ceux qui l'aiment, Dieu collabore en tout pour leur bien, avec ceux qu'il a appelés selon son dessein » (Rm 8,28).

La Providence n'est pas seulement un *mystère à croire*, chargé tout au plus de chatouiller les neurones, elle est un *mystère à vivre* et qui peut nous changer la vie. Combien de personnes atteintes par l'épreuve, la fin de vie ou même gagnées par le vertige du suicide, voit-on renaître ou être pacifiées par la découverte du visage de la Providence ? Pour mettre en lumière la puissance de la Providence, capable de changer en bien ce qui semble à première vue une impasse, capable de retourner en paradis ce qui paraît un enfer, saint François de Sales rappelle l'histoire vétérotestamentaire du patriarche Joseph :

3. *Ibid.*, p. 132.

> « Ses frères, qui l'avaient vendu pour le perdre, le retrouvèrent vice-roi d'Égypte. Ils craignirent extrêmement qu'il ne se vengeât du traitement qu'ils lui avaient infligé. Mais non, leur dit-il : ce n'est pas tant par vos menées que je suis envoyé ici, mais bien plutôt *par la Providence divine.* Vous avez eu de mauvais desseins sur moi, mais Dieu les a réduits à rien. Voyez-vous, conclut le saint évêque de Genève, le monde aurait appelé "bonne chance", ou "heureux hasard" ce que Joseph appelle un dessein de la Providence[4]. »

« Hasard », le mot vient d'être prononcé par François. Le rappel de quelques vérités à propos de ce fameux hasard nous évitera les rengaines de l'esprit du temps et, par là même, de favoriser une plus grande ouverture au mystère de la providence de Dieu. On demandait au zoologiste français Pierre-Paul Grassé ce qu'il pensait de l'idée de hasard? « Un hasard qui produit du déterminisme, c'est drôle! Il y a longtemps qu'on sait que le hasard n'a été inventé par les matérialistes que pour remplacer Dieu[5]. » Le hasard n'est rien d'autre qu'un mot vide de sens utilisé pour éclipser la Providence; ne serait-il pas « l'incognito de la Providence », pour reprendre l'expression de Joseph de Maistre? Saint François de Sales, pédagogue hors pair, ne manque pas de s'attarder sur cette notion de hasard lorsqu'il aborde la question de la Providence : « La Providence touche tout, règne sur tout, et conduit tout à sa gloire. Il y a parfois, certes, des cas qui ne semblent dus qu'au hasard, des accidents inopinés. Mais ils ne paraissent dus au hasard ou inopinés que de notre point de vue. En réalité, ils sont fixés par la divine Providence qui les prévoit et les destine au bien général de l'univers[6]. » Pour justifier et illustrer son propos, notre saint utilise une image qui ne manque pas de piquant, et qu'il emprunte

4. *Ibid.*, p. 133.
5. Robert Décout, *Comment ils voient le monde?,* éd. O.E.I.L., 1984, p. 57.
6. Saint François de Sales, *Traité de l'amour de Dieu*, *op. cit.*, p. 132.

au naturaliste romain Pline[7]. Un certain Eschyle, poète piqué de curiosité, s'en alla trouver un devin pour lui demander son avenir. Ce dernier « lui prédit qu'il mourrait le jour même, sous la chute d'une maison ». Pour conjurer le destin, le poète se réfugie en rase campagne. Tandis qu'il attend tête nue, un faucon qui tenait prisonnière entre ses serres une pauvre tortue confond son crâne chauve avec un caillou et lâche sa proie au-dessus. Eschyle, qui reçut la carapace sur la tête, en mourut sur le coup.

« De notre point de vue, conclut François de Sales, l'événement est dû au hasard, mais au regard de la Providence, qui considère les choses de plus haut et voit la conjugaison des causes, ce fut un acte de justice qui servit de châtiment à la superstition du poète[8]. »

### *Une attention au réel*

L'Église, avec sa profession de foi en la divine Providence, est certainement l'institution qui prodigue la plus grande attention au réel. En effet, si la sollicitude divine prend soin des plus grands événements de l'histoire, si la divine Providence habite les plus petits détails de notre vie, alors le réel – un fait, une rencontre, une difficulté, un travail, etc. – s'en trouve divinement rehaussé. Le croyant, s'il prend très au sérieux sa foi en Dieu et surtout s'il en vit profondément, ne verra pas les événements du monde et de sa vie de la même manière qu'un non-croyant. Il n'y a là aucune prétention de sa part vis-à-vis des incrédules, non : il vit tout simplement de sa foi en la Providence. Celle-ci le persuade que le moindre fait *naturel* est porteur de *surnaturel*. Avec ses « yeux chrétiens[9] », le disciple du Christ n'en reste pas à l'écorce de l'événement, son

7. Pline, *Histoire naturelle*, liv. X, chap. III.

8. Saint François de Sales, *Traité de l'amour de Dieu*, *op. cit.*, p. 132-133.

9. L'expression est de saint Augustin, Père de l'Église, dont saint François de Sales s'inspire beaucoup. Dans son commentaire du Psaume 50, Augustin a une merveilleuse formule : « *Christianos oculos habete* », littéralement : « Ayez des yeux chrétiens ».

regard d'aigle aiguisé par la grâce de la foi, lui donne de voir et la présence de Dieu dans l'événement, et la main bienveillante du Père capable d'orienter tel événement, agréable ou désagréable, au profit du croyant. Le *Directoire spirituel* des sœurs de la Visitation contient des trésors qui valent d'ailleurs pour n'importe quel état de vie ou vocation. L'article III enseigne que « les sœurs qui voudront prospérer et faire progrès en la voie de notre Seigneur [...] [qu'elles] ne négligent pas les petites choses qui leur semblent de peu d'importance[10] ».

## *Arrimés en paix à la Providence*

De nos jours, nous sommes souvent absorbés par des sollicitations multiples. Cette pression est accentuée par le style de vie actuel particulièrement trépidant, souvent contre nature, si bien que nombre de personnes finissent par s'épuiser. Arrimer notre quotidien à la divine Providence, au cœur même des tâches et des soucis, peut aider puissamment à unifier et à atténuer ce sentiment d'écartèlement.

Un prêtre dans la pleine maturité confiait combien l'approfondissement du mystère de la Providence avait renouvelé son cœur sacerdotal et surtout sa manière d'exercer son ministère, ceci bien des années après son ordination : « Depuis que je me suis décidé à voir la main de la Providence en tout ce qui m'arrive, j'ai cessé de subir les événements ; désormais, je les choisis. J'accueille tout ce qui m'arrive des mains de la Providence, ça change tout ! Je suis beaucoup moins écrasé et dispersé... je vis, je suis davantage prêtre. »

Saint François de Sales ne connaissait pas le « rythme 5G », mais ce serait méconnaître sa vie que d'imaginer qu'il menait une existence tranquille d'évêque de province. Il a vécu tout au long de sa vie une forme de martyre du travail apostolique. Il appelait cela « la presse » : les gens le pressaient de toutes parts, il était submergé

10. *Directoire spirituel des sœurs de la Visitation*, article III.

de courrier, sa mission de pasteur le pressurait. Bien qu'il ait vécu il y a plusieurs siècles, ses conseils sont d'une étonnante actualité : il semble de plain-pied avec la vie trépidante actuelle. La comparaison s'arrête là, car si les tâches le *pressaient*, lui ne tombait pas sous leur *pression* et encore moins dans *l'empressement*. Dans un courrier à la jeune Madeleine de Mouxy, venue le consulter avec inquiétude au sujet de sa vocation, il laisse entrevoir comment il s'y prenait pour ne pas se laisser prendre par le stress des activités, comment il prenait les choses les unes après les autres, tout ceci abandonné à la divine Providence :

> « Ma fille, faites comme moi. Je suis sur mon départ pour aller à Milan. J'ai tant d'affaires moi-même, et plus de cinquante lettres à répondre ! Si je voulais m'empresser parmi tout cela, je me perdrais, mais je ne veux ni m'empresser ni me troubler. Cette nuit, je ferai autant de réponses que je pourrai ; demain, je ferai de même et continuerai jusqu'à ce que j'aie achevé... Faites comme cela, ma fille, car le temps est nôtre[11]. »

Parvenir à un tel dégagement paisible et s'appliquer à faire les choses une après l'autre, cela suppose une grosse ascèse, celle du « recueillement » : par-delà les multiples sollicitations, recueillir sans cesse son cœur pour le tenir établi en Dieu. Ne nous méprenons pas : si l'abandon procure réellement un profond repos, pour y parvenir, à certaines heures, cet *abandon* tant convoité devra endosser l'armure du *combat spirituel*.

11. Cité par Mgr Trochu, *Saint François de Sales*, t. II, *L'épiscopat*, éd. Emmanuel Vitte, p. 567. Ier Procès, t. II, art, 31.

## 2 – Se laisser surprendre par la manière d'agir de la Providence

La personne qui prend très au sérieux le dogme de la Providence, et surtout qui l'adopte au cœur de son quotidien, verra sa vie peu à peu se transformer. Au lieu de se croire le jouet d'un hasard vicieux et capricieux, l'âme apprendra à vivre sous le regard bienveillant de la sollicitude divine qui n'attend que son oui pour la combler. La personne cessera alors de s'arc-bouter face aux aléas de la vie et s'installera peu à peu dans une attitude d'accueil paisible de ce qui lui arrive, puisque tout, absolument tout, est voulu ou permis par le « bon Dieu ». Le *Directoire spirituel* des religieuses de la Visitation enseigne que « les sœurs qui voudront prospérer et faire progrès en la voie de notre Seigneur, doivent » recevoir toutes choses « comme provenant de la main paternelle de notre bon Dieu et Sauveur[12] ».

Mais pour s'enraciner dans cet accueil du plan de la Providence sur chacune de nos vies, une conversion du regard est indispensable, une souplesse du cœur est nécessaire. Avec la Providence, il faut en effet se préparer à quelques « surprises » car, comme l'enseigne Dieu à travers l'Écriture, « vos pensées ne sont pas mes pensées, et mes voies ne sont pas vos voies. Autant les cieux sont élevés au-dessus de la terre, autant sont élevées mes voies au-dessus de vos voies, et mes pensées au-dessus de vos pensées. » (Is 55,8-9). Relevons quelques divines *surprises*... afin d'éviter d'être trop *surpris* !

### *« L'action » de la Providence est déconcertante*

Dans le feu de l'action, au moment même où nous sommes confrontés à tel événement, nous aurons beau porter des lunettes en forme de loupe, nous ne verrons jamais la main de la divine Providence agissant directement dans ce qui nous arrive ou se servant

12. *Directoire spirituel des sœurs de la Visitation*, article III.

des causes secondes pour parvenir à ses fins. Sauf cas extraordinaire – et même en cas de miracle la foi est nécessaire –, on ne peut jamais prendre le Père éternel « en flagrant délit » d'agir. Il n'est pas un grand horloger dont on pourrait apercevoir les mains faisant bouger les aiguilles de l'horloge, désolé, monsieur Voltaire ! La manière d'agir de Dieu dans nos vies est différente de la nôtre. Il est Dieu, la *Cause première* qui ne peut jamais être mise sur le même plan que les *causes secondes*, auxquelles nous appartenons. Il n'est pas le premier maillon de la longue chaîne des causes secondes. Non, il est cette Cause première qui ne fait pas nombre avec les causes secondes puisqu'elle les tient dans l'existence et est capable de les mouvoir : « C'est en Dieu que nous avons la vie, le mouvement et l'être » (Ac 17,28).

Souvent nous réclamons de voir le tour de main du Bon Dieu faisant bouger les pions, mais il faudra nous y faire : la Providence se tient toujours dans l'ombre, elle se dissimule derrière les causes secondes. De ce fait, personne ne peut être forcé, nous demeurons parfaitement libres de croire ou de ne pas croire à l'action providentielle dans nos vies : « La suprême Sagesse avait décidé d'allier cet amour originel à la volonté de ses créatures, de telle sorte que l'amour ne forçât point la volonté et lui laissât sa liberté[13]. » À chaque fois que se présente une rencontre, une situation plaisante ou déplaisante, une tâche à accomplir, chacun de nous se trouve face à un choix et nul ne peut rester entre deux chaises : ou je crois que la Providence conduit l'événement ou je refuse de le croire.

Dans le premier cas je *choisis* de vivre l'événement avec et en Dieu. Mon oui fonctionne alors comme une « autorisation » d'agir pour le Tout-puissant, lui qui se montre si respectueux de notre liberté.

Dans le second cas, par mon refus de croire, je vais devoir *subir* l'événement, surtout s'il ne va guère dans le sens de mes attentes.

13. Saint François de Sales, *Traité de l'amour de Dieu*, *op. cit.*, p. 137.

Pour « ne pas recevoir la grâce de Dieu en vain » (2Co 6,1), comme un malade qui ne prend pas le traitement prescrit par son médecin, poursuit saint François de Sales : « De même, nous recevons la grâce de Dieu en vain, lorsque nous la maintenons à la porte de notre cœur, sans que nous cœur y consente. Nous la recevons sans la recevoir. Elle ne portera aucun fruit[14]. »

Décidément, la façon dont Dieu se rend dépendant de notre volonté libre, de notre acquiescement ou de notre refus, donne le vertige : faut-il qu'il nous aime pour nous respecter à ce point ?

## *Les « vues » de la Providence sont déroutantes*

### « Que tes décrets sont incompréhensibles ! »

Saint Paul, dans l'épître aux Romains, se laisse emporter dans un mouvement d'adoration à la gloire de la Sagesse divine : « Ô abîme de la richesse, de la sagesse et de la science de Dieu ! Que ses décrets sont insondables et ses voies incompréhensibles » (Rm 11,33). Nous voilà prévenus. Si nous ne consentons pas à opérer quelques « déplacements » intérieurs vis-à-vis de l'esprit du monde, dans notre manière *trop raisonnable de raisonner*, nous resterons au seuil de l'expérience d'abandon à Dieu : « L'intelligence de l'homme est très limitée. Aussi lorsque, par trop de curiosité, il cherche les causes et les raisons de la volonté divine, il finit par s'embarrasser de mille difficultés qui finissent à leur tour par l'enserrer dans un filet dont il ne peut se défaire. Il ressemble à de la fumée : plus elle monte, plus elle devient subtile, et plus elle se dissipe[15]. »

La Providence a souvent d'autres vues que les nôtres, à la fois sur le but à poursuivre et sur les moyens pour l'atteindre. Tant que nous ne sommes pas délestés de l'esprit du siècle, nous voulons trouver le ciel ici-bas, et pour nous en emparer, nous exigeons

14. *Ibid.*, p. 163-164.
15. *Ibid.*, p. 309.

un chemin de roses… Le problème, c'est qu'elles se présentent rarement sans épines! Quelques exemples pour illustrer le propos. Nous sommes plus ou moins persuadés qu'avoir des consolations dans la prière serait le signe imparable que Dieu est bien là et que nous sommes de Dieu, les douceurs spirituelles seraient en quelque sorte un juste retour sur investissement. À l'inverse, les sécheresses intérieures, dans l'oraison ou lors de la messe, seraient obligatoirement le signe que Dieu n'est pas content de nous, que nous sommes un mauvais chrétien, que nous n'avons pas la foi. L'apôtre, quant à lui, pensera que ses succès missionnaires sont le signe évident qu'il agit en conformité avec Dieu, ce dernier le récompensant à coup sûr de ses bons et loyaux services. À l'inverse, lorsque l'évangélisation rencontre des échecs, ce serait le signe très clair que l'apôtre s'est écarté de la volonté de Dieu ou que Dieu s'est éloigné de lui. Ces exemples peuvent contenir une part de vérité, notamment lorsque nous faisons preuve de relâchement. Mais la volonté de Dieu n'est pas qu'on connaisse à tous coups la réussite dans les œuvres apostoliques ou qu'on entre en extase dès qu'on se met en prière. Rendons-nous à l'évidence : à cause de notre compréhension limitée et blessée par le péché, les décrets de Dieu nous apparaissent souvent « incompréhensibles », surtout dans les débuts de l'aventure spirituelle. « Ainsi puissions-nous faire, enseigne notre saint aux premières visitandines dans ses célèbres *Entretiens*, qu'en toutes occasions nous prenions les biens, les maux, les consolations et afflictions de la main du Seigneur, ne chantant toujours que le même cantique très aimable "Le nom de Dieu soit béni", toujours avec la même égalité d'âme. Si ce bonheur nous arrive, nous vivrons avec une grande paix en toutes circonstances[16]. »

16. Saint François de Sales, *Œuvres*, *op. cit.*, Entretiens 6, 118.

## Pour comprendre la Providence, ne pas chercher à tout comprendre

Ce titre n'est surtout pas un encouragement à pratiquer la *foi du charbonnier*[17] ou une invitation à croire « bêtement » sans faire appel à son intelligence. Non, la foi est intelligente, l'Église enseigne même que Dieu peut être connu par l'intelligence[18]. Ce titre – accepter de ne pas comprendre pour comprendre – ne joue pas sur les mots ; il voudrait entraîner le lecteur vers un salutaire dépaysement, surtout lorsqu'il commence à poser les premiers pas dans l'abandon à la Providence. Le plan de Dieu sur nos vies échappe pour une grande part à notre compréhension, le plus sage sera donc de se disposer à ne pas tout comprendre... pour mieux comprendre ! Il ne s'agit pas d'être *contre* la raison, mais le jeu de Dieu est un *au-delà* de la raison, heureusement d'ailleurs, sinon Dieu ne serait qu'une idole, une simple projection agrandie de l'esprit humain : « Je suis Dieu et non pas homme », rappelle le Seigneur dans le livre d'Osée (Os 11,9). Il nous faut demander la grâce de passer d'une compréhension uniquement rationnelle des décrets divins à une compréhension par mode d'amour. Au final, le mode de connaissance de la Providence ne peut pas se suffire de la seule raison raisonnante. Seule la « co-naissance » – littéralement une « naissance avec » dans l'amour –, autrement dit une connais-

17. Fleury de Bellingen, grammairien du XVII^e^ siècle, explique l'origine de l'expression *foi du charbonnier* par l'extrait du conte que voici : « Le diable demanda à un malheureux charbonnier : "Que crois-tu ?" Le pauvre hère répondit : "Toujours je crois ce que l'Église croit." Le diable insista : "Mais à quoi l'Église croit-elle ?" L'homme répondit : "Elle croit ce que je crois !" Le diable eut beau insister, il n'en tira guère plus et se retira confus devant l'entêtement du charbonnier. »

18. « La sainte Église, notre mère, tient et enseigne que Dieu, principe et fin de toutes choses, peut être connu avec certitude par la lumière naturelle de la raison humaine à partir des choses créées. Sans cette capacité, l'homme ne pourrait accueillir la révélation de Dieu », *Catéchisme de l'Église catholique* n° 36. Cf. Concile Vatican I, *Denzinger* 3004 et 3026.

sance par l'adoration, est véritablement adaptée à ce mystère divin : « Nous devons adorer les décrets et le bon plaisir [de la Providence]. En fin de compte, puisque la volonté divine juge souverainement et que son jugement est souverainement équitable, il ne serait pas raisonnable qu'elle nous manifestât ses motifs. Il suffit qu'elle nous dise : telle est ma volonté[19]. »

Devant certaines situations difficiles, vouloir absolument tout comprendre avec la seule sagesse humaine a toutes les chances de conduire à l'impasse. Prenons l'exemple de la perte d'un être tendrement aimé. C'est une chose bonne que de s'abandonner à Dieu au cœur d'un deuil douloureux, mais, au final, il n'y aura qu'au ciel qu'on pourra véritablement comprendre le sens proprement providentiel de ce type d'épreuve. Lorsque nous parviendrons dans l'au-delà, en présence de l'amour infini du Christ ressuscité, nous serons divinement saisis par la manière dont la Providence s'est « servie » de tel ou tel événement douloureux au cours de notre existence terrestre. Seule la vie éternelle fera éclater sous un jour nouveau et désirable ce qui, sur terre, nous était apparu comme une catastrophe ou une injustice. Saint François de Sales écrit : « Ici-bas, Dieu ne nous manifestera pas tout son art, pour que nous gardions toute révérence à son égard. Mais au ciel, dans la surabondance de son amour, il nous ravira en nous montrant toutes les prévenances et les délicatesses de sa sagesse ; il nous découvrira les raisons, les moyens, les motifs de tout ce qui se sera passé en ce monde et qui devait servir à notre salut éternel[20] ».

Indépendamment même de ce traumatisme que représente le deuil, nous faisons tous l'expérience que, dans certaines circonstances, Dieu donne de décrypter assez facilement ses intentions, alors qu'à d'autres moments, nous avons l'impression d'être dans un brouillard si dense que nous sommes incapables de déchiffrer le plan de Dieu à l'œuvre. Dieu peut permettre cette brume épaisse pour nous guérir de cette manie de vouloir sans cesse lui mettre

19. Saint François de Sales, *Traité de l'amour de Dieu*, *op. cit.*, p. 310.
20. *Ibid.*, p. 317.

la main dessus : « Prendre toutes choses simplement, de la main de Dieu[21]. » En nous maintenant dans une certaine nuit, Dieu veut aussi nous installer dans une confiance toujours plus grande, qui consent à ne pas exiger des raisons évidentes à tout ce qui nous arrive : « Ne laissons jamais notre esprit tournoyer, par vaine curiosité, autour des jugements divins. Comme les petits papillons, nous finirions par y brûler nos ailes, et y périr. Ses jugements sont incompréhensibles[22]. »

Celui, celle qui veut s'engager dans l'abandon à la Providence doit savoir qu'il va être mis en présence de Dieu. Une certaine humilité, pour ne pas dire une humilité certaine de l'intelligence, est réclamée pour entrer en alliance véritable avec la divine Providence. « Nous ne pouvons pas discerner ses intentions, ses chemins, ses moyens. Même si nous le faisions dans un bon esprit, nous resterions à court et nous nous perdrions en chemin[23]. » Dieu n'est pas un copain mais le Dieu transcendant. À cause de l'orgueil de l'intelligence qui caractérise tant la mentalité technicienne actuelle, cette humilité foncière ne nous est guère familière, spontanée. Le saint homme Job nous montre le chemin pour l'acquérir. Celui-ci exige que Dieu se justifie face à sa propre situation de précarité. Le Très-Haut lui fait comprendre qu'il est Dieu : « Job, où étais-tu quand je fondais la terre ? » (Jb 38,4). Job entre alors dans l'humilité profonde et dit au Seigneur : « Je sais que tu es tout-puissant : ce que tu conçois, tu peux le réaliser. J'étais celui qui voile tes plans, par des propos dénués de sens. Je ne te connaissais que par ouï-dire, mais maintenant mes yeux t'ont vu. Aussi je me rétracte et m'afflige sur la poussière et sur la cendre » (Jb 42,2-6). Plus on avance dans une vie d'alliance avec le Père éternel, plus on se sent petit et impuissant… et, du même coup, plus on plonge dans l'adoration face à la toute-puissance de

21. Saint François de Sales, *Œuvres*, *op. cit.*, 21, 155-6.
22. Saint François de Sales, *Traité de l'amour de Dieu*, *op. cit.*, p. 318.
23. *Ibid.*, p. 318.

Dieu à l'œuvre dans les événements, face à son infinie délicatesse dans la manière de dénouer des situations apparemment sans issue, comme parfois aussi à cause de son humour. En effet, quand on lui fait vraiment confiance et qu'on le laisse faire, alors qu'on se trouve devant une lourde porte fermée, il est capable d'ouvrir en un tour de main trois ou quatre issues que nous n'aurions même pas imaginées.

## *Les « voies » de la Providence sont perturbantes*

L'abandon à la divine Providence est relativement facile quand l'horizon est dégagé ou lorsque les difficultés ne sont pas au rendez-vous : il n'y a qu'à se laisser aller, tout va pour le mieux et dans le sens caressant de notre sensibilité. Mais lorsque se présente l'épreuve, nous nous raidissons, nous pensons que Dieu nous a abandonnés, nous sommes même scandalisés à l'idée que Dieu puisse permettre la souffrance et le mal. Que les voies de la Providence sont perturbantes à l'heure de la croix ! Voici quelques clés pour envisager les choses avec les yeux de Dieu.

### Dieu ne veut jamais le mal, mais il peut le permettre en vue d'un plus grand bien

Voilà bien un point qui demande à être traité avec clarté et délicatesse ! C'est parce que Dieu est amour, qu'il « veut permettre » à la liberté des créatures de s'exprimer… jusqu'à la possibilité d'accomplir le mal : « Tout ce que l'homme endure contre sa volonté, il ne doit pas l'attribuer à la volonté des hommes, des anges ou de quelque esprit créé, mais à la volonté de Celui qui donne conformité à ces libertés le pouvoir de vouloir », écrit saint Augustin, un des Pères de l'Église qu'affectionne saint François de Sales[24]. Pour être au plus juste dans les mots, on devrait distinguer en Dieu sa « volonté-commandement » et sa « volonté-dessein » :

24. Saint Augustin, *De civitate Dei*, V, x, 1. PL 41, 153.

selon sa volonté-commandement, Dieu ne saurait vouloir le moindre mal ou injustice, mais il veut les permettre selon sa volonté-dessein, à cause de l'immense respect qu'il porte à notre liberté. « Causer » n'est pas « permettre »! Dieu ne peut jamais causer le mal, il peut pourtant le permettre, mais c'est toujours en vue d'un plus grand bien, souvent caché à nos yeux sur le moment : « Dieu tout-puissant [...], puisqu'il est souverainement bon, ne laisserait jamais un mal quelconque exister dans ses œuvres s'il n'était assez puissant et bon pour faire sortir le bien du mal lui-même », dit encore l'évêque d'Hippone[25].

## Désarmer devant le Dieu des armées !

Nous avons noté à l'instant que la meilleure disposition pour comprendre la manière d'agir de la divine Providence est de renoncer à tout comprendre. Cet axiome s'impose encore plus lorsque nous sommes confrontés à l'épreuve. Tout nous révolte à l'heure de la croix. Cela se comprend, nous n'avons pas été créés pour souffrir. C'est être normalement constitué que de ressentir de la répulsion vis-à-vis de la souffrance, mais si nous nous enfonçons dans la révolte, notre souffrance va en être décuplée.

Si nous voulons nous ouvrir à un sens nouveau face à la souffrance qui nous tenaille, il n'y aura pas d'alternative que de *désarmer* devant le *Dieu des armées* – le Dieu *Sabaoth*, selon l'expression de la Bible. Ce désarmement commence tout d'abord par « l'arrêt des pourparlers », autrement dit, cesser d'accuser Dieu d'être le responsable de tous nos malheurs. Lorsque cette accusation commence à s'atténuer, il faut renoncer à une autre erreur qui consiste à sommer Dieu sans cesse de se justifier. Laissons tomber les pourquoi : « Pourquoi moi? », « Pourquoi maintenant? », « Pourquoi m'a-t-on fait cela? », etc. Il sera bon de repérer aussi ce subtil chantage qui peut se formuler ainsi : « Jésus, je veux bien dire oui à ce qui m'arrive, MAIS... » On pose encore des condi-

25. Saint Augustin, *Enchiridion*, 11, 3.

tions à Dieu. Lorsque tous ces mécanismes de défense tombent les uns après les autres, nous voilà mûrs pour nous « rendre » à Dieu : « Jésus, je ne comprends absolument rien à ce qui m'arrive, je ne parviens pas du tout à voir ta main dans cette souffrance, mais j'arrête d'être armé jusqu'aux dents face à toi, je me rends à ton amour, je m'abandonne sans condition. »

Lorsque l'âme douloureuse parvient à cette « capitulation », elle expérimente assez rapidement un apaisement, et parfois même des forces nouvelles peuvent surgir. Ce n'est qu'au prix de cette reddition que l'âme peut s'ouvrir à la sagesse providentielle de Dieu. Notre « non » intérieur bloque Dieu et l'empêche de pénétrer en nous. À l'inverse, le « oui » inconditionnel, au cœur d'une tempête ou d'un malheur, permet à Dieu de nous envahir par sa sagesse divine : il nous ouvre à un sens nouveau donné à l'épreuve, sens souvent irrecevable tant qu'on demeure dans la révolte. Dieu nous envahit aussi par sa force, il nous aide à tenir bon dans l'épreuve même si on en ressent toujours la morsure. Quand Dieu, écrit l'évêque d'Annecy, « impose quelque charge à une de ses filles, il la renforce tellement que, soutenant la charge avec elle, elle est comme déchargée[26] ». Seul le Oui permet à l'âme de s'ouvrir au vrai visage de la Providence. La personne découvre avec étonnement qu'en s'abandonnant à Dieu, l'Esprit Saint s'approche et vient en quelque sorte porter intérieurement la croix qui jusqu'ici l'écrasait : « Cette charge vous ayant été imposée [...] Dieu se mettra à votre droite et la portera avec vous[27]. »

## *L'abandon confiant guérit des fausses images de Dieu*

Ils sont rares, ceux qui ne véhiculent pas à un moment ou à un autre de fausses images de Dieu : celle d'un Dieu si lointain qu'il serait peu enclin à s'intéresser à ce qui fait leur vie ; celle d'un Dieu impuissant à les sortir d'un mauvais pas ; ou pire encore,

26. Saint François de Sales, *Œuvres*, *op. cit.*, 20, 254.
27. *Ibid.*, 17, 68.

cette idée selon laquelle Dieu prendrait plus ou moins plaisir à voir les hommes souffrir. L'abandon inconditionnel à Dieu, vécu au creuset de la souffrance, est le meilleur traitement pour arracher ces fausses conceptions de Dieu tapies au fond de notre inconscient. Il est surtout le meilleur moyen d'accéder au vrai visage de Dieu : « Les petits enfants [...] ne pensent point que leur père veuille les battre [...]. Ainsi devrons-nous faire [...] envers Dieu, le révérant comme notre Père, le servant avec amour, sans appréhension des supplices ni prétention de récompense, nous laissant porter entre les bras de sa sainte Providence, ainsi qu'il lui plaira[28]. »

**Un Dieu torrent en amour et en bienfaits.** Lorsqu'une personne, perturbée par telle ou telle épreuve, s'en remet à Dieu comme un enfant, en retour, Dieu va lui révéler qui il est vraiment, un cœur qui ne désire que se donner, tant son amour infini le presse de se répandre : « Son infinie bonté dont la nature même est de se répandre[29]. » En écrivant ces mots, saint François de Sales se veut l'écho de la pensée d'un de ses maîtres, saint Thomas d'Aquin, pour qui Dieu est *Bonum diffusivum sui*[30], un Dieu assoiffé de se donner et de combler, un Dieu passionné d'amour qui souffre de si peu rencontrer d'âmes qui consentent à l'étreinte divine.

**Que le Bon Dieu est un Dieu bon!** Seule la personne abandonnée peut accéder sans filtre au vrai visage de Dieu, qui est aux antipodes d'un Dieu pervers prenant plaisir à voir ses enfants se tordre de douleur sous le poids de l'épreuve. Dieu n'est que bonté. Et lorsqu'il permet dans nos vies telle ou telle difficulté, c'est

28. *Ibid.*, R 10, 423.

29. Saint François de Sales, *Traité de l'amour de Dieu*, *op. cit.*, p. 135.

30. Cf. par exemple : Saint Thomas d'Aquin, *Contra Gentiles*, I, 37. Le père Jean-Hervé Nicolas, résume ainsi la pensée du Docteur commun sur ce point précis : « Celui qui est bon, en raison même de sa bonté, est intimement poussé à communiquer à d'autres cette bonté, à la partager, et à s'unir en ce bien à ceux à qui il l'a communiqué », Jean-Hervé Nicolas, in Thomas d'Aquin, *Somme théologique*, éd. du Cerf, 1990, Tome I, p. 295, note 2.

au nom de sa bonté : il n'est qu'un Père rempli de tendresse. Dans le *Traité de l'amour de Dieu*, notre saint précise : « Dieu a tout disposé dans notre vie pour que nous puissions être sauvés. Que pouvons-nous craindre alors ? [...], un Père si bon, si clairvoyant pour tout ordonner et si prudent pour exécuter[31]. » Dans un courrier à une personne en peine, il appuie cette conviction : « Votre cœur [...] dit que tout cela est bon (un deuil et une maladie), puisque la main paternelle de cette suprême bonté a donné tous ces coups[32]. » Reconnaissons-le, il faut une certaine maturité pour parvenir à de telles vues, mais avec la grâce de Dieu tout est possible.

La meilleure manière de garder la paix de l'âme, à travers les multiples sollicitations du travail, les soucis de la vie familiale et les perturbations du quotidien, consiste, tout en étant au plus près de notre devoir d'état, à demeurer « les yeux fixés sur Jésus, le chef de notre foi, qui la mène à la perfection » (He 12,2). Saint François de Sales le dit à sa manière : « Marchez fermement en ce chemin auquel la Providence [...] vous a mise, sans regarder ni à droite ni à gauche, c'est le chemin de la perfection pour vous[33]. »

---

31. Saint François de Sales, *Traité de l'amour de Dieu*, *op. cit.*, p. 318.
32. Saint François de Sales, *Œuvres*, *op. cit.*, 19, 61.
33. *Ibid.*, 15, 279.

## CHAPITRE 3

# BALISER L'ABANDON

Nous avançons pas à pas. Après avoir montré que l'amour est le milieu dans lequel l'abandon authentiquement chrétien peut se mouvoir, nous avons contemplé le visage de la Providence qui organise tout pour notre bien. Ces fondations posées, nous voilà équipés pour franchir les premiers pas sur le chemin de l'abandon. Que veut-on dire exactement lorsqu'on parle d'abandon spirituel ? N'est-il pas important d'en délimiter l'itinéraire par quelques balises indispensables, ceci afin d'éviter de se perdre ? Par ailleurs, y a-t-il des degrés dans l'abandon spirituel ?

Rien n'est plus rassurant et encourageant que de se mettre à l'école d'un maître qui délivre un message qu'il a lui-même goûté : chez saint François de Sales, l'abandon paisible rayonnait de toute sa personne. François Favre, valet de chambre de l'évêché d'Annecy, de par la proximité de son service, connaissait son évêque comme personne. Il fit cette déposition :

> « Je puis assurer avec vérité que, quoi que se présentât à ce serviteur de Dieu, rien ne lui semblait difficile parce qu'il ne regardait toutes les peines et difficultés qui s'y pouvaient rencontrer qu'en Dieu, et Dieu en elles, et ainsi appuyé en cette forte et ferme espérance qu'il avait en sa Providence, il entreprenait courageusement tout ce qui se présentait[1]. »

1. Déposition de François Favre, *Actes*, t. II, foi. 1250.

François Favre ne s'est pas contenté de déclarations générales, il rapporte ce fait qui en dit long sur le niveau d'abandon vécu par celui qu'il avait la charge de servir :

> « Le bienheureux passant le Rhône sur un petit bateau lors d'un voyage qu'il fit à Gex avec quatre de ses domestiques, il courut un très grand danger, le bateau étant fort petit et mauvais. Et à cause d'un cheval qui faillit faire renverser ce bateau, le péril fut tel que nous étions sur le point de tomber à l'eau et nous sauver à la nage. Notre bienheureux, tenant un livre en sa main qu'il lisait, ne s'émut ni même fit semblant de s'apercevoir du péril que nous courions. Étant arrivés de l'autre bord, tout effrayés, nous lui fîmes le récit de cette histoire. Il nous répondit : “Je me suis bien aperçu, entrant dans le bateau, qu'il y avait quelque danger, mais je me suis jeté entre les bras de la divine Providence et ai mis toute mon espérance en sa divine Bonté[2].” »

Cette anecdote montre la paix profonde qui jaillit d'une âme confiante et entièrement remise à Dieu. Ce témoignage concernant notre saint ne peut que susciter un encouragement à l'abandon, surtout chez les personnes portées à l'inquiétude.

Dieu chérit d'une manière toute particulière ceux et celles qui veulent grimper l'escalier de l'abandon en levant leur petit pied : « Notre Seigneur aime d'un amour extrêmement tendre ceux qui s'abandonnent totalement à son soin paternel, se laissant gouverner par sa divine Providence, sans s'amuser à considérer si les effets de sa Providence leur seront utiles, profitables ou dommageables[3]. » Cette conviction du saint ne peut que relancer notre désir de nous en remettre à Dieu : « Il est bien vrai qu'il faut avoir une grande confiance pour s'abandonner sans aucune réserve à la Providence

2. *Ibid.*, foi. 1248-1250.
3. Saint François de Sales, *Œuvres*, *op. cit.*, 6, 26-27.

divine [...] Notre Seigneur prend soin de tout et conduit tout. [...] Rien ne peut nous arriver sans que Dieu ne nous en fasse tirer du bien et de l'utilité[4]. »

S'il nous venait la bonne idée d'emboîter le pas de notre bon saint, l'horizon est effectivement fascinant, mais le chemin pour y parvenir est semé de subtiles embûches. Il importe donc, dans un premier temps, de baliser le terrain de l'abandon, ceci afin de nous éviter quelques illusions en la matière et pour décomplexer les personnes encore prisonnières d'une humilité mal placée. Qu'elles n'hésitent plus à sauter l'obstacle, elles ne le regretteront pas.

## 1 – Il est urgent de « démocratiser » l'abandon

### *Une voie accessible à tous*

En 1923, à l'occasion du troisième centenaire de la mort de saint François de Sales, le pape Pie XI, publia l'encyclique *Rerum omnium perturbationem*, dans laquelle il soulignait une des originalités du saint évêque de Genève :

> « François de Sales paraît également avoir été, par un dessein spécial de Dieu, donné à l'Église pour réfuter, par les exemples de sa vie et l'autorité de sa doctrine, un préjugé déjà en vogue à son époque et encore répandu de nos jours, à savoir que la véritable sainteté, conforme à l'enseignement de l'Église catholique, dépasse la portée des efforts humains, ou à tout le moins qu'elle est si difficile à atteindre qu'elle ne concerne en aucune façon le commun des fidèles, mais seulement un petit nombre de personnes douées d'une rare énergie et d'une exceptionnelle élévation d'âme; que, en outre, cette sainteté entraîne tant d'ennuis et d'embarras qu'elle est

4. *Ibid.*, 6, 28 et 27.

absolument incompatible avec la situation d'hommes et de femmes vivant dans le monde[5]. »

Un petit détour par le mot *dévotion*, expression souvent utilisée par saint François de Sales, n'est pas sans intérêt pour notre propos (son œuvre phare porte justement le titre suivant : *Introduction à la vie dévote*). Un profond glissement s'est produit entre le sens du mot dévotion qu'en donnait notre saint du XVII^e siècle et celui qu'on en donne aujourd'hui. De nos jours, la signification de l'expression dévotion s'est appauvrie jusqu'à devenir péjorative, elle a des relents de « dévotionnette », de piété sentimentale et vieillotte, de bigoterie en somme. Au contraire, pour saint François de Sales et ses contemporains, la dévotion désignait ce que nous appelons aujourd'hui « la vie spirituelle ». Elle s'appuyait sur la définition très haute qu'en donnait saint Thomas d'Aquin, pour qui la dévotion était « une certaine volonté de *se consacrer* promptement aux choses concernant le service de Dieu[6] ». Entre la dévotion qui consiste à se livrer à l'emprise de l'Esprit et faire ses *dévotions* à l'église, avouons qu'il y a une certaine différence ! Résumons-nous : pour saint François de Sales, la dévotion, autrement dit la vie spirituelle, devrait amener tout fidèle à se livrer à Dieu, à se rendre dépendant de l'emprise de l'Esprit. Et dans cette perspective, notre saint n'oppose pas les différentes vocations à l'intérieur de l'Église : cette dévotion au sens fort du terme n'est pas réservée à une « Église d'en haut » – les zélés ou les consacrés – tandis que « l'Église d'en bas » – les laïcs de base – devrait se contenter du minimum chrétien, un peu de morale pour éviter les débordements, mais surtout pas trop de vie mystique. À une époque où l'idée était loin de faire l'unanimité, saint François de Sales démocratise littéralement l'accès à la vie proprement spirituelle, à une vie intérieure en dépendance de l'Esprit, à une vie livrée au Christ livré. On peut trouver ces mots dans *l'Introduction à la vie dévote* : « C'est non seulement

5. Pie XI, Lettre encyclique *Rerum omnium perturbationem*, le 26 janvier 1923.
6. Saint Thomas d'Aquin, *Somme théologique*, IIa, IIae, q. 82, a. 1.

une erreur, mais c'est une hérésie que de bannir la dévotion de la compagnie des soldats, de la boutique des artisans, de la cour des princes, du foyer des époux. [...] La vraie dévotion non seulement ne porte tort à aucun état de vie, ne nuit à aucune affaire, mais au contraire elle les perfectionne et les embellit[7]. » Décidément, l'enseignement de cet apôtre du XVII$^{e}$ ne sent pas le moisi, il semble en avance sur son temps, anticipant même le concile Vatican II qui ose parler « d'appel universel à la sainteté[8] ». Le pape Paul VI voit les choses ainsi. À l'occasion du quatrième centenaire de la naissance de François de Sales célébré par la lettre *Sabaudiae Gemma*, le pape du Concile dit à des pèlerins le 29 janvier 1967 : « Saint François de Sales fut un maître de spiritualité qui enseigna la perfection chrétienne pour tous les états de vie. Il fut sous ces aspects un précurseur du II$^{e}$ concile œcuménique du Vatican. Ces grands idéaux sont toujours d'actualité[9]. »

### *« Si vous ne devenez pas comme des petits enfants... »*

Évoquer l'abandon spirituel ou l'union de volonté au sein d'une assemblée paroissiale, et même parfois auprès d'un parterre de consacrés, ne reçoit pas toujours l'approbation qu'on attendrait. Beaucoup de baptisés, et même d'ordonnés, considèrent qu'une telle voie spirituelle serait réservée à une élite mystique, des fous de Dieu, des zélés sans doute admirables mais excessifs ! Notre Seigneur ne semble pas partager ces vues : « On lui présentait des petits enfants pour qu'il les touchât, mais les disciples les rabrouèrent. Jésus se fâcha et leur dit : "Laissez les petits enfants venir à moi ; ne les empêchez pas, car c'est à leurs pareils qu'appartient le royaume de Dieu." » Et Jésus de conclure avec cette réplique sans appel : « En vérité je vous le dis : quiconque n'accueille pas le royaume de Dieu en petit enfant, n'y entrera pas » (Mc 10,13-15).

7. Saint François de Sales, *Introduction à la vie dévote*, *op. cit.*, p. 56.
8. Concile Vatican II, *Lumen Gentium*, Chap. V.
9. *Documentation catholique*, n° 1489, p. 386.

Ne nous trompons pas sur les propos de notre Seigneur, il ne suffit pas d'être un « gentil » pour recevoir le label de l'enfance spirituelle. La disposition intérieure d'abandon confiant n'est pas une option facultative pour le baptisé : elle représente le passeport indispensable pour entrer en paradis. Monseigneur de Sales veut nous éviter toute illusion en ce domaine : « Si nous ne nous reposons pas par une entière résignation et parfaite confiance entre les bras de notre Seigneur, comme l'enfant entre les bras de sa mère, nous n'entrerons point en son Royaume[10]. » Si telle sera notre condition au ciel – comme un enfant, se recevoir du Père pour l'éternité dans un parfait abandon d'amour –, autant commencer l'entraînement ici-bas, dès maintenant.

### *Beaucoup d'appelés mais peu d'élus*

Cette conformité à la volonté de Dieu par l'abandon peut apparaître aussi difficile que de grimper au sommet de l'Himalaya. Ce scénario impossible qui tétanise l'esprit s'estompe dès qu'on se met en route. En effet, l'expérience apporte une connaissance intérieure tellement plus pénétrante et féconde que de se contenter de jongler avec des idées. D'autre part, l'abandon semble impossible si nous comptons uniquement sur nos forces ; mais si nous nous en remettons au Maître de l'impossible, tout devient possible par sa grâce : « Pour les hommes c'est impossible, mais pour Dieu tout est possible » (Mt 19,26).

Tous sont appelés par Dieu à cette voie d'enfance et de confiance car la grâce est offerte à tous sans distinction. Malheureusement ils semblent trop peu nombreux, ceux qui prennent au sérieux cette offre de l'amour, trop peu à vouloir faire partie des élus du cœur du Père. Comme il est dommage de se priver d'une telle grâce, notre vie nous apparaîtrait tellement différente, tellement plus douce, tellement plus féconde.

10. Saint François de Sales, *Œuvres*, *op. cit.*, 9, 974.

Soyons convaincus que, pour se laisser emporter par Dieu, ce n'est pas de diplômes religieux dont nous manquons, mais d'amour, de confiance et de petitesse. On rencontre des « petites gens » qui sont spontanément de plain-pied avec la voie d'abandon, tout simplement parce qu'ils ont l'étoffe des « anawim », ces « pauvres de Dieu » dont parle la Bible, ces humbles, ces esprits pas compliqués qui, ne pouvant pas compter sur leurs propres forces, sont obligés de se rendre à Dieu. Saint François de Sales abonde dans ce sens dans le *Traité de l'amour de Dieu* : « Oh, combien est vrai ce que disait saint Augustin : “Les simples s'emparent du Ciel, alors que tant de savants se perdent en enfer[11].” »

## *L'aventure commence « par l'intérieur »*

Non seulement l'abandon pacifiant est accessible à tous par la grâce de Dieu, mais le mode d'emploi est aussi d'une extrême simplicité. Sachons tout de même que le levier qui actionne sa mise en route n'est pas à l'extérieur de nous-mêmes mais bien à l'intérieur. Un certain nombre de pratiquants pensent que la vie chrétienne consiste en des lois extérieures et des rites qu'il suffirait d'observer pour être en règle avec Dieu et parfaitement chrétiens. Pour une part ils n'ont pas tort, mais voir les choses ainsi est réducteur et le danger de formalisme, de pharisaïsme n'est pas loin. C'est d'abord par un mouvement « intérieur » de conversion, à partir du cœur profond, qu'on entre en alliance avec Dieu et qu'on déploie cette vie de confiance. Saint François de Sales se montre très net sur ce point :

> « Pour moi, je n'ai jamais approuvé la méthode de ceux qui pour réformer l'homme commencent par l'extérieur : le maintien, les vêtements, la coupe de cheveux… Il me semble au contraire qu'il faut commencer *par l'intérieur* :

11. Saint François de Sales, *Traité de l'amour de Dieu*, *op. cit.*, p. 413. Citation de saint Augustin : *Confessions*, Liv. VIII, Chap. VIII.

> "Convertissez-vous à moi de tout votre cœur", dit Dieu (Jl 2,12) ; "Mon enfant donne-moi ton cœur" (Pr 23,26). Le cœur est la source des actions; elles seront comme il est. [...] Oui vraiment, qui a Jésus dans son cœur, ne tardera pas à l'avoir en toutes ses actions extérieures[12]. »

Pourquoi insister sur la nécessité de commencer et poursuivre l'abandon « par l'intérieur » ? Lorsqu'un enseignement sur le « lâcher-prise » spirituel est donné en paroisse ou dans le cadre d'une retraite, il est très probable qu'un certain nombre d'auditeurs, sincèrement désireux d'entrer dans l'expérience proposée, viennent trouver l'intervenant pour lui demander : « Mon Père, je vois ce que vous voulez dire... mais comment on fait concrètement ? » Il importe de décoder les termes de cette demande. Il est possible que l'intervenant ait manqué de pédagogie, n'illustrant pas assez son propos par des exemples *concrets*. Mais il faut souvent creuser plus profond pour expliquer la difficulté des gens à entrer dans l'abandon. En fait, beaucoup voudraient y entrer « à peu de frais », ils aimeraient qu'on leur délivre un petit médicament qu'il suffirait d'avaler « de l'extérieur » et le tour serait joué pour qu'ils soient parfaitement installés dans l'abandon. Saint François de Sales met en garde contre ce travers : « Vous voudriez que je vous enseigne une méthode de perfection toute faite, en sorte qu'il n'y eût qu'à la mettre sur votre tête [...] et que par ce moyen, vous vous trouviez parfaite sans peine[13]... » Remémorons-nous l'itinéraire de l'enfant prodigue. Après sa fuite en avant, ce n'est qu'à partir du moment où il « rentra en lui-même » (Lc 15,17), qu'il trouva le courage de revenir vers son père et de se jeter dans ses bras de miséricorde. Pour entrer dans l'abandon, personne ne pourra le faire à ma place. D'autre part, je vais devoir descendre à l'intérieur de moi-même, au niveau du cœur profond pour me décider à m'abandonner. Nous voudrions tellement pouvoir jouer le match

12. Saint François de Sales, *Introduction à la vie dévote*, *op. cit.*, p. 303.
13. Saint François de Sales, *Œuvres*, *op. cit.*, 6, 151.

tout en demeurant sur le banc de touche, nous voudrions boire l'eau vive de l'Esprit sans avoir à nous mouiller, nous voudrions que Dieu nous donne accès à son divin cœur sans avoir à ouvrir largement le nôtre... Ce n'est pas possible! Nous voudrions que Dieu nous délivre sa paix sans avoir à lui livrer notre volonté, nous voudrions expérimenter la sérénité de Dieu sans avoir à mourir à ce qui en nous lui fait obstacle, nous voudrions que le Prince de la Paix se donne à nous sans que nous ayons à nous donner à lui : on ne peut pas se moquer de Dieu. Cet abandon à l'Éternel exige que nous descendions dans notre intérieur : cela commencera le matin avec la prière d'offrande et cela se poursuivra tout au long de la journée en renouvelant l'offrande dès que se présentera un événement non prévu, une rencontre, une fatigue, une difficulté, une tâche à accomplir. Et à certaines heures plus difficiles, lorsque les « contractions » intérieures se feront plus sensibles, nous n'aurons pas d'autre « péridurale » que l'abandon, à vivre toujours de l'intérieur, au niveau du cœur.

Dès les premières pages de cet ouvrage, nous avons montré que l'abandon est la crème de l'amour. Si « Le cœur est le siège et la source de l'amour[14] », dit notre saint, l'abandon sera toujours à vivre en rentrant en nous-mêmes, en descendant au niveau du cœur profond, siège de la volonté et lieu de rencontre avec l'Époux de nos âmes. S'adressant à notre Seigneur Jésus, François dit : « Il est écrit de vous, ô Sauveur de mon âme, que vous deviez faire la volonté de votre Père; et le premier acte de votre volonté humaine, à l'instant même de votre conception, fut d'embrasser par amour la loi de la volonté divine et de la mettre au milieu de votre cœur, afin qu'elle y règne éternellement. Qui donc fera cette grâce à mon âme de n'avoir jamais d'autre volonté que la volonté de Dieu[15] ! » Si l'aventure spirituelle commence « par l'intérieur », on comprend

14. Saint François DE SALES, *Traité de l'amour de Dieu*, *op. cit.*, p. 82.
15. *Ibid.*, p. 565.

mieux la sentence bien connue de saint François de Sales : « Celui qui gagne le cœur de l'homme, gagne tout l'homme[16]. »

## 2 – Les grandes étapes du mouvement d'abandon

Ne nous représentons pas l'abandon comme une démarche qu'on pourrait réaliser en une seule fois, comme s'il suffisait d'entrer dans une demeure en franchissant le pas de la porte et le tour serait réglé. Non, l'abandon est plutôt un voyage à travers plusieurs « demeures », expression chère à sainte Thérèse d'Avila, dont l'enseignement a beaucoup nourri saint François de Sales. Dans cet itinéraire spirituel, le premier pas est certes décisif, il est souvent le marqueur d'un avant et d'un après. Mais attention, ce n'est qu'un premier pas. Il faudra multiplier les premiers pas avant que la remise de soi-même à Dieu devienne peu à peu un style de vie : *l'abandon en acte* ne prend corps qu'avec de multiples *actes d'abandon*. Ajoutons, par ailleurs, que l'abandon est comme un puits sans fond : quand on s'y risque, on découvre qu'il y a des paliers de plus en plus profonds, qu'il y a des niveaux d'abandon de plus en plus inconnus et fascinants, on va d'étonnement en étonnement. Nous pensions tout savoir de l'abandon avec les premiers pas posés, mais si on accepte d'entrer dans l'aventure, si on consent à s'abandonner vraiment, notre Seigneur nous entraînera dans des niveaux de plus en plus profonds, purs et divins. Rien d'étonnant à cela, puisque l'abandon n'est rien d'autre que l'entrée dans le mystère même de Dieu. Le Très-Haut ne révèle la grandeur, l'immensité, la pureté de son amour et de sa paix que dans la mesure où nous acceptons progressivement de lâcher nos vues trop limitées. Ces précisions faites, il nous est plus facile de décrire à grands traits les étapes, les niveaux de plus en plus profonds de l'abandon.

16. Saint François de Sales, *Introduction à la vie dévote*, *op. cit.*, p. 304.

## *La résignation*

On trouve assez fréquemment sous la plume de saint François de Sales, ainsi que chez ses contemporains, l'expression « résignation ». Là encore, comme pour le mot dévotion, notre saint n'y met pas le même sens que nous lui donnons actuellement. Chez lui, résignation équivaut à abandon. Tandis que de nos jours, résignation n'a pas la même signification : elle est plus négative. Partons justement de la compréhension moderne de la résignation, cela nous permettra de dégager le terrain.

L'entrée dans l'abandon n'est pas toujours très glorieuse : dans les débuts, il est probable qu'il soit davantage empreint de résignation que d'esprit d'enfance. Une âme « résignée » accepte de se conformer à la volonté de Dieu, mais, au fond d'elle-même, il y a un « je ne veux pas, mais je ne peux pas faire autrement » ou « Si, j'arrête de me révolter face à ma situation, mais c'est pour moins souffrir ». On l'a compris, dans la résignation, il y a quelque chose de *subi*, un simple renoncement, tout n'est pas encore amoureusement *consenti*. Au fond, la personne, si elle le pouvait, se passerait bien de faire la volonté de Dieu se manifestant à travers telle situation, mais comme elle ne peut pas faire autrement ou comme ce serait trop pénible de demeurer dans la révolte, la personne *cède* ; mais, en vérité, son cœur n'adhère pas totalement et amoureusement au plan de Dieu.

Cette échographie spirituelle ne juge pas la personne qui se trouve encore à cette étape. Cette radiographie voudrait l'aider à voir où elle en est et à repérer là où le bât blesse. C'est la meilleure façon d'avancer plus loin, comme saint Pierre, à qui Jésus propose : « Avance en eau profonde, et lâche tes filets pour la pêche » (cf. Lc 5,4). Ne regardons pas avec mépris la personne qui peine à dépasser ce stade. Pour beaucoup, la résignation sera une étape intermédiaire, comme un sas avant d'entrer plus avant dans un abandon plus confiant. Nous avons besoin de beaucoup de temps pour mûrir spirituellement. Pour certains, cette étape, certes pas très idéale, sera indispensable pour provoquer en eux un désir d'aller plus loin, tellement ils en auront assez de ressasser leur révolte secrète. Une chose est certaine : Dieu aime l'âme tout *abandonnée* comme il aime l'âme seulement *résignée*. Pensons au jeune homme riche, son cœur demeure très partagé, entre ses grandes richesses et son désir du ciel, cela n'empêche pas Jésus « de fixer son regard sur lui et de l'aimer » (cf. Mc 10,21).

## *Le marchandage*

Lorsque la personne en a assez de la lie de la résignation, cette âme voudra entrer dans une seconde étape qui se caractérise par un début d'acceptation : nous l'appelons *marchandage*. Face à telle situation, la personne commencera à la *vouloir* et non plus à la *subir*. Elle dira dans sa prière : « Jésus, je veux bien. » Malheureusement elle ajoutera à ces mots sincères, un gros « mais » qui viendra colorer sensiblement les choses : « Jésus, je veux bien ce que tu me demandes de vivre, MAIS… » L'âme entre dans l'acceptation, c'est indéniable, mais elle pose ses conditions. Nous sommes dans une acceptation sous condition, un chantage subtil. Avec le marchandage, la volonté propre commence à s'assouplir, mais elle n'est pas encore malléable entre les doigts de Dieu, ce qui lui apporterait pourtant la sérénité à laquelle elle aspire : « Le cœur indifférent est comme une boule de cire entre les mains de Dieu. Il reçoit toutes les impressions du bon plaisir de Dieu. C'est un cœur qui ne choisit pas parce qu'il est disposé à tout : sa volonté n'est déterminée que par la volonté de Dieu. Il n'aime pas les choses que Dieu veut, mais il aime la volonté de Dieu qui les aime[17]. »

## *L'indifférence*

Parmi les auteurs qui ont formé la pensée de saint François de Sales, outre ceux déjà cités, il faut mentionner saint Ignace de Loyola. Le mot *indifférence*, très fréquent dans la bouche de

17. Saint François de Sales, *Traité de l'amour de Dieu*, *op. cit.*, p. 619-620.

François de Sales, il le doit justement au fondateur de la Compagnie de Jésus. Dans son *Traité de l'amour de Dieu*, l'évêque de Genève éprouve le besoin de montrer comment l'indifférence spirituelle s'incarnait très concrètement dans la vie du fondateur des Jésuites :

> « Le bienheureux Ignace de Loyola avait fondé, non sans peine, la Compagnie de Jésus, laquelle portait déjà tant de fruits, et laissait en espérer bien davantage. Il eut néanmoins le courage de se promettre que, s'il la voyait disparaître, ce qui lui serait la plus grande peine qu'il pût recevoir, une demi-heure lui suffirait pour s'y résoudre, et pour retrouver la paix dans l'acceptation de la volonté de Dieu[18]. »

À la différence du marchandage, où l'âme surfait entre acceptation et négociation, avec cette nouvelle étape, la personne se rend « indifférente » au *quand* et au *comment* du plan d'amour de Dieu sur elle. Elle ne lui impose plus d'ultimatum en ce qui concerne le calendrier, le déroulement des événements. Désormais elle lui dit : « Jésus, ce sera "quand" tu le veux. » Par ailleurs, convaincue que Dieu ne peut vouloir que le meilleur pour elle, l'âme ne décide plus du scénario de sa propre vie, elle ajoute : « Jésus, ce sera "comme" tu le veux. » L'âme est à ce point polarisée par la volonté de Dieu, qu'il ne lui importe que ce que Dieu veut, jusque dans les modalités les plus concrètes. À ce stade, l'âme est installée dans cette indifférence spirituelle qui est au fondement des *Exercices* de saint Ignace de Loyola, dont l'enjeu est de « disposer l'âme pour écarter de soi toutes les affections désordonnées et, après les avoir écartées, pour chercher et trouver la volonté divine. Pour cela, ajoute le fondateur des Jésuites, il est nécessaire de nous rendre *indifférents* à toutes les choses créées [...], que nous désirions et choisissions uniquement

18. *Ibid.*, p. 627.

ce qui nous conduit davantage à la fin pour laquelle nous sommes créés[19] ».

Empressons-nous de préciser que l'indifférence en question n'a rien à voir avec cette attitude désabusée qui n'a plus goût à rien, cette forme de dépression qui conduit au désintérêt pour tout. Bien au contraire, l'indifférence proprement spirituelle, si chère à François de Sales, ne se désintéresse pas de la vie, mais elle la goûte plus que quiconque. En effet, au lieu de se laisser « posséder » par toutes ses envies et autres désirs buissonnants, l'âme les canalise en les orientant selon la sainte volonté de Dieu. Tel le flux de la sève du cep de vigne qui donne toute sa puissance lorsqu'il est concentré dans un seul sarment afin de donner un raisin généreux et délicieux, ainsi l'âme indifférente goûte à plein le moment présent, l'événement, la rencontre, la tâche ou même l'épreuve, car elle veut s'arrimer à la seule chose qui vaille, la volonté aimante de Dieu. Elle participe du même coup au bonheur de Dieu.

## *L'abandon filial*

Le cœur de notre Père du ciel étant d'une simplicité et d'une richesse infinie, l'abandon filial peut descendre dans des horizons insoupçonnés, avec une profondeur d'intimité et de simplicité étonnantes. Certes on peut être fils, mais on peut aussi être de plus en plus fils. Dans ce sens, François de Sales évoque la figure filiale par excellence qu'est saint Jean, « le disciple que Jésus aimait » (Jn 13,23) : « Quel bonheur d'être ainsi entre les bras du Seigneur [...] comme un autre petit saint Jean, tandis que les autres mangent à la table du Sauveur diverses viandes. Reposez et penchez par une toute simple confiance, votre tête, votre âme, votre esprit sur la poitrine amoureuse de ce cher Seigneur, car il est mieux de dormir sur ce sacré oreiller, que de veiller en toute autre posture[20]. »

---

19. Saint Ignace de Loyola, *Exercices spirituels*, éd. Desclée de Brouwer/Bellarmin, 1992, Annotations n° 3 & n° 23.
20. Saint François de Sales, *Œuvres*, *op. cit.*, 14, 214.

Une des comparaisons les plus émouvantes, utilisées par saint François de Sales pour mettre en lumière la simplicité radicale de l'abandon, est sans aucun doute l'histoire de *la fille du chirurgien*. Ces paroles imagées parleront d'une manière toute particulière aux personnes malades, douloureuses et qui aspirent à une plus grande sérénité au cœur de leurs souffrances. Il nous raconte que la fille du meilleur des médecins souffrait beaucoup de sa maladie, mais elle confiait à son amie faire entière confiance à son père pour lui donner le meilleur traitement et s'abandonner totalement entre ses mains au moment qu'il jugera bon pour la traiter. Alors que son père lui prescrivait une saignée pour la soigner, elle restait le regard fixé sur son père en disant : « Mon père m'aime, et moi qui suis sa fille, je suis toute à lui. » Et monseigneur de Sales de conclure, en direction du lecteur : « Pourquoi te mêles-tu de vouloir ou de ne pas vouloir les événements du monde, puisque tu ne sais pas ce que tu dois vouloir, et que Dieu se souciera suffisamment de toi sans que tu te mettes en peine ? Attends donc, l'âme en paix, tout ce qu'aura décidé le bon plaisir de Dieu. Ce qu'il veut pour toi sera toujours le meilleur[21]. »

## *L'abandon abandonné*

Il est extrêmement difficile de vivre sans se regarder vivre. De même, il est difficile de prier sans se regarder prier et du même coup sans s'évaluer… et la note est parfois impressionnante ! Pareillement qu'il est difficile de s'abandonner sans avoir, à un moment ou à un autre, des retours sur soi et examiner, jauger son abandon. On pressent mieux ce qu'on entend par « abandon abandonné » : à ce stade, l'âme est si bien abandonnée à Dieu qu'elle va jusqu'à abandonner son abandon, sans être sans arrêt à le soupeser. L'âme est littéralement absorbée par Dieu. On ne parvient pas à cette simplicité sans de profondes purifications : celles-ci libèrent les puissances d'amour de l'âme qui devient, en quelque sorte,

21. Saint François de Sales, *Traité de l'amour de Dieu*, *op. cit.*, p. 666-667.

obnubilée, fascinée par Dieu. Par son abandon abandonné, l'âme non seulement ne se regarde plus puisqu'elle n'a *d'yeux* que pour *Dieu*, mais de plus elle ne cherche plus à faire de provisions pour la route, à « congeler de la grâce » pour les jours de disette : elle est littéralement « tombée » en Dieu. Comme saint Joseph fuyant en Égypte, « nous devons embarquer sur la mer de la divine Providence, sans biscuit, sans rames, sans avirons, sans voiles, et enfin sans nulle sorte de provisions ; et ainsi laisser tout le soin de nous-mêmes et du succès de nos affaires à Notre Seigneur, sans retours ni répliques, ni craintes quelconques de ce qui pourrait nous arriver[22] ». Passant du registre biblique à la comparaison familiale, on retrouve la même veine dans ces paroles : « Les petits enfants innocents aiment leurs mères qui les portent, avec une extrême simplicité : ils ne regardent nullement ce qu'elles font, ni ne font point de retours sur eux-mêmes ni sur leurs satisfactions, ils les prennent sans les regarder [...]. En cela donc, nous devons ressembler aux petits enfants. [...] Bienheureux sont ceux qui ne veulent pas toujours faire, voir, considérer, discourir[23]. »

## *L'abandon divinisé*

Avec cette dernière étape, nous parvenons au sommet de l'abandon. La volonté de l'âme est tellement abandonnée à Dieu, tellement conformée au bon vouloir divin, qu'en retour Dieu divinise la volonté de la créature dans le feu de sa divine volonté. Nous savons combien saint François de Sales est redevable à l'enseignement de saint Jean de la Croix. Le docteur espagnol n'hésitait pas à affirmer : « Tous les mouvements de cette âme sont divins, et bien qu'ils soient de Dieu, ils sont aussi d'elle car Dieu opère en elle avec elle, puisqu'elle y donne sa volonté et son consentement[24]. »

22. Saint François de Sales, *Œuvres*, *op. cit.*, 6, 47.
23. *Ibid.*, 26, 270.
24. Saint Jean de la Croix, *Œuvres*, « Vive flamme » B, Strophe 1, éd. du Cerf, 1990, p. 1453.

Avec des accents quelque peu prophétiques, on peut trouver des expressions similaires dans le *Traité de l'Amour de Dieu* : « Pour l'âme qui aime Dieu, elle est tellement transformée en sa volonté qu'elle mériterait d'être appelée "volonté de Dieu", plutôt que d'être simplement qualifiée d'obéissante à cette volonté[25]. »

Pour éclairer cette idée d'abandon, de volonté divinisée, qu'on nous autorise un détour par une âme d'élite contemporaine, *Luisa Piccarreta*[26], dont la doctrine se répand de plus en plus. Dans ses dialogues avec le ciel, Jésus fait une grande différence entre *faire* la volonté de Dieu – ce qui correspond en gros à la voie commune – et *vivre* dans la volonté de Dieu – ce qui est le spécifique de la spiritualité de la divine volonté. « Vivre dans ma volonté, dit Jésus à Luisa Piccarreta, c'est régner en elle et avec elle, alors que faire ma Volonté c'est être soumis à mes ordres. Le premier état consiste à posséder, le second à recevoir mes ordres et à les exécuter. [...] Accomplir ma Volonté, c'est vivre avec deux volontés et conséquemment, quand je donne l'ordre de faire la mienne, l'âme sent le poids de sa volonté propre, ce qui provoque des résistances. [...] La vie dans ma Volonté est celle qui s'apparente le plus à la vie des bienheureux dans le ciel. [...] Elle est aussi distante de la vie de ceux qui accomplissent ma Volonté et sont fidèlement soumis à mes ordres que le ciel est distant de la terre[27]. » On peut se demander si la « nouvelle Pentecôte », évoquée et invoquée par nombre de mystiques contemporains parfaitement crédibles, ne consistera pas en un don surabondant de l'Esprit permettant aux hommes de vivre plus directement « branchés » sur la volonté de Dieu ?

---

25. Saint François de Sales, *Traité de l'amour de Dieu*, *op. cit.*, p. 564.
26. Cette âme d'élite (1865-1947), née à Corato en Italie, a reçu la mission particulière d'introduire le monde dans la *spiritualité de la divine volonté*. En 1994, le Vatican demanda à l'archevêque de son diocèse natal de mettre en route le processus en vue de sa béatification.
27. Luisa Piccarreta, *Le Livre du Ciel*, Tome 17, le 18 septembre 1824, éd. Résiac, 2018, p. 28-29.

« Oh ! dit encore Jésus à Luisa, comme il est beau de vivre dans ma volonté. Cela me plaît tellement que, dans les générations futures, je ferai disparaître toutes les autres formes de sainteté quelles que soient leurs vertus. Je provoquerai la sainteté dans ma volonté qui n'est pas une sainteté humaine, mais une sainteté divine. Cette sainteté sera si haute que, comme les soleils, les âmes qui la vivront éclipseront les étoiles qu'étaient les saints des générations passées. C'est pourquoi je veux purifier la terre : elle est indigne de ces prodiges[28]. »

28. *Ibid.*, Tome 12, le 20 novembre 1917, éd. Résiac, 2017, p. 37.

CHAPITRE 4

# SE LAISSER REJOINDRE PAR LA VOLONTÉ DE DIEU

Dans l'art de la peinture à l'huile, les maîtres recommandent d'abord d'esquisser les grandes masses du sujet avant de s'appliquer à soigner les détails du tableau. Nous adoptons ce sage conseil pour notre parcours : si le développement précédent a permis de dessiner les grandes lignes de l'itinéraire de l'abandon, les trois chapitres qui suivent voudraient regarder de plus près cette étape déterminante qui consiste à « basculer » dans la volonté de Dieu. Il importe en effet de repérer les conditions qui permettent d'entrer dans l'union de volonté, et une fois installés dans ce nouveau style de vie, de débusquer les pièges subtils qui voudraient nous en extraire.

Nous le laissions entendre plus haut, saint François de Sales ne distingue pas – au point de les séparer – indifférence spirituelle, abandon, union de volonté ou enfance spirituelle : « Il faut donc savoir qu'abandonner notre âme et nous laisser nous-mêmes n'est pas autre chose que quitter et nous défaire de notre propre volonté pour la donner à Dieu[1]. » Par ailleurs, soyons au clair sur un point précis : « l'abandon spirituel » préconisé par le saint de Genève, même si l'expression s'apparente au « lâcher-prise » à la sauce new-age actuelle, en est de fait très éloigné. L'abandon salésien est proprement chrétien, il ne cultive pas l'obsession du moi, cette volonté éperdue de « se trouver soi-même » ou d'être « zen ».

1. Saint François de Sales, *Œuvres*, *op. cit.*, 6, 22.

L'abandon évangélique ne vise pas à se livrer à soi-même, mais bien à se livrer sans condition à un Autre, le Christ. En somme, l'abandon spirituel enseigné par François de Sales se distingue nettement de l'abandon purement humain, de la seule recherche de bien-être ou de l'oxygénation du mental : « Il ne nous servirait à rien de nous renoncer et délaisser nous-mêmes, si ce n'était pour nous unir parfaitement à la divine bonté. Ce n'est donc que pour cela qu'il faut faire cet abandonnement, lequel autrement serait inutile, et ressemblerait à ceux des anciens philosophes, [...]. Mais nous autres, nous ne voulons pas nous abandonner sinon pour nous laisser à la merci de la volonté de Dieu[2]. »

Voici maintenant quelques exercices spirituels dans le but de se laisser rejoindre par la volonté de Dieu...

## 1 – « Puisque tu le veux Jésus, je le veux bien aussi ! »

« Je comprends vite, mais faut m'expliquer longtemps ! », cette formule populaire, l'auteur de cet ouvrage se l'applique souvent, surtout lorsqu'il s'agit d'intégrer les lois de la vie spirituelle. Reconnaissons-le, en matière d'abandon, nous sommes souvent timorés et mous, nous avons besoin qu'on nous répète maintes fois des vérités basiques avant de basculer enfin dans la remise de soi entre les mains de Dieu. Autre chose est la compréhension *par la seule intelligence*, autre chose est la compréhension *par l'expérience*. Voilà pourquoi nous n'hésitons pas, alors que nous sommes au seuil d'un nouveau palier, à remettre sur l'établi des vérités fondamentales concernant l'union de volonté. Quatre convictions sont à conserver soigneusement dans nos bagages tout au long de notre ascension :

La première vérité qui doit nous habiter est que nous n'avons pas à changer de vocation pour entrer dans l'union de volonté, secret

2. *Ibid.*, 6, 22-23.

de la sérénité. Comme s'il fallait absolument s'enfermer dans un monastère pour échapper au moindre souci, afin de parvenir à un éventuel nirvana. Non et non ! Le secret de la sérénité est à cultiver au cœur des contrariétés : il s'agit de *traverser les soucis sans soucis*, ancrés et rivés en tout sur la volonté de Dieu. Saint François de Sales met en avant la figure de saint Bernard, personnalité profondément contemplative, mais par ailleurs complètement investie dans les affaires du siècle :

> « Quand il arrivait à saint Bernard de se trouver aux armées ou à la cour des princes, s'employant à résoudre les affaires d'État pour la gloire de Dieu, son désir de progresser dans le saint amour [l'abandon] ne s'en trouvait nullement entamé. Il changeait bien de lieu, mais il ne changeait pas de cœur, ni son cœur d'amour, ni son amour d'objet. [...] Ses occupations se succédaient, très différentes les unes des autres, mais elles lui étaient indifférentes : il restait ce qu'il était, toujours humble, ne prenant nullement la couleur des affaires qu'il traitait, ni de la compagnie qu'il fréquentait, contrairement au caméléon qui prend la couleur du lieu où il se trouve[3]. »

La seconde conviction, est que la Providence divine ne peut vouloir que notre bien, quels que soient les événements qui nous arrivent : « Ne vous arrêtez pas à souhaiter ceci, à vouloir cela. Laissons Dieu en décider selon ce qu'il lui plaira, jetant en lui toute notre sollicitude, d'autant qu'il a soin de nous. [...] Oui, il aura soin de nos affaires et veillera à nous donner ce qu'il y a de meilleur[4]. »

---

3. Saint François de Sales, *Traité de l'amour de Dieu*, *op. cit.*, p. 884.
4. *Ibid.*, p. 663-664.

Troisième certitude. Après ce regard de foi porté sur l'intention foncièrement bonne de Dieu à notre égard, il importe de vouloir, de dire oui à cette volonté de Dieu se manifestant ici et maintenant. Saint François de Sales n'hésite pas à multiplier les verbes pour circonscrire nettement ce qu'est l'indifférence, la conformité de volonté. Ni « acquiescer » à la volonté de Dieu, ni seulement « accepter » ou « accueillir » cette volonté, pas plus que « permettre » comme un laisser-faire,

> « Il me semble donc qu'il vaut mieux dire à propos de l'âme qui est dans ces dispositions, c'est-à-dire qui ne veut rien, qui laisse Dieu vouloir ce qui lui plaît, que sa volonté est dans une simple et générale *attente*. Attendre, ce n'est ni agir ni faire quelque chose, mais demeurer là, exposé à l'événement. Si vous y réfléchissez, vous verrez que l'attente de l'âme est vraiment volontaire, et pourtant ce n'est pas une action. C'est une disposition à recevoir ce qu'il adviendra[5]. »

Quatrième conviction. Nous pressentons bien que cet accueil serein de la volonté de Dieu se manifestant dans le moment présent s'offre à nous comme une voie d'enfance porteuse de grands bienfaits. Mais avant d'en arriver là, nous devons confronter nos trente-six volontés avec le divin vouloir, et le choc est rude, frontal. Seul un amour sans condition qui consent à « se lâcher » en Dieu rendra le basculement possible et infiniment moins douloureux. Sainte Jeanne de Chantal rapporte ces paroles de François de Sales : « Une fois il me dit, ou il écrivit : “La croix est de Dieu, mais elle est croix parce que nous ne nous joignons pas à elle. Car, quand on est fortement résolu de vouloir la croix que Dieu nous donne, elle n'est plus une croix ; elle n'est croix que parce que

5. *Ibid.*, p. 667-668.

nous ne la voulons pas. Et si elle est de Dieu, pourquoi donc ne la voulons-nous pas[6] ?" »

Ces convictions, intimement reliées entre elles, pourraient se résumer en ce simple bouquet spirituel : « Puisque tu le veux ou le permets, Jésus, je le veux bien aussi, car ta volonté n'est qu'amour et tu ne veux que mon bien ! » Telle est la sentence de foi que l'âme, désireuse de s'abandonner, pourra reprendre intérieurement, ceci à travers tous les événements, rencontres, activités qui jalonnent sa journée.

## 2 – « Se laisser rejoindre » par la volonté de Dieu

Comment Dieu nous manifeste-t-il sa volonté d'amour ? Nous pressentons que la réponse à cette question est fondamentale, car si nous repérons le croisement où il nous donne rendez-vous, nous pourrons nous laisser rejoindre par Dieu, une alliance intime avec le Très-Haut sera possible. N'oublions pas que la volonté divine n'est pas une émanation froide de la Trinité, ce n'est pas non plus un élément anecdotique ou périphérique du mystère de Dieu : la volonté de Dieu, c'est Dieu lui-même ! Tel un *aimant*, se laisser rejoindre par la volonté de Dieu, c'est du même coup attirer *l'Amant*, se laisser aimanter par lui, ne faire plus qu'un avec lui. Sainte Thérèse d'Avila, qui a nourri la pensée du saint évêque de Genève, le laisse entrevoir : « L'unique ambition [...] doit être de travailler à s'affermir dans les bonnes résolutions, et de ne négliger aucun moyen pour rendre sa volonté conforme à celle de Dieu[7]. » Cette évidence amenait François de Sales à cette conclusion : « Être

6. Sainte Jeanne de Chantal, *Entretien LXII.* Cf. Père Denys Mezard, *Doctrine spirituelle de sainte Jeanne de Chantal*, deuxième édition, éd. Monastère de la Visitation de Paris, 1980, p. 211.
7. Sainte Thérèse d'Avila, *Œuvres complètes*, « Livre des Demeures » II, éd. du Seuil, p. 841.

ainsi uni à la volonté du Bien suprême, c'est la suprême perfection de la nôtre[8]. »

Nous allons être amenés à distinguer deux facettes de la volonté divine, mais cette distinction tient à notre condition humaine de créature, limitée et immergée dans le temps et l'espace. Si nous pouvions nous placer du point de vue de Dieu – ce qui nous est impossible –, nous verrions avec évidence que tout est simple en Dieu, que sa volonté est unique et simple : « En réalité, précise François de Sales, la volonté de la divine Majesté est unique et simple, mais nous lui donnons des noms différents selon la manière dont elle se fait connaître à nous[9]. »

Cette précision faite, procédons pédagogiquement, comme le fait si bien notre saint guide. François de Sales distingue deux manières par lesquelles la volonté de Dieu se manifeste aux hommes : « Il y a la volonté de Dieu *signifiée* et la volonté du *bon plaisir*[10]. » Laissons-le expliciter ; dans la foulée nous tenterons d'en indiquer des applications concrètes.

## *La volonté divine « signifiée »*

Volonté divine « signifiée », l'expression peut sembler floue ; il importe que notre maître spirituel en donne la riche signification. Voici ce qu'on peut lire dans le *Traité de l'Amour de Dieu* :

> « Viennent d'abord les vérités de foi que Dieu nous propose et qu'il veut que nous croyions, les biens éternels que nous espérions, les peines éternelles que nous craignions. Viennent ensuite les choses qu'il veut que nous aimions. Enfin, les commandements auxquels il veut que nous obéissions et les conseils qu'il désire que nous suivions. Tout cela constitue "la volonté signifiée"

8. Saint François de Sales, *Traité de l'amour de Dieu*, *op. cit.*, p. 659.
9. *Ibid.*, p. 547.
10. Saint François de Sales, *Œuvres*, *op. cit.*, 6, 265.

de Dieu, simplement parce qu'il nous a signifié qu'il veut que cela soit cru, espéré, craint, aimé et pratiqué[11]. »

Des pratiquants disent parfois éprouver de la difficulté à discerner la volonté de Dieu ; être disciple du Christ leur paraît nébuleux, compliqué. À la lumière de ce que vient de préciser le saint évêque de Genève, il y a au moins tout un pan de la vie chrétienne qui n'est pas compliqué à repérer, puisque la volonté de Dieu nous est clairement signifiée à travers l'enseignement de l'Écriture et de l'Église. Pour faire simple, *Credo*, morale, commandements, sans oublier le « devoir d'état » sont l'expression de la volonté de Dieu sur nous. Si nous trouvons qu'il est fatigant de discerner ce que Dieu attend de nous au quotidien, voilà au moins un domaine où nous pouvons nous reposer… en nous reposant sur l'enseignement bimillénaire de l'Église en matière de foi et de morale. Nous sommes sûrs de ne jamais nous tromper quant au bon vouloir de Dieu, lorsque nous faisons nôtre le *Credo* et la morale de l'Église. Fort heureusement, nous n'avons pas, tous les matins en nous levant, à réinventer la foi et la morale, sinon quelle fatigue ce serait ! De nos jours, le relativisme moral qui règne dans les démocraties libérales voudrait convaincre les catholiques que la foi et la morale doivent désormais « s'adapter » à la modernité, très exactement « s'aligner » sur l'esprit du monde : tout cela n'aide guère les croyants à tenir le cap sur la volonté de Dieu « signifiée ». Raison de plus pour nous enraciner dans la doctrine clairement notifiée par l'Église à travers les siècles. Même si cela exige de notre part une conversion onéreuse et quotidienne, suivre cette volonté de Dieu qui nous guide à travers les préceptes de l'Église est source de sécurité et de repos profond.

Ce qui vaut pour les préceptes moraux et les articles du *Credo* s'applique aussi au « devoir d'état ». La volonté de Dieu nous est clairement signifiée à travers les obligations dues à notre état. Un exemple sera sans doute davantage parlant que des considérations

---

11. Saint FRANÇOIS DE SALES, *Traité de l'amour de Dieu*, *op. cit.*, p. 547-548.

théoriques. Supposons une maman très volontaire et spirituelle, en charge de plusieurs enfants en bas âge. Elle s'octroie une heure d'oraison silencieuse la nuit, tellement elle est absorbée par sa progéniture toute la journée. Or, une nuit, au cours de son oraison silencieuse, il lui semble entendre Dieu lui demander de prendre désormais trois heures de prière nocturne, peu importe si elle doit s'accorder un sommeil récupérateur au cours de la journée, laissant ses bambins livrés à eux-mêmes. Or ce n'est pas une inspiration divine quand cela nuit au devoir d'état élémentaire. L'exemple est un peu grotesque, mais il a le mérite de rappeler clairement que la volonté de Dieu ne peut jamais se manifester au détriment du devoir d'état.

## *La volonté du « bon plaisir » divin*

À la volonté divine *signifiée* s'ajoute la volonté du *bon plaisir* de Dieu, laquelle, précise François, nous devons regarder en tous les événements, je veux dire en tout ce qui nous arrive : la maladie, la mort, l'affliction, la consolation, les choses adverses et prospères, bref en toutes choses qui ne sont point prévues. Et à cette volonté de Dieu, nous devons toujours être prêts à nous soumettre en toutes occasions, dans les choses désagréables comme dans les choses agréables, la mort comme la vie, enfin « tout ce qui n'est point manifestement contre la volonté divine signifiée, car celle-ci passe devant », enseigne l'évêque d'Annecy[12].

### « L'événement, c'est moi qui viens », dit Jésus

Comme nous venons de l'entendre, la volonté divine ne se manifeste pas seulement à travers les grands décrets de Dieu relayés par l'Église, elle nous rejoint aussi à travers les faits, les événements, les différents moments qui tissent nos journées. Prenons bien la mesure et les conséquences de ce bon plaisir divin. Lorsque

12. Saint François de Sales, *Œuvres*, *op. cit.*, 6, 266.

survient le moindre événement, c'est comme si Jésus nous disait : « J'ai permis ou voulu ce que tu vis en ce moment, c'est moi qui viens à travers cet événement. Vas-tu m'accueillir ou te fermer à ma volonté ? Si tu m'accueilles dans l'ici et le maintenant, que cela te caresse dans le sens du poil ou que cela te hérisse, alors tu rejoins mon divin vouloir. Nous pouvons le vivre à deux, moi en toi, toi par moi. Et je peux ainsi te transformer. »

Nous nous sommes autorisés à faire parler notre Seigneur, le lecteur aura certainement perçu que ces propos ne font que traduire, sans trahir, la conviction de saint François de Sales, lui-même à l'écoute de l'Écriture et de la grande théologie : « Puisque nous ne sommes plus à nous, mais à lui, laissons-nous conduire par où il lui plaira[13]. »

Il ne serait guère étonnant que des croyants soient heurtés, voire scandalisés par ces affirmations. Qu'ils se rassurent, l'auteur de ce livre a longtemps achoppé sur ce mystère de la volonté divine confrontée à la croix et aux épreuves de la vie. Est-ce aussi la volonté de Dieu lorsqu'une tuile nous tombe dessus ? Plus loin, nous prendrons davantage à bras-le-corps cette question difficile de la volonté de Dieu au cœur de la croix, mais, sans attendre, nous pouvons esquisser quelques réflexions concernant la volonté providentielle au cœur de tout événement.

### Dieu est le Seigneur du moindre événement de l'histoire

Nos oreilles contemporaines sont devenues réticentes à entendre certaines vérités de foi, qui faisaient pourtant l'unanimité au sein du peuple de Dieu pendant des siècles. La sécularisation galopante amène beaucoup à un certain préjugé anti-surnaturel. Ce que dit le pape Jean-Paul II à propos du miracle s'applique tout à fait au mystère de la Providence impliquée dans la vie des hommes : « Il est clair que le véritable obstacle à leur acceptation [celle des

13. *Ibid.*, 21, 175.

miracles] en tant qu'objets d'histoire ou bien de foi, est le préjugé anti-surnaturel [...] ; c'est le préjugé de ceux qui voudraient limiter la puissance de Dieu et la restreindre à l'ordre naturel des choses, par une sorte d'auto-obligation pour Dieu à rester limité à ses lois[14]. »

Il n'y a pas que le monde athée qui doit être interrogé. À l'intérieur même de l'Église nous devons avoir l'humilité de revoir certaines manières d'être et de parler. Nous nous laissons si facilement impressionner par les intimidations de l'ultralibéralisme qui cherche par tous les moyens à rejeter l'idée de Dieu, que nous risquons de taire cette bonne nouvelle d'un Dieu engagé dans l'histoire des hommes, d'un Père impliqué dans le moindre événement, même dans une pandémie ! « Il faut savoir, rappelle François de Sales, que la détermination de suivre la volonté de Dieu en toutes choses sans exception est contenue dans l'oraison dominicale, en ces paroles que nous disons tous les jours : "Que ta volonté soit faite sur la terre comme au ciel[15]." » Qu'on le veuille ou non, à force, le *non-dit* devient pour les gens un *dit* ! À force de ne plus enseigner ce mystère de la volonté providentielle de Dieu, tant on a peur de paraître décalé vis-à-vis de la pensée dominante, les bons paroissiens finissent par conclure que cette croyance appartient désormais au passé mais ne vaut plus pour ce temps. Il est bon de relire ce qu'enseigne le *Catéchisme universel.* Il aide à décoder le langage de l'Écriture qui rapporte tout à Dieu, jusqu'au moindre événement : « Ainsi voit-on l'Esprit Saint, auteur principal de l'Écriture sainte, attribuer souvent des actions à Dieu, sans mentionner des causes secondes. Ce n'est pas là "une façon de parler" primitive, mais une manière profonde de rappeler la primauté de Dieu et sa Seigneurie absolue sur l'histoire et le monde et d'éduquer ainsi à la confiance en lui[16]. »

14. Saint Jean-Paul II, *Catéchèses sur le Credo. Je crois en Jésus Christ*, éd. Parole et Silence, 2015, p. 189.
15. Saint François de Sales, *Œuvres*, *op. cit.*, 6, 264.
16. *Catéchisme de l'Église catholique*, n° 304.

## L'événement, « présent » et « présence » de Dieu

Un confrère prêtre faisait cette remarque très pertinente avec l'intention d'interroger le discours pastoral :

> « Avez-vous remarqué, me disait-il, le contenu des prières universelles au cours de la messe dans la plupart des paroisses ? Lorsqu'on prie au sujet de certaines épreuves que tout un chacun est amené à traverser : on supplie le Bon Dieu pour que les croix nous soient épargnées, on demande par ailleurs que des personnes charitables viennent soulager les personnes en difficulté, mais jamais, ou presque jamais, ne montent ces prières qui implorent Dieu pour que les gens acceptent leurs croix dans l'abandon et la confiance. Comme si une telle demande était devenue taboue. Ce silence n'est pas neutre, ajoutait-il, n'oublions pas le bon principe, "*lex orandi, lex credendi*" ; à l'évidence cela traduit un affaiblissement inquiétant de la foi au sein des communautés chrétiennes. »

Ayons le courage d'entendre ce questionnement, il y va de notre foi, il y va de notre joie. En effet, il n'y a rien de pire que de se savoir pris dans les filets d'un destin froid et aveugle. À l'inverse, quelle bonne nouvelle, quelle espérance lorsqu'on découvre que la douce volonté de Dieu est impliquée dans le moindre des événements qui nous arrivent : nous ne sommes plus seuls alors à franchir le périlleux ravin ; une issue, un passage, une pâque est possible, puisque le Christ le traverse avec nous, toujours en vue d'un surcroît de vie. Que la grâce de Dieu nous donne d'approfondir cette veine.

L'Écriture et l'enseignement des saints ne se lassent pas d'enseigner que la douce volonté de Dieu est présente dans le moindre fait, soit que le Très-Haut le *permette indirectement*, soit qu'il le *veuille directement*. Lui qui ne saurait jamais vouloir le moindre mal, le permet pourtant, à cause de son respect pour la liberté humaine et parce qu'il est capable de faire sortir d'un mal un plus grand bien. Ajoutons aussitôt que l'événement ne nous livre pas seulement le *présent* de la volonté de Dieu : il nous délivre par là même la *présence* de Dieu, autrement dit la force pour vivre l'événement en question, la souplesse intérieure pour acquiescer à la sainte volonté de Dieu. Dieu ne fait pas que commander du haut de son ciel, il nous rejoint au plus intime et nous offre les moyens pour, en nous et avec nous, porter et supporter ce que nous avons à vivre. Reprenant le Psaume 73, qui évoque la figure du cheval, « J'ai été fait comme un cheval envers vous, et je suis toujours avec vous », saint François de Sales glisse ce commentaire : « Comme un cheval bien dressé se laisse aisément conduire en toutes circonstances, ainsi l'âme qui aime est si docile entre les mains de Dieu que celui-ci en fait tout ce qu'il veut[17]. »

### Rater l'événement, c'est rater Dieu !

Le moment présent est le point de rencontre de l'âme avec Dieu, le point de contact de notre volonté avec celle de Dieu. La plupart du temps, cet instant où Dieu nous rejoint n'a rien d'extraordinaire, il peut être tout à fait banal, il n'en demeure pas moins qu'il est le lieu de rendez-vous avec la volonté de Dieu : « Puisqu'elle n'est qu'amour à notre égard, cent fois le jour référons-nous à la volonté de Dieu[18]. » Si donc, à tel moment, Dieu me demande d'être à tel endroit, d'accomplir telle tâche, de rencontrer telle personne, etc., c'est là précisément qu'il m'attend avec sa sainte volonté. Deux solutions se présentent alors à moi : soit j'accueille cette possibilité de sa sainte volonté et du même coup je me laisse toucher par la grâce transformante, soit je la refuse et du même coup je rate Dieu. Rater l'événement, c'est vraiment rater Dieu ! Mesurons bien la « puissance de l'instant présent » : l'expression n'a rien d'exagéré.

17. Saint François de Sales, *Traité de l'amour de Dieu*, *op. cit.*, p. 596. Cf. Ps. 73,23-24.
18. *Ibid.*, p. 553.

Si dans l'instant présent, que Dieu veut de toute la force de sa volonté, j'acquiesce, je dis oui, je me conforme à sa sainte volonté, alors Dieu déverse à flots sa grâce en mon âme. À l'inverse, si je me ferme à l'instant présent pour quelque raison que ce soit, les flots de la grâce et de la miséricorde demeurent comprimés dans le cœur de Dieu par manque de réceptacles dans lesquels ils voudraient se déverser : « Lorsque nous résistons, Dieu n'y est pour rien : il laisse notre volonté à son libre arbitre, il permet qu'elle choisisse le mal. En revanche, quand nous obéissons, Dieu y contribue par son inspiration et sa grâce[19]. »

Nous avons là une des raisons qui expliquent notre peu de transformation spirituelle, alors que pendant des années nous avons pu prier avec fidélité et même participer quotidiennement au saint sacrifice de la messe. Recevoir le feu de Dieu à chaque messe est une chose, souffler sur les braises de ce feu divin tout au long de la journée en est une autre. Il est bien évident qu'à chaque eucharistie nous recevons Dieu lui-même, Jésus « vraiment, réellement, substantiellement » présent, dit le concile de Trente[20]. Mais nous aurons beau y participer avec ferveur, si, une fois la messe terminée, nous ne sommes plus dans cette attitude d'accueil de la volonté de Dieu se livrant dans l'instant présent, nous ressemblons à quelqu'un qui reçoit un charbon embrasé au cours de la messe, mais qui n'entretient plus ce feu au cours de la journée, que ce soit par négligence ou refus de la volonté divine. Prenons bien conscience de cette suprême vérité : c'est le même Jésus qui se donne, et dans la messe du matin, et dans le moment présent tout au long de la journée. Tout ceci explique, pour une part, le peu de changement en profondeur des âmes ainsi que leur peu de sérénité, alors qu'elles ont pu fréquenter pendant de nombreuses années le Prince de la Paix à travers les sacrements :

19. *Ibid.*, p. 548.
20. Concile de Trente, *Denzinger* n° 1636.

« Dieu veut que nous nous reposions en son soin paternel, tâchant tant qu'il nous sera possible de tenir notre âme en paix [...]. Vous savez bien que lorsque le lac est bien calme et que les vents n'agitent point ses eaux, le ciel, en une nuit bien sereine y est si bien représenté avec les étoiles, que, regardant en bas, il semble que l'on voit la même beauté du ciel que quand on regarde en haut : de même quand notre âme est bien apaisée, et que les vents des soins superflus et des inégalités et inconstances d'esprit ne la troublent ni n'inquiètent, elle est fort capable de porter en elle l'image de Notre Seigneur[21]. »

## 3 – L'abandon n'est ni du fatalisme ni du quiétisme

Même si nous n'avons pas encore franchi le gué de notre parcours, nous avons certainement remarqué que l'abandon, la conformité de volonté, réclame une conversion en profondeur : cela exige de passer de *l'émissivité* à la *réceptivité*, expressions chères à la méthode Vittoz ou, pour parler plus simplement, cela nécessite de passer du *faire* au *laisser-faire*. Dès que cette expression « laisser-faire » est lâchée, il faut s'empresser de préciser ce qu'on entend par là, tant la formule est trop souvent assimilée à un « ne rien faire » ou à du « laisser-aller ». L'expression « laisser-faire » laisserait-elle supposer que l'abandon spirituel n'est rien d'autre que du *fatalisme* ou du *quiétisme* ? Prenons soin de répondre à ces inquiétudes.

### *L'abandon salésien n'est pas du quiétisme*

Le risque est grand, et l'histoire de la spiritualité l'a montré, de confondre le véritable abandon conforme à l'esprit de l'Évangile avec cette dérive qu'est le « quiétisme ». De quoi s'agit-il ? Le quiétisme est un courant spirituel et mystique du XVII^e^ siècle, enseigné par

21. Saint François de Sales, *Œuvres*, *op. cit.*, 6, 51.

un prêtre espagnol – Molinos (1628-1696) – et qui a été répandu en France par madame Jeanne-Marie Guyon (1648-1717). C'est la doctrine du « pur amour ». Selon cette pensée, lorsque l'âme parvient à l'union intime avec Dieu, elle doit si bien s'installer dans l'état d'abandon qu'elle ne doit plus rien faire, ni produire aucun effort, ni même offrir de résistance à la tentation. Même dans le péché, l'âme abandonnée ne pécherait pas ! Dès 1687, l'Église a condamné cette théorie comme hérétique.

S'il est bon de mettre en garde contre les ravages du quiétisme, le risque existe par ailleurs de « balancer le bébé avec l'eau du bain ». Sous prétexte d'épargner aux chrétiens les excès du quiétisme, on en est venu parfois à soupçonner la moindre trace d'abandon en toute démarche spirituelle[22]. Or, nous l'avons vu, l'abandon est au cœur de la vie spirituelle du Christ. Il doit l'être aussi pour toute vie chrétienne, étant donné que l'accueil de la grâce – donc un certain « laisser-faire » – sera toujours premier vis-à-vis de la conquête vertueuse – ce qui relève davantage du « faire ». Saint François de Sales, en bon « docteur de l'Église[23] » qu'il est, c'est-à-dire en maître sûr pour la vie spirituelle, se devait de rappeler l'accueil de la grâce comme attitude intérieure qui préside au fondement de toute vie baptismale. Notre saint a eu droit lui aussi à certaines accusations de quiétisme à cause de ses écrits. Dom Mackey, dans son introduction aux *Vrais Entretiens spirituels*, montre clairement à travers quelques citations que le saint évêque de Genève est profondément « catholique », son enseignement ne souffre pas de la moindre trace de quiétisme, il articule parfaitement les notions de mérites, de gratuité et d'abandon[24]. L'âme authentiquement abandonnée s'en remet à la volonté et à la grâce de Dieu [abandon confiant et

22. Nous renvoyons à l'ouvrage décisif de Louis Cognet, *Crépuscule des mystiques*, éd. Mame, 1995.
23. François de Sales fut béatifié le 28 décembre 1661, canonisé le 19 avril 1665 et déclaré docteur de l'Église le 16 novembre 1877.
24. Saint François de Sales, *Œuvres*, *op. cit.*, 6. Introduction de Dom B. Mackey, o.s.b. p. XLVIII-XLIX.

gratuit], mais c'est pour porter du fruit par des multiples petits pas de conversion[25] [mérites]. Nous constatons l'équilibre de la pensée de François de Sales à travers ces mots tout simples : « Ceux qui ont abandonné sa main paternelle ne font pas un seul pas qu'ils ne choppent et donnent du nez en terre. Sa bonté veut bien nous conduire et nous tenir, mais elle veut aussi que nous formions nos petits pas, faisant, aidés de sa grâce, ce que nous pouvons de notre côté[26]. » Dans un registre similaire, si François invite à remettre nos désirs entre les mains de Dieu, il recommande par ailleurs de cultiver de grands désirs en ce qui concerne la vertu, la sainteté : « Quand je dis qu'il ne faut rien demander ni rien désirer, j'entends pour les choses de la terre, car pour ce qui est des vertus, nous pouvons les demander ; et, demandant l'amour de Dieu, nous les y comprenons, car il les contient toutes[27]. »

Notre interrogation au sujet de l'abandon salésien et de son éventuelle contamination par le quiétisme est une occasion fort heureuse de rebondir sur la situation actuelle. L'histoire étant un éternel balancier, après un XVIIe siècle tenté par le quiétisme, ne sommes-nous pas tentés de nos jours par l'excès inverse ? Au sein des structures ecclésiales, le goût toujours très prononcé pour « l'action », les « projets » pastoraux, « l'engagement », le « faire Église », tout cela ne mériterait-il pas d'être questionné ? Ne pèche-t-on pas par excès d'activisme, oubliant l'incontournable et bienfaisante « passivité » en matière de vie spirituelle et pastorale[28] ? C'est à l'évidence pour répondre à ce déséquilibre

25. Selon la formule ciselée du concile d'Orange : « Comment Dieu nous aime. Dieu nous aime tels que nous serons par son don, non tels que nous sommes par notre mérite », Concile d'Orange, Canon 12, in *Denzinger*, p. 139. La liturgie le dit autrement dans la préface des saints : « Dieu, tu es glorifié dans l'assemblée des saints. Lorsque tu couronnes leurs mérites, tu couronnes tes propres dons. »
26. Saint François de Sales, *Œuvres*, *op. cit.*, 9, 134.
27. *Ibid.*, 6, 384.
28. Le père Marie-Eugène pointait déjà ce travers il y a quelques décennies : « Des tendances activistes en spiritualité, qui procèdent de l'orgueil, une peur

entre activisme et juste passivité que le pape saint Jean-Paul II a éprouvé le besoin de rappeler le « primat de la grâce » comme priorité pour le troisième millénaire[29]. Ces réflexions ne nous éloignent pas de notre sujet. Un certain soupçon, implanté depuis des décades à propos de toute forme de « passivité » en matière de vie spirituelle, ne favorise guère l'adoption de la voie d'indifférence préconisée par saint François de Sales. Il nous sera difficile de franchir le pas de l'abandon à la volonté de Dieu si, d'une part, nous n'avons pas un minimum de lucidité en ce qui concerne le bain culturel actuel et si, par ailleurs, nous voulons éviter à tout prix un certain décalage vis-à-vis du prêt-à-penser religieux actuel.

---

du quiétisme, devenue maladive tellement on l'a cultivée, ont fait mettre en relief la valeur de l'effort personnel, ont fait insister démesurément sur l'ascèse, au point de laisser ignorer pratiquement à l'ensemble des âmes la proportion des forces divines et humaines engagées dans la vie spirituelle, et cette prépondérance de l'action de Dieu qui en tout temps fait de l'activité de l'âme une simple coopération. Les interventions directes de Dieu ont été reléguées systématiquement dans les régions les plus élevées de la vie spirituelle ; on les a présentées comme des cas extraordinaires et habituellement suspects », Père Marie-Eugène de l'Enfant Jésus, *Ton amour a grandi en moi. Un génie spirituel, Thérèse de Lisieux*, éd. du Carmel, 2020, p. 155-156.

29. « [Il faut] respecter un principe essentiel de la vision chrétienne de la vie : le primat de la grâce. Il y a une tentation qui depuis toujours tend un piège à tout chemin spirituel et à l'action pastorale elle-même : celle de penser que les résultats dépendent de notre capacité de faire et de programmer. Certes, Dieu nous demande une réelle collaboration à sa grâce, et il nous invite donc à investir toutes nos ressources d'intelligence et d'action dans notre service de la cause du Royaume. Mais prenons garde d'oublier que "sans le Christ nous ne pouvons rien faire" (cf. Jn 15,5). […] Quand ce principe n'est pas respecté, faut-il s'étonner si les projets pastoraux vont au-devant de l'échec et laissent dans le cœur un sentiment décourageant de frustration ? », Jean-Paul II, Lettre au début du nouveau millénaire *Novo millenio ineunte*, 2001, n° 38.

## *L'abandon salésien n'est pas du fatalisme*

L'abandon au bon vouloir divin consiste à se laisser faire, avons-nous dit plus haut : cela implique-t-il de baisser les bras, de ne plus rien faire ? Faut-il cultiver un certain fatalisme, renoncer aux combats contre le mal et l'injustice ?

En ce qui concerne la remise de soi à la volonté de Dieu, faisons bien la différence entre s'abandonner *à* l'événement et s'abandonner *à* Dieu *dans* l'événement. Ce n'est pas du tout la même chose. Dans le premier cas – s'abandonner à l'événement – on n'est plus dans l'accueil de Dieu, on glisse dangereusement vers le fatalisme. Prenons l'exemple d'une situation d'injustice : comment l'accueillir avec le plus de justesse possible en pratiquant un abandon authentiquement chrétien ? Rappelons ce que saint François de Sales disait à propos du bon plaisir divin se manifestant à travers les diverses circonstances de la vie : il invitait à s'y conformer, *sauf* « en tout ce qui n'est point manifestement contre la volonté divine signifiée, car celle-ci passe devant[30] ». Nous devons donc tout mettre en œuvre pour *combattre* l'injustice, car Dieu ne peut jamais vouloir la moindre iniquité. Mais nous devrons pourtant *l'accueillir* intérieurement, c'est-à-dire que nous ne pourrons jamais faire comme si elle n'avait pas existé, nous ne pourrons pas la biffer avec je ne sais quel crayon magique. Dieu ayant permis que cette situation injuste nous soit infligée, nous voudrons la vivre avec lui… jusqu'à la combattre si elle est injuste ou mauvaise. Il n'y a là aucune contradiction, juste une saine articulation entre un « je ne peux pas vouloir cette injustice car Dieu ne la veut pas à cause de sa volonté "signifiée", donc je lutte contre elle », mais d'un autre côté, « je vais l'accueillir, très exactement la supporter avec Jésus en accord avec son "bon plaisir." » On connaît cette formule qui articule très bien cette juste tension : « Seigneur, apprends-moi à discerner les choses que je peux changer de celles que je ne peux

30. Saint François de Sales, *Œuvres, op. cit.*, 6, 266.

pas changer. Donne-moi le courage de changer les premières et donne-moi la force de supporter les secondes. »

Il en est de même en ce qui concerne la manière de vivre la maladie. Nous retrouvons là le bel équilibre de la pensée de notre docteur de l'Église. D'un côté notre saint invite à l'abandon complet à la volonté divine permettant tel ennui de santé : « Je dis qu'il faut avoir patience non seulement d'être malade, mais d'être malade de la maladie que Dieu veut, là où il veut, au milieu des personnes qu'il veut, et avec les conséquences qu'il veut ; et ainsi de toutes les contradictions. » S'il invite à accueillir ce que la Providence permet de pénible, notre directeur d'âmes, écartant tout fatalisme, demande par ailleurs qu'on ne méprise pas les moyens humains qui sont aussi voulus par Dieu : « S'il vous arrive d'être malade, prenez des remèdes, dès lors qu'ils sont en accord avec la loi de Dieu. Ne pas en prendre serait tenter Dieu. » Ceci amène notre saint à conclure : « Après quoi, attendez avec abandon ce que Dieu permettra. S'il lui plaît que les remèdes viennent à bout de votre mal, rendez grâces avec humilité ; s'il lui plaît que le mal prévale, bénissez Dieu avec patience[31]. »

31. Saint François de Sales, *Introduction à la vie dévote*, *op. cit.*, p. 209.

CHAPITRE 5

# REJOINDRE LA VOLONTÉ DE DIEU

De palier en palier, nous descendons dans les arcanes de l'union de volonté, nous en cernons davantage les enjeux et il est très possible que nous commencions à en goûter les fruits. Si le chapitre précédent invitait le lecteur à *se laisser rejoindre* par la volonté de Dieu, ce présent chapitre voudrait le convier à *rejoindre* cette même volonté divine.

L'union de volonté est à elle seule une voie spirituelle, et même une voie royale. S'il en est ainsi, la volonté de Dieu devrait être le « Saint Graal » qui commande toutes nos quêtes, cette « perle fine de grand prix », pour laquelle nous devrions être prêts à tout vendre pour l'acquérir (Mt 13,45-46). François de Sales soupirait tellement après la volonté de Dieu que cela lui faisait dire : « J'aimerais mieux être un moucheron dans la volonté de Dieu qu'un séraphin dans la mienne[1]. » Si, dans cette recherche du divin vouloir, Dieu est à la fois « notre guide, notre barque et notre port[2] », seule une confiance folle peut nous introduire dans cette insouciance de l'enfant lové entre les bras de son Père : « Pour la confiance, précise notre saint, il suffit de connaître son infirmité ; [...] reposons-nous

1. *Méditations pour l'octave de saint François de Sales*, 9e méditation.
2. Saint François DE SALES, *Œuvres*, *op. cit.*, 13, 9.

entièrement sur cette Providence, [...] demeurons entre ses bras, comme un petit enfant sur le sein de sa mère[3]. »

## 1 - Quelques obstacles à l'union de volonté

Sur le papier, le basculement dans la confiance semble facile puisqu'il n'y a qu'à se laisser faire. Mais lorsqu'il s'agit de le mettre en pratique, les choses apparaissent plus complexes. Cela s'explique pour une part. L'abandon à Dieu et à son bon vouloir a des allures de puits sans fond. À chaque étape de descente dans la remise de soi, un certain vertige nous saisit, les pièges et les obstacles ne manquent pas et peuvent paralyser le grand saut : quand on perd pied, le réflexe est si facile de se raccrocher à des sécurités très humaines. Qu'il est beau, mais qu'il est difficile, de n'avoir que Dieu seul pour point d'appui ! Repérons ensemble quelques-uns de ces obstacles, de ces « branches » auxquelles nous sommes tentés de nous accrocher pour nous épargner le grand saut dans l'abandon.

### *Le manque de détermination*

Dans la vie spirituelle, nous avons parfois des allures d'« intermittents du spectacle » : l'intermittent du spectacle a du travail... mais la plupart du temps par intermittence. En ce qui concerne notre vie intérieure, nous nous mettons en route avec un vrai désir de sainteté, mais nous avançons souvent par « à-coups », par intermittence. À de sincères mouvements de générosité succèdent parfois des coups d'arrêt, des stagnations, voire des retours en arrière. François de Sales recommande de revenir sans cesse à l'exemple et à l'enseignement des saints : « Nous oublions la maxime des saints, qui nous ont avertis que tous les jours nous devons estimer

3. *Ibid.*, 21, 155.

de commencer notre avancement ou perfection [...]. Il n'est jamais fait ; il faut toujours recommencer, et recommencer de bon cœur[4]. » L'union de volonté nécessite un travail assidu à plein temps. Plutôt que de courir après de multiples petits *Contrats à durée déterminée*, signons pour une bonne fois avec Jésus un *CDI*, il n'attend que ça !

## *Le tri sélectif*

Le souci écologique contemporain demande, avec raison, qu'au sujet des poubelles soit impérativement pratiqué le « tri sélectif ». Autant il est bon de le faire pour les déchets, autant cela est déconseillé en matière de vie spirituelle. Expliquons-nous. Les événements, les imprévus, les rencontres, les contradictions, les activités, jalonnent notre quotidien. La tentation est la suivante : aussitôt que ces petits ou grands événements se présentent sur le pas de notre porte, nous opérons un tri sélectif. Bien entendu, nous laissons s'approcher les événements gratifiants, intéressants, caressants. Parce qu'ils vont dans notre sens, dans le sens de notre sensibilité qui aime bien les choses sucrées, nous sommes persuadés qu'ils sont l'expression de la volonté de Dieu sur nous, et nous nous empressons de leur dire un grand oui. En ce qui concerne les événements qui heurtent notre sensibilité, ceux qui nous mettent par terre, qui sont inconfortables, sans tarder nous les écartons, nous les mettons à la poubelle. Quelques exemples : un proche qui nous monte sur les pieds, une incommodité de santé, une épreuve. Nous décrétons que Dieu ne peut pas être présent dans de tels événements, alors nous les refusons intérieurement. En tout cela, saint François de Sales invite à prendre un peu de recul : « Soumettez souvent votre volonté à celle de Dieu, étant prête à l'adorer autant quand elle vous enverra des tribulations comme au temps des consolations[5]. »

4. *Ibid.*, 16, 312.
5. *Ibid.*, 21, 18.

C'est ainsi, à chaque fois que je me ferme à l'événement, du même coup je me ferme à la volonté de Jésus qui se sert du « sacrement » du moment présent pour me rejoindre et se donner à moi. Ce fameux tri sélectif est un pli de l'âme qui retarde et paralyse l'envahissement de la grâce ; cela explique cette impression d'inachèvement, de manque de plénitude intérieure que ressentent beaucoup lorsqu'ils évaluent leur vie chrétienne. Seul Dieu rend heureux, seul Dieu hisse en Dieu, seule l'union au bon vouloir de Dieu permet la divine transfiguration, seule l'union à la volonté de Dieu offre la plénitude intérieure à laquelle nous aspirons tous : « La vraie et sainte science, c'est de laisser Dieu faire et défaire en soi et en toute chose ce qui lui plaira, sans avoir d'autre vouloir et élection, révérant d'un profond silence ce que l'entendement de la faiblesse humaine ne peut comprendre, car les desseins peuvent être cachés, mais toujours justes[6]. »

## *La peur*

Plus j'écoute les âmes et plus je relis mon propre itinéraire, plus j'en viens à penser que la peur est un des plus grands freins à l'aventure spirituelle. François de Sales abonde dans ce sens : « L'inquiétude est le plus grand mal qui puisse advenir à l'âme, hormis le péché. » Car notre cœur troublé finit même par perdre les vertus acquises, assailli qu'il est par l'ennemi extérieur et incapable de lui résister.

Le philosophe Aristote notait que « celui qui a surmonté ses peurs sera vraiment libre ». En ce qui concerne la peur, il nous faudrait plutôt, comme le fait Aristote, parler de peurs au pluriel que de la peur au singulier : en effet, la crainte se dresse en nous sur de multiples fronts. Se rendre à Dieu, se livrer à son divin vouloir, peut susciter tout d'abord la crainte de ne plus être le patron chez soi ; il y a aussi l'appréhension de devoir déranger une vie trop bien réglée ; mentionnons par ailleurs la peur de l'inconnu, car la

6. *Ibid.*, 21, 186.

volonté de Dieu ne peut jamais être le copier-coller de la nôtre ; n'oublions pas enfin l'angoisse à l'idée de souffrir.

### Peur de dépendre d'un Autre

La conformité à la volonté de Dieu peut difficilement prendre forme sans un minimum de décentrement du moi ; plus encore, elle réclame d'accepter de dépendre d'un Autre, en l'occurrence de Dieu. Or, lorsqu'on a passé toute son existence à gérer sa vie, à vouloir absolument être le patron chez soi, rien n'est moins spontané que de se laisser mener par la main d'un autre : « Tendez-lui la main, comme un petit enfant à son père, afin qu'il vous conduise », propose notre saint[7].

Quelles que soient les époques de l'histoire, cette dépendance au bon vouloir de Dieu a toujours été un défi difficile, mais cette disposition intérieure est encore plus ardue de nos jours, du fait de la mentalité actuelle qui, au nom d'une liberté mal comprise, nous commande d'être indépendants, de nous faire nous-mêmes par nous-mêmes, le fameux « self-made-man ». Les âmes qui, aujourd'hui, font le choix d'entrer en dépendance intérieure vis-à-vis de leur Seigneur sont admirables car il leur faut vraiment aller à contre-courant. « Nous pouvons aussi cheminer avec Notre Seigneur sans avoir aucun vouloir propre, en nous laissant porter comme un petit enfant entre les bras de sa mère. Cela se fait par une sorte d'admirable consentement, que l'on pourrait appeler “union”, ou plutôt “unité” de notre volonté avec celle de Dieu. Voilà donc comment nous devons tâcher de nous comporter à l'égard du bon plaisir de Dieu[8]. »

7. Saint François de Sales, *Introduction à la vie dévote*, *op. cit.*, p. 163.
8. Saint François de Sales, *Traité de l'amour de Dieu*, *op. cit.*, p. 662.

## Peur de déranger une vie bien réglée

Cette crainte paralysante n'est souvent pas le propre des débutants mais plutôt des progressants, des nouveaux convertis, des recommençants. Ces derniers ont été réellement touchés par l'amour de Dieu, ils deviennent fervents. Ils accordent plus de temps au Seigneur et au service des autres ; pour cela ils mettent en place un « programme » de vie spirituelle, avec des lectures, des temps de prière auxquels ils sont très fidèles. Leur drame est qu'ils finissent par ériger en absolu leurs petits plans et l'organisation de leur vie intérieure. Ils sont fervents en piété, généreux dans l'apostolat et le service du prochain, mais il y a un je-ne-sais-quoi de verrouillé dans leur vie chrétienne. Ils veulent bien faire la volonté de Dieu, mais à condition que cela ne vienne pas trop perturber leur mécanique spirituelle réglée et bien huilée. Ils sont très réguliers dans les œuvres pour Dieu, mais ils demeurent trop attachés à leurs programmes. Si Dieu s'avisait de leur demander une réforme spirituelle, ils ne le pourraient pas, ils seraient tout bonnement perdus.

Il y a quelques années, un bon curé de paroisse et responsable de secteur m'invitait à animer une journée de récollection avec les prêtres et les laïcs directement impliqués dans la pastorale. Il me demandait de leur parler de la vie pastorale dans la disponibilité à l'Esprit Saint. J'accepte bien volontiers. Je lui envoie en contrepoint une page concoctée par un évêque et décrivant de manière très simple le passage des *œuvres pour Dieu* aux *œuvres de Dieu*. Il me répond avec beaucoup de gentillesse, mêlée d'une certaine gêne : « Je suis vraiment désolé mon père, mais j'ai bien peur que mes confrères ne soient pas prêts à lire ce beau document. Je crois que ça les perturberait trop d'avoir à changer leur manière de voir et d'organiser leur pastorale. » Tout est dit dans ce petit fait. C'est clair, la vie en dépendance de l'Esprit Saint est dérangeante, elle oblige à se laisser agir par un Autre qui, de plus, peut avoir des plans autres que les miens… des plans divins. Qu'il est difficile de perdre pied ! C'est pourtant à ce prix qu'on goûte aux joies de la plongée en eau profonde !

## Peur de l'inconnu

Cette autre forme de crainte, la peur de l'inconnu, s'apparente à la précédente et pourtant elle s'en distingue. Celle que nous venons de décrire visait la crainte de devoir lâcher le volant de notre propre vie pour le confier aux mains d'un Autre. La peur de l'inconnu désigne plus précisément l'appréhension d'avoir à perdre pied, d'avoir à poser nos pas sur un terrain qui ne nous est pas spontanément connu, d'avoir à avancer sur un « chemin sans chemin », c'est-à-dire sans balises vraiment repérables. Certes, Dieu nous a créés à son image, mais Dieu n'est pas un homme « agrandi », il est Dieu et ses chemins sont réellement divins. Quand on voit l'itinéraire de sainte Jeanne de Chantal, l'âme sœur de saint François de Sales, qui, d'épouse (veuve) et mère de famille, a été embarquée dans la fondation de la Visitation-Sainte-Marie, on ne peut qu'être émerveillé devant les voies de Dieu. Jeanne de Chantal confierait certainement qu'au terme de sa vie, elle n'aurait jamais imaginé une telle trajectoire intérieure et une telle mission. Celui, celle, qui se présente sur le pas de la porte de l'abandon au bon vouloir de Dieu doit donc se disposer à quelques divines surprises, quant au chemin à suivre, quant aux étapes de croissance intérieure à vivre, quant aux tâches à accomplir. Une telle aventure est impossible si l'âme n'accepte pas de connaître à un moment ou à un autre certaines inquiétudes, certaines peurs de l'inconnu : en effet, avant chaque nouveauté divine, devant chaque palier de croissance intérieure, avant de recevoir des grâces de la part de Dieu, avant chaque œuvre proprement divine, ces peurs sont inévitables, elles font partie du voyage. Surtout ne les imaginons pas à l'avance, car l'Esprit a une grâce tout à fait unique pour les rendre douces et presque désirables. Là encore l'expérience nous en apprendra beaucoup plus qu'on ne pourrait en dire. Saint François de Sales recommande aux jeunes sœurs de la Visitation d'avancer en toute confiance sur la haute mer :

> « Allez donc, pleines de courage, faire ce à quoi vous êtes appelées, mais allez-y simplement. Si vous avez des appréhensions, dites à votre âme : Le Seigneur y pourvoira. Si les considérations de votre faiblesse vous travaillent, jetez-vous en Dieu et confiez-vous en lui. Les Apôtres étaient des pêcheurs, et ignorants pour la plupart. Dieu les rendit savants selon ce qui était nécessaire pour la charge qu'il voulait leur donner[9]. »

### Peur de souffrir

Cette peur peut s'exprimer ainsi : « Si je m'en remets totalement à Dieu, et si en retour il me prend au sérieux et me demande de communier plus intimement à ses souffrances ou de souffrir pour le bien d'autres personnes, ça tétanise et paralyse complètement mon désir de me livrer sans réserve à Dieu. » Tant qu'une âme désireuse de se livrer à Dieu n'a pas éprouvé d'une manière ou d'une autre ce genre de peurs, il y a de fortes chances qu'elle n'ait pas encore mesuré le grand saut que représente l'abandon au bon vouloir de Dieu, comme est normal de ressentir un grand frisson avant un saut à l'élastique, il est normal de connaître des peurs à la perspective de « se lâcher » radicalement en Dieu.

Comment juguler ce type de peur lié au grand saut dans la volonté de Dieu ? Saint François, avec sa finesse dans l'analyse psychologique, ne manque pas de conseils pratiques et sages :

Il conseille tout d'abord de ne pas entrer en dialogue avec la peur, nous ne faisons pas le poids avec elle : « La peur est un plus grand mal que le mal [...] vous marchez sur la mer, entre les vents et les flots [...] mais c'est avec Jésus. [...] Criez fort : "Ô Seigneur, sauvez-moi." Il vous tendra la main, serrez-la bien et allez joyeu-

9. Saint François de Sales, *Œuvres*, *op. cit.*, 6, 91.

sement. Bref, ne philosophez point sur votre mal, ne répliquez point, avancez franchement[10]. »

Étant donné que la peur est un adversaire particulièrement coriace et retors, le plus sage est de faire diversion, ajoute notre saint directeur d'âmes :

> « *Divertissez* votre cœur à d'autres occupations et principalement extérieures. Et bien que la tentation vienne autour de vous, ne faites aucun semblant de la voir mais, ignorant cette attaque, appliquez-vous aux autres exercices[11]. »
> « Moquez-vous de ces assauts de notre ennemi [...]. Tenez-vous bien *à couvert* [...] Ne nous effrayons point de ses fanfares : il ne saurait nous faire nul mal, c'est pourquoi il veut au moins nous faire peur, et par cette peur nous inquiéter, et par l'inquiétude nous lasser, et par la lassitude nous faire quitter [...]. N'ayons point de crainte que de Dieu, et encore, une crainte amoureuse[12]. »

Devant la peur de l'inconnu à l'heure du grand saut en Dieu, il est une autre assurance source de profond apaisement : être bien persuadé que Dieu ne saurait permettre que nous soyons tentés au-delà de nos forces. « Dieu est fidèle, il ne permettra pas que vous soyez tentés au-delà de vos forces », affirme saint Paul (1Co 10,13). Il est une autre bonne raison selon laquelle il ne sert à rien de cultiver la peur en se triturant la tête à l'avance avec des scénarios catastrophes : si notre Père du ciel permet que nous traversions des épreuves, il donnera, au moment où nous en aurons besoin, la grâce et les lumières nécessaires pour avancer. « Avec la tentation, il vous donnera le moyen d'en sortir et la force de la supporter »,

10. *Ibid.*, 13, 211.
11. *Ibid.*, 14, 113.
12. *Ibid.*, 13, 300-I.

s'empresse d'ajouter saint Paul (1Co 10,13). « Quand vous sentirez les tentations, penchez doucement votre cœur de l'autre côté et ne vous inquiétez point », assure François de Sales[13].

## *Le « troc »*

### Le troc dans la vie spirituelle

Dieu, dans sa bonté, donne à goûter assez rapidement aux bienfaits de l'union de volonté. Après avoir accepté dans la foi une contradiction, lui avoir abandonné une situation qui paraissait sans issue, après avoir accueilli dans sa divine volonté telle épreuve, nous expérimentons souvent une certaine paix intérieure. Tout ceci est si délicieux qu'on en redemande. Le piège du « troc » n'est pas loin. Précisons ce qu'on entend par là. Constatant et goûtant à la sérénité et à une certaine insouciance, fruits de l'acceptation et de la conformité à la volonté de Dieu, nous risquons, surtout dans les débuts, de nous servir de l'abandon comme d'un médicament pour être zen, une petite drogue pour acheter un répit, en somme un troc très subtil qui tend à utiliser Dieu comme un simple moyen pour être bien. Vouloir être bien n'est pas un péché, bien entendu, mais se servir de Dieu comme d'un moyen, d'une chose ou d'un médicament, c'est sortir de l'adoration pour entrer dans la magie, c'est tronquer notre alliance d'amour avec Dieu pour une relation utilitariste. Pour chacun d'entre nous, le risque est récurrent de mettre la main sur Dieu et d'exiger qu'il donne sa paix à tout coup, de faire du troc avec lui : « Je te donne mon oui, mais j'attends que tu me donnes ta paix en retour ! » Le Très-Haut n'est pas un distributeur automatique, il est un divin cœur qui attend d'être aimé gratuitement, pour lui-même : « Consolation n'est pas vertu, dit saint François de Sales, il faut chercher non les consolations

13. *Ibid., 14, 113.*

de Dieu mais le Dieu des consolations[14]. » En nous refusant une paix sur commande, Dieu ne fait pas preuve de dureté à notre égard. Au contraire, il cherche par-là à éduquer notre amour, afin que nous l'aimions pour lui-même, indépendamment de ses dons : « Cherchez d'abord son Royaume et sa justice, et tout le reste vous sera donné par surcroît » (Mt 6,33). Plus notre oui à son bon vouloir sera massif, plus le Bon Dieu aura les mains libres pour nous consoler comme il l'entend, et moins nous abîmerons notre relation à lui en cherchant à le posséder pour notre bien-être. « Certes, il ne faut vouloir que Dieu, absolument, invariablement, inviolablement, mais dans les moyens pour le servir, il ne faut les vouloir que doucement et faiblement, afin que si on nous empêche de les faire, nous ne soyons grandement secoués. Il faut peu vouloir, et petitement, tout ce qui n'est pas Dieu[15]. »

### Le troc dans l'évangélisation

Ce qui vient d'être dit, concernant la relation intime à Dieu, vaut aussi pour la façon dont nous concevons l'évangélisation. Là aussi, la tentation de troc est possible, lorsque par exemple on cherche à utiliser Dieu pour servir ses petits projets pastoraux, plutôt que d'entrer résolument dans son plan de salut, parfois aux antipodes de nos prévisions. Soyons plus précis. Derrière de belles et généreuses entreprises apostoliques et derrière des systèmes d'évangélisation qui occupent actuellement le devant de la scène, n'y a-t-il pas le piège de la recherche de réussite? Vouloir que « ça marche » est tout à fait légitime, mais cette quête tendue de la réussite peut être entachée d'une obsession pour l'efficacité, au point de transformer l'évangélisation en marketing, la mission en coaching d'entreprise. Que les apôtres de tout poil se laissent

14. Louis Sempé, s.j., *Saint François de Sales, ascèse et mystique*, Apostolat de la Prière, Toulouse, 1922, p. 13. Cité par Mgr Trochu, *Saint François de Sales*, Tome I, *La vocation et le sacerdoce*, éd. Emmanuel Vitte, p. 133.
15. Saint François de Sales, *Œuvres, op. cit.*, 19, 287.

questionner par l'indifférence toute salésienne en ce qui concerne leur manière d'évangéliser. Si nous devons tout faire pour réussir ce que Dieu nous inspire, au final, nous devons être prêts à ce que ce soit un « échec » selon les catégories du monde, si telle est la volonté de Dieu : « Nous voulons toujours que ce que nous entreprenons réussisse, mais est-il raisonnable de penser que Dieu conduira les choses comme nous l'entendons, nous[16] ? »

### Utiliser les moyens surnaturels

La mission, la nouvelle évangélisation, prend l'être tout entier de l'apôtre. Du fait de cet investissement, le missionnaire peut avoir de la difficulté à prendre du recul avec ses méthodes et voir en face qu'il entretient quelques illusions en ce domaine. L'urgence, en ce qui concerne l'évangélisation actuelle, nous semble être de s'adosser à nouveau à la sagesse des saints missionnaires qui ont jalonné l'histoire de l'Église. Nous voyons en effet des lignes de force de l'évangélisation qui s'imposent, quelles que soient les particularités d'une époque. Saint François de Sales appartient à cette galerie des grands missionnaires, notamment lorsqu'il fut envoyé par monseigneur de Granier pour convertir le Chablais calviniste à la religion catholique : « Il faut reconquérir Genève ! » Le ton est donné.

Devant la situation difficile, François ne commence pas par faire un audit, interroger une société spécialisée en statistique ou suivre une formation en communication ou en marketing. Non, pour faire face à une situation impossible à vue humaine, il commence par faire appel aux moyens surnaturels, tels qu'ils ont toujours été enseignés par notre Seigneur et tous les saints à sa suite.

**La charité.** Sa direction spirituelle était basée sur ce principe bien connu : « Tout par amour, rien par force ». Ce qu'il demande aux personnes qu'il accompagne, il se l'applique à lui-même dans sa volonté de reconquérir les terres passées à la Réforme. Il ne

16. Saint François de Sales, *Traité de l'amour de Dieu*, *op. cit.*, p. 628.

s'impose pas avec des coups de fouet mais à coups de charité. Si Dieu est Amour, alors c'est dans son Amour qu'on évangélise : « C'est par la charité qu'il faut ébranler les murs de Genève, par la charité qu'il faut l'envahir, par la charité qu'il faut la recouvrer [...]. Je ne propose ni le fer ni cette poudre dont l'odeur et la saveur rappellent la fournaise infernale [...]. Que votre camp soit le camp de Dieu[17]. »

**La mortification.** Pour son évangélisation François se confiait volontiers aux saints du ciel, entre autres à saint Antoine de Padoue. « Une fois, racontent les premières Visitandines, faisant oraison dans l'Église des Cordeliers d'Évian, ce saint [Antoine de Padoue] lui fut représenté intellectuellement durant sa prière, et lui dit : "Tu désireras comme moi le martyre et tu ne l'obtiendras pas ; il faut que tu sois l'instrument de ton martyre à toi." De ce jour, François prit la résolution de se mortifier[18]. » Il fera part de cette résolution dans un courrier du 27 novembre 1594 à son fidèle ami, Antoine Favre : « L'oraison, l'aumône et le jeûne sont les trois parties qui composent le cordon difficilement rompu par l'ennemi ; nous allons, avec la divine grâce, essayer d'en lier cet adversaire[19]. » Le silence du discours actuel sur la nouvelle évangélisation en ce qui concerne l'ascèse, la mortification au service de la mission et de la conversion des âmes, est, il faut bien le reconnaître, révélateur d'une certaine légèreté.

**La vérité.** Saint François de Sales était tellement convaincu de la puissance divine dont était revêtue la parole de Dieu qu'il se contentait d'exposer la doctrine de l'Évangile avec foi et amour. Il en venait à cette conclusion que l'exposition de la saine doctrine, prêchée dans l'Esprit, convertit les hérétiques... sans qu'on veuille

17. André Ravier, *op. cit.*, p. 49.
18. *Année sainte*, manuscrite, p. 221. Cité par Mgr Trochu, *Saint François de Sales*, Tome I, *op. cit.*, p. 331-332.
19. Cité par Mgr Trochu, *in Ibid.*, p. 332.

les convertir. Le dimanche 25 février 1602, au cours d'un sermon qui ne visait pas directement l'hérésie, François se contenta d'exposer les vérités sur le *dernier Jugement*. Plusieurs personnes présentes, gagnées à la Réforme, furent littéralement retournées par ses paroles. Notre saint fit cette réflexion à propos de son homélie : « Voyez-vous, ce sermon-là, qui ne fut point contre l'hérésie, respirait néanmoins contre l'hérésie, car Dieu me donna alors cet esprit en faveur de ces âmes. Depuis, j'ai toujours dit que qui prêche avec amour prêche assez contre les hérétiques, quoiqu'il ne dise un mot de dispute contre eux[20]. » Le père Philibert de Bonneville disait à propos des prédications de l'évêque d'Annecy : « Il convainquait les esprits par la simple exposition des mystères de notre foi[21]. » Quel éloge et quelle vérité, et qu'il est bon de les réentendre aujourd'hui !

### Savoir se remettre en cause

Saint François de Sales parvient à tenir ensemble tous les éléments d'une situation. En ce qui concerne notre sujet – l'évangélisation dans l'indifférence salésienne –, autant il appelle à s'abandonner à la volonté de Dieu quel qu'en soit le résultat final, autant il demande que nous nous interrogions sur la qualité de notre coopération : laisser faire Dieu dans notre mission ne doit pas conduire à la négligence. « Si l'affaire, entreprise sous le coup d'une inspiration, échoue par la faute de ceux à qui elle fut confiée, il ne s'agirait pas de dire qu'il faut acquiescer à la volonté de Dieu ! Car ce n'est pas la volonté de Dieu qui a empêché la réussite mais, reconnaîtra quelqu'un, c'est ma propre faute[22]. »

20. Cité par Mgr Trochu, *in Ibid.*, p. 651.
21. *1er Procès*, t. II, p. 793. Cité par Mgr Trochu, *in Ibid.*, p. 412.
22. Saint François de Sales, *Traité de l'amour de Dieu*, *op. cit.*, p. 628 et 629.

### Évangéliser avec « indifférence »

Dans le cadre de la mission – que nous soyons catéchiste, prêtre en paroisse, évangélisateur par les moyens modernes de communications, religieuse auprès des pauvres –, nous devons tous demander la grâce de l'indifférence spirituelle dans nos entreprises apostoliques : « De même qu'il nous faut entreprendre le projet hardiment, courageusement, avec ténacité, et le poursuivre autant qu'il se pourra, de même il faudra acquiescer tranquillement à la manière dont Dieu voudra qu'il se réalise[23]. » Saint François de Sales illustre son propos par l'aventure du roi saint Louis : « Saint Louis, inspiré, franchit la mer pour conquérir la Terre sainte. Le projet échoua. Le roi acquiesça, dans la paix. J'estime davantage cet acquiescement que la grandeur du projet[24]. »

Nous ne le redirons jamais assez : que d'inquiétudes en moins s'éviteraient les évangélisateurs de tout genre, s'ils savaient cultiver cette sainte indifférence, en remettant résolument entre les mains de Dieu toutes leurs œuvres apostoliques : si ça marche, Jésus, Amen ! Si c'est un flop, Jésus, Amen !

## 2 – Ces petits oui font un grand oui

Au cours du chapitre qui succédera à celui-ci, nous envisagerons le traitement ultime, la conversion profonde que notre volonté propre doit subir pour pouvoir s'ajuster pleinement à la volonté de Dieu. Mais si nous attendons d'être parvenus à ce niveau de perfection pour commencer à poser les premiers pas dans l'abandon, nous ne sauterons jamais le pas. Car c'est justement la pratique assidue de la conformité à la volonté de Dieu qui réalise progressivement le perfectionnement de notre vouloir jusqu'à son ajustement parfait au bon vouloir de Dieu.

23. *Ibid.*, p. 626-627.
24. *Ibid.*, p. 627.

## *Déplier le mauvais pli de notre âme*

« Les petits ruisseaux font les grandes rivières », enseigne la sagesse populaire. De même, c'est par de multiples petits oui qu'on se prépare au grand oui. Nous pensons souvent qu'un seul acte de vertu serait suffisant pour produire un irrésistible oui à Dieu, massif, total, divin. Arrêtons de rêver : c'est uniquement en multipliant les exercices de conformité de notre volonté à celle de Dieu, à travers les riens du quotidien, qu'on s'enracine peu à peu dans un grand oui à Dieu, sans réserve, sans retard et sans retour. Nous ne mesurons pas à quel point notre âme est marquée par le pli très profond du non à Dieu : on peut être très pieux, serviable et généreux, et pourtant entretenir un non au bon plaisir de Dieu. Les épreuves de la vie sont souvent là pour nous sortir de cette illusion entretenue sur nous-mêmes. Un exemple, souvent rencontré lorsque j'étais curé de paroisse. Une personne ayant perdu son conjoint et qui, des mois, voire des années après la disparition, confie avec beaucoup de simplicité : « Mon père, depuis la perte de mon époux, à la messe dominicale lors du *Notre Père*, je n'arrive toujours pas à dire : “Que ta volonté soit faite”. » Il ne saurait être question de regarder avec froideur les personnes en souffrance. L'exemple relevé à l'instant voudrait simplement montrer que l'union de volonté est rarement acquise du jour au lendemain, même parmi les croyants et les fervents. Cette conformité de notre volonté à celle de Dieu devra être conquise et, à certaines heures, sera parfois chèrement payée :

> « Il y a beaucoup de gens qui disent à notre Seigneur : “Je me donne tout à vous sans aucune réserve” ; mais il y en a fort peu qui embrassent la pratique de cet abandonnement, lequel n'est autre chose qu'une parfaite indifférence à recevoir toute sorte d'événements, selon qu'ils arrivent par l'ordre de la providence de Dieu, aussi bien l'affliction comme la consolation, la maladie comme la

santé, la pauvreté comme les richesses, le mépris comme l'honneur et l'opprobre comme la gloire[25]. »

### *Multiplier des petits vœux de oui*

Dans l'intention de défaire ce mauvais pli de l'âme – du refus de la volonté de Dieu ou de la valse-hésitation de notre volonté propre –, nous proposons un *vade-mecum* très simple pour toute personne désireuse de basculer dans l'union de volonté : faire des *petits vœux* de oui.

Pourquoi et en quoi consistent ces petits vœux de oui ? Repensez à la première fois où vous avez été initiés à la marche en montagne. Débarqués dans la plaine, on vous dit : « Tu vois cette moyenne montagne qui se dresse derrière les alpages, on va marcher jusque là-haut. » Comme c'est la première fois que vous faites de la randonnée en montagne et que la cime ne paraît pas très élevée, vous répondez avec naïveté : « Pas de problème, ça paraît facile. » C'est alors que vos compagnons, marcheurs chevronnés, ajoutent : « Juste une précision, pour y parvenir, il y a quatre cols à franchir ! » Vous éprouvez un léger vertige en vous demandant si vous allez en être capable. C'est un peu la même chose lorsqu'on se présente au pied de la montée spirituelle qu'est l'union de volonté. Que tous ces cols à franchir, que ces multiples petits oui à pratiquer ne nous effraient pas : comme pour la marche en montagne, commençons seulement par avoir les yeux fixés sur le prochain col, sans imaginer les autres… rien que pour aujourd'hui !

Les petits oui, concrètement ? Le matin, dès le réveil, commencer par faire une prière d'offrande de soi-même à Dieu avec cet accent particulier : se disposer à accueillir à l'avance ce qui surviendra au cours de la journée et surtout tout vivre dans un oui à la volonté de Dieu.

25. Saint François de Sales, *Œuvres*, *op. cit.*, 6, 23.

## Quelques balises sur ce chemin

S'il survient un imprévu ou une contradiction au cours de la journée, nous serons terriblement tentés de nous projeter dans l'après, et bien sûr de l'imaginer encore plus ténébreux et rude que l'aujourd'hui. Rejeter sans tarder ces projections imaginaires est très important si nous voulons que l'exercice « rien que pour aujourd'hui » porte du fruit. À chaque fois que nous tomberons dans ce piège, replaçons-nous aussitôt dans l'orbite du réel, le seul qui vaille – l'ici et le maintenant – et, de nouveau, disposons-nous à tout accueillir en Jésus.

Dans les débuts, c'est comme pour les premières leçons de conduite automobile, nous sommes un peu tendus, nous voulons à tout prix réussir l'exercice. Il faut envisager les choses davantage comme un entraînement que comme une compétition sans faute. D'ailleurs, au cours des 24 heures, il suffira d'une personne agressive, d'un peu trop de pression dans le travail, d'un coup de fatigue, pour que nos belles résolutions du matin soient réduites à néant. Cela n'est une catastrophe que si nous décrétons que c'est une catastrophe. En effet, Dieu ne voit pas les choses exactement comme nous. Si, à chaque fois que nous sommes en train de reprendre notre oui, nous savons rebondir humblement en Dieu, alors le travail de la grâce divine peut se poursuivre en nous. Concrètement, à chaque fois que nous nous écarterons de notre offrande du matin et de l'accueil en Dieu de l'événement, nous nous remettrons aussitôt en selle : aussitôt non… aussitôt oui ! C'est aussi simple que cela. Précisons tout de même que ce oui humble qui doit succéder au moindre non n'est pas si facile que cela. En effet, cette remise en selle, à refaire parfois trente-six fois par jour, demande une bonne dose d'humour et d'humilité vis-à-vis de soi-même : accepter de voir doucement sa misère et de se laisser sans cesse rattraper par la miséricorde de Dieu.

Le difficile est d'avoir à remettre sans cesse l'exercice sur l'établi. C'est pourtant à ce prix que le fameux pli de l'âme va se défaire. Peu à peu la personne livrée cessera de s'arc-bouter contre la vie, les événements et la volonté du Bon Dieu. Assez rapidement, si elle se montre fidèle dans cette pratique, elle découvrira des lumières sur la raideur de son mode de fonctionnement, elle voudra logiquement en sortir. Elle commencera alors à expérimenter une détente profonde, conséquence directe de cet accueil en Dieu de tout ce qui fait sa vie. Elle délaissera le virtuel et s'installera davantage dans le réel. Saint François de Sales décrit à sa manière ces mécanismes intérieurs qui paralysent l'envol de l'âme :

> « Ne désirez pas non plus ce qui, de toute façon, ne pourra jamais arriver que dans un avenir très lointain, comme le font beaucoup qui usent ainsi leurs énergies et vivent dans une constante inquiétude. [...] Si, quand je suis malade, je veux prêcher, célébrer la messe, visiter les malades, et faire les mêmes exercices que si j'étais bien portant, ces désirs ne sont-ils pas vains puisqu'il n'est pas en mon pouvoir de les mettre en œuvre ? Et pendant ce temps-là, ces désirs inutiles tiennent la place de ceux que je devrais avoir, comme d'être abandonné, mortifié, obéissant, patient dans la souffrance – qui est bien ce que Dieu veut que je pratique pour le moment[26]. »

26. Saint François de Sales, *Introduction à la vie dévote*, *op. cit.*, p. 363-364.

## CHAPITRE 6

# CONVERSION EN PROFONDEUR DE NOTRE VOLONTÉ PROPRE

S'il est une âme qui connaît parfaitement la personnalité et le cœur de saint François de Sales, c'est bien sainte Jeanne de Chantal. Certes, la fondation des religieuses de la *Visitation-Sainte-Marie* les a amenés à œuvrer dans une très grande proximité, mais il faut aller plus loin pour comprendre leur union d'âme tout à fait particulière : ce n'est pas d'abord l'amitié humaine qui les a réunis, mais Dieu lui-même qui a voulu et façonné leur union d'âme, au point de les faire saints l'un par l'autre, comme s'ils étaient, chacun, « responsables » de la sainteté de l'autre. Pour toutes ces raisons, sainte Jeanne de Chantal est la mieux à même de nous parler de l'âme, de la vie spirituelle de son bien-aimé Père. Au cours d'entretiens donnés à ses sœurs de la Visitation, alors que saint François de Sales était mort depuis un moment déjà, Jeanne leur dit :

> « Qui donnait cette grande douceur et égalité à notre bienheureux Père ? C'était l'attention à cette divine présence qui lui faisait tout recevoir avec paix et tranquillité de cœur ; c'était qu'il recevait ces choses-là comme si Notre-Seigneur l'eût regardé, et que, de sa propre main, il les lui eût données. Aussi, lorsqu'on lui donnait de fâcheuses nouvelles, il n'en était point ému, parce que, étant attentif à Dieu, il ne pouvait rien refuser de tout ce que lui présentait cette main adorable. Si on

> lui apportait la nouvelle de la mort de quelqu'un de ses parents ou amis, aussitôt il regardait cet événement en la volonté de Dieu et s'y conformait soudain, disant : "Seigneur, je me tais et je n'ouvre point la bouche parce que c'est vous qui avez fait cela." Lui imposait-on des blâmes, lui faisait-on tort, lui disait-on des injures, il supportait tout cela patiemment, regardant le tout en Dieu ; après on le voyait avec la même sérénité sur le visage et autant de tranquillité. Pour moi, ajoute Jeanne de Chantal, je l'admirais à la mort de sa mère, qu'il aimait d'une manière unique. Il reçut cette perte avec une résignation digne de lui, et m'écrivait : "Parce que le Seigneur l'a fait, je me suis tu et n'ai pas ouvert la bouche pour dire un seul mot ; car c'est la main paternelle de notre Dieu qui a donné le coup !" Voilà, mes chères filles, les fruits de la présence de Dieu[1]. »

Ce précieux témoignage valait vraiment la peine d'être cité. Il présente tout d'abord l'intérêt de rendre très expressive la sérénité qui enveloppait la figure de notre saint. D'autre part, si notre lecteur se laisse toucher par ce témoignage vivant, il sera irrésistiblement attiré à pratiquer à son tour cet art de vivre en Dieu. Mais ne nous voilons pas la face, la barre est placée bien haut, ce visage de saint François de Sales décrit par son âme-sœur est celui de la maturité. Il lui a fallu des années avant de parvenir à une telle maîtrise de lui-même et à une telle pacification des émotions : victoire impossible sans une conversion en profondeur des désirs et du vouloir, jusqu'à la « mort » de la volonté propre pour que Dieu puisse y mettre la sienne.

1. Sainte Jeanne de Chantal, *Entretien XXXI*. Père Denys Mezard, *op. cit.*, p. 166-167.

## 1 – Conversion de notre volonté propre

La conformité de notre volonté à celle de Dieu ne se réalise pas du jour au lendemain. Si quelqu'un s'imagine qu'il suffit d'un claquement de doigts pour basculer dans une parfaite correspondance au bon vouloir de Dieu, celui-là est dans l'illusion complète. On ne parvient à ce parfait ajustement que par la conversion progressive de notre volonté propre et au prix de multiples détachements de nos appétits désordonnés. Au cours de ce développement, nous voudrions pointer les conditions nécessaires pour que notre volonté se plie amoureusement à la volonté de Dieu. Afin de mieux saisir ce que représente cette « indifférence de volonté » à laquelle nous sommes appelés, saint François de Sales fait appel à une image particulièrement suggestive, celle d'une statue qui serait douée de parole. Si on lui demandait pourquoi elle était placée là, elle répondrait : « Parce que mon maître veut que je sois là », et à quoi cela sert-il qu'elle demeure là immobile, elle répondrait qu'elle est là non pour sa satisfaction mais pour faire la volonté de son maître et que, même si elle ne le voit pas et ne peut aller vers lui, savoir qu'il est heureux de la contempler suffit à sa joie : et ne pas faire autre chose que satisfaire son désir suffit à la combler « "Quoi donc ! c'est là tout ce que tu désires, te tenir immobile dans le creux de cette niche ?" "Mais oui ! dirait enfin cette statue pleine de sagesse, je ne veux pas être autre chose qu'une statue, dans cette niche, tant que mon sculpteur le voudra. Je me trouve bien ici, comme je suis, puisque je fais ainsi la joie de celui à qui je suis, et par qui je suis ce que je suis[2]." » Quelle grâce pédagogique détient notre cher père dans la manière de rendre accessibles les exigences profondes de la vie spirituelle ! Il conclut son enseignement imagé par cette sentence : « En résumé, ne pas chercher à se contenter soi-même, mais ne chercher que le contentement de Dieu[3]. » Voyons comment peut se traduire cette conversion de notre volonté propre et son ajustement

2. Saint François de Sales, *Traité de l'amour de Dieu*, *op. cit.*, p. 445.
3. *Ibid.*, p. 446.

à la volonté de Dieu. Plusieurs expressions sont nécessaires pour mieux rendre compte de cette *métanoïa* du *Moi* de plus en plus ajusté au *Toi* de Dieu : obéissance, désintéressement, souplesse…

## *Volonté obéissante*

Plus haut, nous avons précisé que la conformité à la volonté de Dieu ne peut jamais se réaliser tant que l'âme refuse d'entrer dans la *dépendance* de Dieu. Ce mot, dépendance, sonne mal à nos oreilles contemporaines, il n'évoque qu'asservissement, esclavage. Il est une expression très proche qui appartient au patrimoine de la vie spirituelle, *l'obéissance* : saint Paul parle de « l'obéissance de la foi » (Rm 1,5). Voilà bien encore une expression qui gifle de plein fouet la prétention orgueilleuse de l'homme moderne – « *No God, no Pope* », soit l'équivalent du « ni Dieu ni maître », pouvait-on trouver inscrit sur la coque du Titanic. Tout un symbole ! Si le contexte actuel ne porte guère à la soumission, il n'y a pourtant pas d'autre porche pour pénétrer dans l'union de volonté que celui de la dépendance et de l'obéissance à Dieu : « L'obéissance d'amour se soumet, se conforme et s'unit en tout, partout, toujours à ce que Dieu veut[4]. » Les mots sont choisis. Saint François de Sales ne préconise pas une obéissance servile, il parle *d'obéissance d'amour*. L'amour doit être à la *racine* de notre obéissance à Dieu, mais il doit être aussi le carburant de sa *croissance*, et enfin le *fruit* délicieux de cette soumission : « Qu'elle est donc heureuse l'âme qui s'est vraiment dépouillée d'elle-même, qui s'est totalement remise entre les mains de Dieu[5]. »

Cette imprégnation de l'obéissance par l'amour la fait entrevoir sous un nouveau jour, positif et même désirable. Mais nous ne voulons tromper personne en la matière : pour que cette conformité à la volonté de Dieu livre toute sa force, le dilettantisme n'est pas de mise ; s'y exercer uniquement le dimanche, le jour du Seigneur,

4. *Ibid.*, p. 545.
5. *Ibid.*, p. 898.

serait bien insuffisant. Selon saint François de Sales, cette remise de soi à Dieu ne délivre ses fruits délicieux qu'à trois conditions : l'obéissance se doit d'être *aveugle*, *prompte* et *persévérante* :

> « Nous aurons toujours assez tôt ce que nous désirons quand nous l'aurons et qu'il plaira à Dieu de nous le donner. Cette attente et résignation est très nécessaire, car le défaut de celle-ci trouble fort l'âme. Il faut se contenter de savoir qu'on agit bien par Celui qui nous gouverne, et n'en rechercher ni les sentiments ni la connaissance particulière, mais marcher comme aveugle dans cette providence et confiance en Dieu, même parmi les désolations, craintes, ténèbres, et tout autre sorte de croix qu'il lui plaira de donner[6]. »

Comment mettre en œuvre ces sages conseils ? Il s'agit de se disposer intérieurement à acquiescer, sans vouloir tout comprendre, à ce qui se présente sur le pas de notre porte, les grands moments comme les moindres aléas du quotidien. Cette obéissance prompte, aveugle, peut prendre la forme de cette prière toute simple, tel un cri amoureux : « Jésus, en cet instant, je veux ce que tu veux. » Et pour que cette obéissance donne tous ses bienfaits en termes de joie profonde et de sérénité, il faut bien évidemment durer, tenir avec persévérance dans cette disposition intérieure.

## *Volonté désintéressée*

En ce qui concerne l'union de volonté, il est très important d'entrer dans l'indifférence. Il s'agit précisément d'être à ce point polarisé par la volonté de Dieu qu'on ne désire pas autre chose que d'y correspondre et de l'accomplir. Pour bien cerner ce que signifie véritablement « avoir une volonté désintéressée », une image peut être très suggestive, celle d'une balance à l'étal : « Vous

6. Saint François de Sales, *Œuvres*, *op. cit.*, 6, 170 et 165.

n'êtes nullement en indifférence [...] car la balance de votre esprit tend de ce côté-là, bien qu'on donne du doigt de l'autre côté pour empêcher le juste poids[7]. » Lorsque se présente une situation, l'important est de ne surtout pas appuyer sur un des deux plateaux de la balance. C'est-à-dire qu'on suspend le poids de sa volonté, que ce soit dans un sens ou dans un autre, et on laisse Jésus appuyer de tout son poids là où il veut que ça penche. On lui laisse le soin de prévoir le scénario et le calendrier de telle ou telle situation, et au final on acquiesce de tout son cœur à ce plan divin : « Par sa résignation, l'âme marque qu'elle préfère la volonté de Dieu à toutes choses. Mais elle ne cesse pas pour autant d'aimer beaucoup d'autres choses. Or l'indifférence est au-dessus : par amour, elle n'aime rien de plus que la volonté de Dieu. Si bien que rien d'autre ne peut toucher un cœur indifférent quand il s'agit de la volonté de Dieu[8]. »

### *Volonté assouplie*

Dans les débuts, à l'école de la volonté divine, nos pas ne sont pas assurés, nous faisons preuve de raideur à certains moments et de relâchement à d'autres. Peu à peu, nous allons mieux comprendre de l'intérieur l'exercice qui consiste à tout accueillir des mains de la divine Providence. Comme pour des exercices sportifs, peu à peu nous allons être plus souples et donc plus disposés à correspondre au bon vouloir divin se manifestant dans le moment présent : « C'est ainsi que nous devons être, nous rendant *malléables* au bon plaisir de Dieu, comme de la cire entre ses mains. Ne vous arrêtez pas à souhaiter ceci, à vouloir cela. Laissons Dieu en décider selon ce qu'il lui plaira[9]. »

---

7. *Ibid.*, 14, 327.
8. Saint François de Sales, *Traité de l'amour de Dieu*, *op. cit.*, p. 617.
9. *Ibid.*, p. 663.

De fil en aiguille, la personne, au lieu d'en rester à l'extérieur des situations, verra plus loin que les apparences, elle fixera son regard sur le Seigneur Jésus qui guide les moindres événements qui lui arrivent :

> « Marchez [...] l'esprit relevé en Dieu et qui ne regarde que le visage et les yeux de l'Époux céleste, pour faire toutes choses à son gré[10]. »
> « "Mes yeux sont toujours au Seigneur, car il désengagera mes pieds des filets et des pièges" (Ps 25,15). As-tu été pris dans le filet des contrariétés ? Ne regarde pas ce qui t'arrive, ne regarde pas les pièges dans lesquels tu es tombé. Regarde Dieu, laisse-le faire[11]. »

Lorsqu'une âme est entrée résolument dans cet art de vivre, elle le percevra, entre autres, grâce à deux signes : une certaine *égalité* et *tranquillité d'esprit* :

En ce qui concerne **l'égalité d'esprit**, cela s'explique assez facilement. Puisque la personne est davantage chevillée en Dieu, elle est beaucoup moins esclave de la variation de ses émotions. De ce fait, elle connaît une plus grande stabilisation intérieure, son égalité d'esprit est davantage perceptible :

> « C'est cette très sainte égalité d'esprit, mes chères âmes, que je vous souhaite : je ne dis pas l'égalité d'humeur ni d'inclination, je dis l'égalité d'esprit [...] : que vous ne fassiez nul état des tracasseries que fait la partie inférieure de votre âme qui est celle qui cause les inquiétudes et bizarreries [...]. Il faut se tenir toujours fermes et résolus dans la partie supérieure de notre esprit[12] [la confiance]. »

10. Saint François de Sales, *Œuvres*, *op. cit.*, 19, 331.
11. Saint François de Sales, *Traité de l'amour de Dieu*, *op. cit.*, p. 667.
12. Saint François de Sales, *Œuvres*, *op. cit.*, 6, 117.

La **tranquillité d'esprit** est la conséquence directe de cette égalité d'esprit, elle-même fruit de l'union de volonté.

> « Le vrai obéissant, poursuit François dans les *Entretiens*, vivra doucement et paisiblement comme un enfant qui, entre les bras de sa chère mère, ne se tracasse point de ce qui pourra lui arriver ; que la mère le porte sur le bras droit ou sur le gauche, il ne s'en soucie pas. De même le vrai obéissant, qu'on lui commande ceci ou cela, il ne s'en met point en peine ; pourvu qu'on lui commande, et qu'il soit toujours entre les bras de l'obéissance, je veux dire en l'exercice de l'obéissance, il est content. Or, à celui-là, je peux lui assurer de la part de Dieu le paradis pour la vie éternelle, comme aussi, durant le cours de cette vie mortelle, il jouira de la vraie tranquillité, il n'en faut point douter[13]. »

## 2 – … Jusqu'à la mort de notre volonté propre

Sainte Jeanne de Chantal, parfaitement réceptive à l'enseignement de saint François de Sales, ne se contente pas de répéter ce qu'elle a reçu de lui. Elle a parfaitement assimilé, à travers l'expérience vécue, la formation reçue. Cela donna une pénétration toute particulière à ses propos lorsqu'à son tour, elle fut amenée à former ses sœurs. Au cours d'un entretien spirituel au sujet de « la perte de soi-même en Dieu », elle dit :

> « Être perdue en Dieu n'est pas autre chose que d'être absolument et entièrement résignée et remise entre les mains de Dieu, et abandonnée au soin de son adorable Providence : Ce mot de "se perdre en Dieu" porte une certaine substance, que je ne crois pas pouvoir être bien

13. *Ibid.*, 6, 187.

> entendue que par ceux qui se sont ainsi heureusement perdus. Le grand saint Paul l'entendait bien lorsqu'il disait avec tant d'assurance : "Je vis, mais je ne vis plus en moi, c'est Jésus Christ qui vit en moi." [...] Une âme ainsi perdue est toujours anéantie devant Dieu ; elle est toujours contente de ce que Dieu fait en elle et hors d'elle. Tout ce qui lui arrive la satisfait ; l'affliction lui plaît ; elle la regarde sans se troubler parce qu'elle dira : "J'ai perdu toute consolation dans celle d'être perdue en Dieu." Si on lui annonce la mort de ses proches ou de ses amis, elle n'en paraît point troublée, car elle les avait déjà perdus en Dieu. Si on l'humilie fortement, qu'on touche son point d'honneur, hélas ! elle ne tient point compte de cela parce qu'elle s'est toute donnée et perdue dans Celui qui doit faire son honneur et sa gloire, et on ne saurait rien lui ôter qu'elle n'ait perdu et voulu perdre elle-même. J'admire ce grand Job, il est sur son fumier rongé des vers : "Le Seigneur a fait cela, dit-il, son saint Nom soit béni." »

Et voici la finale du propos de Jeanne, leçon qui vaut pour tout un chacun : « Pour nous, mes chères sœurs, nous voudrions bien nous perdre, mais nous voudrions aussi qu'il ne nous en coutât guère[14]. »

Reconnaissons-le, cet enseignement de sainte Jeanne de Chantal, disciple parfaite de la doctrine salésienne tout en équilibre et en souplesse, heurte notre mentalité actuelle, principalement sur trois points : persuadés d'être au plus près de l'Évangile, nous avons pourtant perdu, et de manière inquiétante, le sens profond, existentiel de la Providence. D'autre part, nous en sommes venus à considérer l'acceptation, l'abandon, comme de la démission, de la passivité qui, selon nous, serait contraire à une dignité humaine de bon aloi. Enfin, le contraste est encore plus saisissant entre l'accueil

14. Sainte Jeanne de Chantal, *Entretien XXXVII.* Cf. Père Denys Mezard, *op. cit.*, p. 171.

de la souffrance préconisé par Jeanne de Chantal – « l'affliction plaît à l'âme abandonnée » – et le déni, la chasse à la moindre souffrance qui caractérise tant la modernité. Rendons-nous à l'évidence, une simple conversion ou un léger assouplissement de notre volonté seraient bien insuffisants pour entrer dans les secrets et les bienfaits de l'union de volonté. Une *mort* de la volonté de la créature est nécessaire pour que la volonté du Créateur puisse prendre les choses en main, pour qu'une fructueuse « transplantation » du bon vouloir de Dieu puisse se réaliser en elle. Mort de la volonté propre, une telle perspective ne peut que hérisser le prêt-à-penser actuel. Il nous faut pourtant l'entendre, sous peine de se mentir à soi-même et de mentir aux croyants en ce qui concerne la véritable union de volonté et la sérénité profonde qui en découle. Quelques considérations à propos de cette « transsubstantiation » de notre volonté propre en la volonté de Dieu.

### *Notre volonté propre doit subir une « Pâque »*

Ayons à nouveau à l'esprit l'enjeu décisif de l'union de volonté. Il ne s'agit pas d'une volonté qu'on pourrait dire « négociée », comme si l'union à Dieu consistait en un arrangement entre l'âme et son Créateur : l'âme accepterait de faire quelques concessions à Dieu, de lâcher du lest au niveau de sa volonté propre – le moins possible car on est dans un rapport de concurrence – et, en retour, Dieu serait sommé de lui octroyer des grâces. Vision trop pauvre de l'union de volonté ! Rappelons que la manière dont Dieu conçoit la conformité à son bon vouloir est fondamentalement guidée par l'amour, en son principe, en sa croissance et en son terme. D'autre part, nous ne supposons pas combien Dieu veut se donner à nous, combien il a hâte de répandre sa gloire, sa joie, sa paix profonde dans les âmes. Mais ce divin envahissement est bloqué, empêché, tant que l'âme ne s'ouvre pas généreusement à ce don, tant que l'âme ne lui livre pas sa volonté. « L'amour de notre propre jugement et l'estime que l'on en fait, est la cause qu'il y a si peu de parfaits[15]. » Dans cet échange d'amour entre Dieu et l'âme, nous ne sommes pas du tout dans un « Si tu t'écrases devant moi, je me donnerai à toi », mais dans un « Ouvre-toi à moi, donne-toi à moi pour me permettre de me donner pleinement à toi. » Nous sommes vraiment dans une relation sponsale, les paroles de l'échange des consentements lors des mariages ne disent pas autre chose.

Dans son *Traité de l'Amour de Dieu*, saint François de Sales indique *l'horizon* et le *chemin* de l'union de volonté :

**L'horizon** tout d'abord : « Que devient la volonté humaine quand elle est entièrement abandonnée au bon plaisir de Dieu ? Elle ne périt pas tout à fait, mais elle est tellement immergée dans la volonté de Dieu qu'elle ne paraît plus : elle n'a plus aucun vouloir distinct de celui de Dieu[16]. »

Pour parvenir à cet horizon en tout point désirable, il n'est pas d'autre **chemin** que celui d'une « pâque » de notre volonté propre : comme pour le Christ en son mystère pascal, notre volonté doit subir une *mort* pour *renaître* à la vie de Dieu. Notre saint évêque surfe justement sur ce vocabulaire pour justifier une telle exigence :

> « Notre volonté, elle, ne peut jamais mourir, ni notre esprit. Mais il arrive qu'elle outrepasse les limites de sa vie ordinaire, pour vivre tout entière dans la volonté de Dieu. Elle est toute cachée avec Jésus Christ en Dieu. Là, elle vit, non plus elle-même, mais la volonté de Dieu en elle. Que devient la clarté des étoiles lorsque le soleil se lève ? Elle ne périt pas, mais elle est engloutie dans la lumière du soleil, avec laquelle elle se confond[17]. »

Que le lecteur ne se laisse pas effrayer par cette perspective de devoir mourir à sa volonté propre, condition indispensable pour

15. Saint François de Sales, *Œuvres*, *op. cit.*, 6, 244.
16. Saint François de Sales, *Traité de l'amour de Dieu*, *op. cit.*, p. 657-658.
17. *Ibid.*, p. 657.

basculer dans l'abandon à Dieu. L'expérience lui apprendra que ce traitement en forme de « mystère pascal » n'est pas si effrayant que cela ; il se réalise davantage par une succession de petites morts que par une seule mort brutale et violente de la volonté propre. D'ailleurs, si cela peut rassurer, saint François de Sales parle davantage d' « endormissement » progressif de la volonté humaine en celle de Dieu que de mort sanglante : « L'on doit plutôt l'appeler un endormissement qu'une mort, car cette âme qui s'est embarquée dans la nef de la providence de Dieu se laisse aller et vogue doucement, comme une personne qui, dormant dans un vaisseau sur une mer tranquille, ne cesse d'avancer[18]. »

### *Notre volonté propre doit subir une purification en profondeur*

Tant que nous ne permettons pas à Dieu de s'approcher de nous, nous pouvons difficilement nous voir en vérité. Seul l'Esprit Saint est capable de mettre en lumière les profondeurs de notre âme. Seul l'Esprit Saint peut donner de voir la beauté mais aussi la noirceur de notre âme marquée par le péché.

En quoi notre volonté d'aimer s'est-elle laissée défigurer par le péché ? Pécheurs, notre amour n'est plus spontanément abandonné à l'Amour de Dieu, il est malheureusement sélectif, captatif, il se recherche. Une purification est absolument nécessaire, une refonte de cet amour imparfait et égoïste est indispensable pour pouvoir aimer comme Dieu aime : « Les biens, tout le monde les reçoit volontiers, mais recevoir volontiers les maux, cela n'appartient qu'à l'amour parfait. Et l'amour parfait les aime, d'autant plus qu'il ne les aime que pour le respect de la main qui les donne[19]. » Nous sommes persuadés d'aimer en vérité mais, entre sincérité et vérité, il y a parfois un abîme. Souvent, nous n'aimons pas de manière

18. Saint François de Sales, *Œuvres, op. cit.*, 6, 30.
19. Saint François de Sales, *Traité de l'amour de Dieu, op. cit.*, p. 610.

désintéressée, nous « aimons l'amour », selon la formule de saint Augustin. Notre Seigneur, lui, a aimé « jusqu'au bout de l'amour » (cf. Jn 13,1), il n'a pas fait de tri entre le Thabor et le Golgotha, il a voulu tout ce que son Père avait décidé pour lui : « Si c'est vraiment mon Sauveur que j'aime, pourquoi ne l'aimerais-je pas autant sur la montagne du Calvaire que sur la montagne du Thabor, puisqu'il est là aussi bien qu'ici[20] ? » Voilà l'amour parfait. François de Sales fait à nouveau appel à la sagesse des saints pour appuyer son propos : « La bienheureuse Angèle de Foligno dit que c'est une marque assurée de l'amour, "que de vouloir souffrir[21]". » Seuls les amoureux comprennent un tel langage, seuls les amants du Crucifié-Glorifié le saisissent de l'intérieur. Revenons souvent à la sagesse des saints qui n'est rien d'autre que la sagesse de l'Évangile, sans quoi le merveilleux message de l'union de volonté nous restera inacceptable, indéchiffrable. Humblement, mettons à nouveau nos pas dans les empreintes des saints, accueillons toutes les exigences de leur message, même et surtout les aspects qui ne sont guère « vendeurs » de nos jours.

> « Le cœur indifférent sait que la tribulation, bien qu'elle apparaisse bien laide à l'imagination comme Léa était laide à voir, n'en est pas moins fille bien-aimée du bon plaisir de Dieu, comme Léa était fille de Laban. Il l'aime autant que la consolation, c'est-à-dire Rachel, alors que cette dernière est beaucoup plus jolie. Et même, il aime encore plus la tribulation, car il ne voit en elle que la marque de la volonté de Dieu. Si je ne cherche que de l'eau pure, qu'importe qu'elle me soit servie dans un vase d'or ou dans un verre, puisque de toute façon je ne prendrai que l'eau. Mais je la préférerai dans un verre, parce qu'il aura la couleur de l'eau et je verrai mieux l'eau dans un

20. *Ibid.*, p. 694.
21. *Ibid.*, p. 611. Cf. Frère Arnaud, *Vie de la bienheureuse Angèle de Foligno*, Chap. XIX.

verre que dans un vase d'or. Aussi bien, qu'importe que la volonté de Dieu me soit présentée dans la tribulation ou dans les consolations, puisque, en l'une comme en l'autre, je ne cherche rien d'autre que volonté divine. Mais cette volonté de Dieu paraîtra bien plus clairement s'il n'y a pas d'autre beauté en elle que le bon plaisir divin[22]. »

## *Ascèse de la volonté propre*

Jusqu'à présent nous avons essentiellement posé les principes de la purification, de la mort de notre volonté propre, permettant l'emprise de Dieu. Il est bon de proposer quelques pistes concrètes pour que cette mort progressive de la volonté devienne effective.

### Lutter contre les « appétits désordonnés » de notre volonté propre

La grande tradition spirituelle, notamment celle de saint Jean de la Croix, enseigne que l'ascension en Dieu ne peut pas se réaliser sans une lutte active contre ce qu'il appelle les « appétits désordonnés[23] ». Il s'agit de ces envies même spirituelles, ces désirs souvent généreux, qui agitent et entachent notre amour-don, qui paralysent notre volonté. Si la lutte contre ces fameux appétits désordonnés vaut pour toutes les époques, elle s'impose d'autant plus de nos jours, notamment à cause de la frénésie de la consommation et des diverses addictions qu'elle sécrète. Une étude journalistique relativement récente, *L'ère des dépendances*, pointait avec beaucoup de justesse cette faiblesse actuelle : « En cherchant à s'affranchir des carcans traditionnels, l'individu hypermoderne est entré dans la

22. *Ibid.*, p. 618.
23. « Les appétits sont comme des grains de poussière dans l'œil : tant qu'on ne les enlève point, ils empêchent de voir [...]. La mortification des appétits est indispensable au progrès de l'âme », Saint Jean de la Croix, *Œuvres complètes*, « La montée au Carmel », Liv. I, Chap. 8, éd. du Cerf, 1990, p. 608.

multi-dépendance [...]. On n'est plus éduqué à la frustration [...]. Privés de cadre, de grandes valeurs transcendantales, de repères religieux, nous ne sommes plus limités, cadrés comme autrefois [...]. Comment redonner des limites à ce moi goulu[24] ? »

Parler d'ascèse active des envies et des appétits désordonnés n'est pas un combat d'arrière-garde, c'est plutôt une urgence de santé publique, une question d'*écologie intégrale,* pourrait-on dire. Saint François de Sales n'utilise pas, et pour cause, les expressions modernes de pulsion ou d'addiction, mais dans sa formation des âmes, il enseigne la lutte sans merci contre les désirs désordonnés, la chasse aux mouvements empressés.

## Éviter les désirs empressés

Les désirs en question, sur lesquels François demande qu'on porte attention, ce sont bien entendu les pulsions qui portent plus directement au péché, mais notre saint vise aussi et surtout ces désirs qui ont des apparences spirituelles, qui se présentent sous couvert de générosité, de sainteté ou de volonté de bien faire. « Certaines âmes ont déjà progressé dans l'amour divin. Elles n'aiment plus les choses dangereuses, elles ont rompu avec elles. Mais ce que Dieu veut qu'elles aiment, elles l'aiment de manière excessive[25]. »

François donne un exemple d'appétit désordonné sous couvert de piété : « Nous pouvons aimer excessivement [...] nos exercices de piété, auxquels pourtant nous devons être fidèles. [...] On en fait une fin, alors que ce ne sont que des moyens, des chemins pour conduire à la vraie fin qui est l'amour divin[26]. » Saint François de Sales confie avec beaucoup de simplicité avoir été atteint par cette maladie de l'âme. Dans l'un de ses sermons, il glisse : « Serait-ce

24. Sophie Carquain, « Addict attitude : l'ère des dépendances », *Le Figaro*, mercredi 2 novembre 2005, p. 33.
25. Saint François de Sales, *Traité de l'amour de Dieu*, *op. cit.*, p. 691.
26. *Ibid.*, p. 691.

peut-être une multitude de désirs qui fait des obstructions en votre esprit ? J'ai été malade de cette maladie[27]. »

Cette lutte contre les désirs empressés est importante parce que la précipitation enténèbre l'esprit et empêche l'âme de correspondre à la volonté de Dieu. On trouve des paroles pleines de bon sens dans l'*Introduction à la vie dévote* : « Nous devons traiter nos affaires consciencieusement [...]. Autant qu'il est possible, pas d'anxiété, pas d'empressement excessif, car votre raison et votre jugement en seraient troublés[28]. » Une seconde raison doit nous faire fuir la fébrilité, même dans les désirs spirituels : cet empressement finit par gâcher la qualité du travail. « Ceux qui gesticulent, courent, élèvent la voix ne font jamais ni beaucoup, ni bien[29]. » Au final, comme on est obligé de reprendre le travail mal fait à cause de l'empressement, et comme on se surcharge de tensions inutiles à cause de la fébrilité, on s'épuise, on brûle inutilement et anormalement ses forces : « Prenez les affaires comme elles se présentent, l'une après l'autre, paisiblement, méthodiquement ; si vous voulez les traiter tout de suite, et toutes en même temps, vous n'en viendrez pas à bout, et vous vous serez épuisé pour un maigre résultat[30]. »

Selon notre saint, ce dégagement dans les désirs doit tout embrasser, même les empressements les plus légitimes, notamment dans l'acquisition des vertus : « Ne vous empressez point à des vains désirs, et même ne vous empressez pas à ne vous empresser point[31]. »

---

27. Saint François de Sales, *Œuvres*, *op. cit.*, 12, 384-5.
28. Saint François de Sales, *Introduction à la vie dévote*, *op. cit.*, p. 245.
29. *Ibid.*, p. 246.
30. *Ibid.*, p. 246.
31. Saint François de Sales, *Œuvres*, *op. cit.*, 12, 385.

## « Ne rien désirer, ne rien demander »

Notre cher François a tellement cultivé le réflexe de remettre tous ses désirs dans le désir de Dieu que, sur la fin de sa vie, il confie ne plus avoir de désirs propres, sa volonté s'étant enfin « rendue » à Dieu. Ainsi, au terme de son existence, les désirs qui l'habitaient étaient les désirs mêmes de Dieu, imprégnés de la douce puissance propre au Très-Haut :

> « Je veux peu de choses ; ce que je veux, je le veux fort peu ; je n'ai presque point de désirs, mais si je devais renaître je n'en aurais point du tout. [...] Je dis donc qu'il ne faut rien demander ni rien refuser, mais se laisser entre les bras de la Providence divine, sans s'amuser à aucun désir, sinon à vouloir ce que Dieu veut de nous. Saint Paul pratiqua excellemment cet abandonnement à l'instant même de sa conversion. Quand notre Seigneur l'eut aveuglé, il dit : “Seigneur, que vous plaît-il que je fasse ?” et dès lors, il demeura dans l'absolue dépendance de ce que Dieu ordonnait de lui. Toute notre perfection gît dans la pratique de ce point[32]. »

Cette conviction en forme de maxime – « ne rien demander, ne rien refuser » – est un des piliers de la doctrine spirituelle de saint François de Sales. Il y revenait souvent dans ses entretiens avec les sœurs de la Visitation. L'enseignement s'adresse à tous les états de vie :

> « J'ai un extrême désir de graver en vos esprits une maxime qui est d'une utilité sans pareille : Ne demander rien et ne refuser rien. [...] Recevez ce que l'on vous donnera, et ne demandez point ce que l'on ne vous présentera pas ou que l'on ne voudra pas vous donner : en cette pratique

32. *Ibid.*, 6, 383-384.

> vous trouverez la paix pour vos âmes. [...] Je veux dire, si la divine Providence permet qu'il vous arrive des afflictions ou des contradictions, ne les refusez point, mais acceptez-les de bon cœur, amoureusement et tranquillement[33]. »

Les paroles qui suivent permettent de mesurer le merveilleux équilibre de la doctrine de notre saint :

> « Et si la Providence ne vous en envoie point [des difficultés], ou qu'elle ne permette pas qu'il vous en arrive, ne les désirez pas et ne les demandez pas. De même, s'il vous arrive des consolations, recevez-les avec esprit de gratitude et de reconnaissance envers la divine Bonté. Si vous n'en avez pas, ne les désirez pas, mais tâchez de tenir votre cœur préparé pour recevoir les divers événements de la divine Providence[34]. »

### Une ascèse « en différé »

L'accueil dans la foi et l'abandon des événements permis par la divine Providence est une voie royale pour purifier et faire mourir à petit feu notre volonté propre en vue de sa renaissance en Dieu. Dans ce cas de figure, la volonté doit acquiescer au bon vouloir de Dieu ; cette acceptation relève d'une attitude davantage *passive*, au sens noble du terme. Mais, par ailleurs, n'oublions pas l'ascèse plus directement *active*, traitement à appliquer à notre volonté. Si nous écoutons saint Jean de la Croix, une des références en matière de vie ascétique et mystique pour François de Sales, il faut sans hésiter trancher dans le vif : « Toutes les fois qu'une satisfaction s'offre

---

33. *Ibid.*, 6, 92.
34. *Ibid.*, 6, 92-93.

aux sens et qu'il n'y va pas de la gloire et de l'honneur de Dieu, y renoncer et s'en priver pour l'amour de Jésus Christ[35]. »

La perspective peut effrayer, d'autant que la volonté des modernes que nous sommes a été considérablement ramollie par la vie facile et le « tout, tout de suite ». Voilà pourquoi nous proposons une étape intermédiaire qui paraîtra sans doute plus accessible que l'ascèse sans compromis d'un saint Jean de la Croix. On pourrait appeler cette première marche : ascèse « en différé ». De quoi s'agit-il ? Comme les matchs à la télé, diffusés « en différé », on s'appliquera à différer certaines envies ou bons plans. Quand les circonstances le permettent, bien évidemment, on attendra avant d'ouvrir un courrier par exemple. On pourra par ailleurs patienter quelques jours avant de s'offrir telle ou telle chose qui peut attendre. L'idéal serait de formuler, jointe à l'attente, cette prière adressée au Seigneur : « Jésus, j'avais envie de faire telle chose, tel achat, est-ce ta volonté ? Je veux bien attendre pour te laisser la possibilité de me faire voir dans quelle direction ta volonté penche sur ce point particulier. » L'important est de soigner tout particulièrement les envies et les désirs qui me passent par la tête et qui semblent très spirituels et même charitables. En effet, comme cela paraît très « religieux », nous pensons que cela provient forcément de la volonté de Dieu. Ce n'est pas toujours le cas : il peut s'y glisser une intention pas très pure, une recherche de soi-même, du captatif, du compulsif, etc. Même la bonne idée de donner un coup de fil dans l'intention de faire plaisir, de prendre des nouvelles ou de rendre service a besoin d'être passée au « scanner » du Bon Dieu : « Si une œuvre n'est pas de bonne sorte, si elle n'est pas marquée de charité, si l'intention n'est pas sainte, elle ne sera pas agréable à Dieu[36]. »

Ce réflexe de l'ascèse en différé doit être accompli joyeusement et paisiblement, sans scrupule excessif et sans tension intérieure.

---

35. Saint Jean de la Croix, *Œuvres complètes*, « La montée au Carmel », Liv. I, Chap. 13, éd. du Cerf, 1990, p. 625
36. Saint François de Sales, *Traité de l'amour de Dieu*, *op. cit.*, p. 891.

Nous ne regretterons pas ce genre de mortification, car Jésus, voyant notre désir de nous ajuster à sa volonté, y répondra généreusement : « Être juste n'est pas autre chose qu'être parfaitement uni à la volonté de Dieu et y être toujours conforme à travers tous les événements, soit prospères ou adverses[37]. » De plus, notre Seigneur donnera à goûter combien lui livrer notre volonté propre ne la détruit pas ; au contraire, Dieu seul peut l'accomplir et la dilater. La mort de notre volonté propre signe sa renaissance à une vie en Dieu tellement plus fructueuse et enthousiasmante que lorsqu'elle tendait à boucler sur elle-même.

37. Saint François de Sales, *Œuvres*, *op. cit.*, 6, 368.

## CHAPITRE 7

# L'UNION À DIEU PAR LA PRIÈRE

Toute la première partie de cet ouvrage fut consacrée à poser les fondements de l'abandon, à scruter cette attitude intérieure qui consiste à conformer en tout notre volonté à celle de Dieu. Sainte Jeanne de Chantal nous confirme dans cette conviction :

> « C'est l'abrégé et le sommaire de la perfection que la totale dépendance et conformité de notre volonté à celle de Dieu. Toute la doctrine de notre bienheureux Père François de Sales tendait au parfait dénuement de soi-même. J'aime mieux que l'on se tienne simplement attentive à recevoir tout ce qui arrive de la main de Dieu, selon l'ordre que sa Providence présente les choses, plutôt que d'occuper continuellement son attention à choisir ce qui mortifie le plus, parce que notre bienheureux Père faisait ainsi[1]. »

Le lecteur aura certainement remarqué qu'au cours des six premiers chapitres, nous n'en sommes pas restés à la théorie : des pistes très concrètes ont été à chaque fois suggérées. Avec les chapitres qui s'ouvrent maintenant, tout en gardant bien à l'esprit les exigences de l'union de volonté pointées dans la première partie,

1. Sainte Jeanne de Chantal, *Entretien XXXVI.* Père Denys Mezard, *op. cit.*, p. 214.

nous voudrions passer plus directement aux « travaux pratiques ». Commençons par la prière. Si l'abandon consiste à se livrer sans réserve à la volonté du Père céleste, la prière se présente comme un des grands moyens pour pénétrer plus avant dans l'union à Dieu.

## 1 – Entrer dans la louange gratuite

### *L'amour de complaisance*

Saint François de Sales enseigne que notre relation à Dieu peut s'exprimer de deux grandes manières, par l'amour de *complaisance* et de *bienveillance* : « Notre bienveillance envers Dieu est l'attestation et la continuation de la complaisance que nous avons en lui[2]. »

Sans déformer sa pensée, on peut définir ainsi ces deux modes d'aimer :

Par l'amour de bienveillance, on veut **réjouir Dieu.** Dans ce but on désire se sanctifier pour lui rendre amour pour amour : « On dit que saint Augustin en était coutumier [de l'amour de bienveillance], et que, par excès d'amour, il laissait jaillir de son cœur des paroles comme celles-ci : "Seigneur, je suis Augustin, et vous, vous êtes Dieu ; mais si toutefois j'étais Dieu et vous Augustin, je voudrais devenir Augustin afin que vous fussiez Dieu[3]." » Devenir saint pour réjouir et glorifier le Saint !

Par l'amour de complaisance **on se réjouit de Dieu.** « L'âme qui aime de l'amour de complaisance lance perpétuellement ce cri silencieux : il me suffit que Dieu soit Dieu, que sa bonté soit infinie, que sa perfection soit incommensurable ; peu m'importe de

---

2. Saint François de Sales, *Traité de l'amour de Dieu*, éd. du Cerf, *op. cit.*, p. 361.
3. *Ibid.*, p. 363. Voir Ribadeneira, *Vie de saint Augustin*, 1599.

vivre ou de mourir, puisque mon Bien-aimé vit éternellement dans la gloire de sa victoire[4]. »

La louange, cette prière éminemment gratuite et centrée sur Dieu, a toutes les caractéristiques de l'amour de complaisance, si cher à saint François de Sales : « Un religieux demanda un jour à frère Gilles, l'un des premiers et des plus saints compagnons de saint François, ce qu'il pouvait faire pour être plus agréable à Dieu. Et Gilles de lui répondre en chantant : "L'une à l'un, l'une à l'un." Et il expliqua : "Donnez toujours toute votre âme, qui est une, à Dieu seul, qui est un[5]". »

## *Comment la louange favorise-t-elle l'union de volonté ?*

### La louange se réjouit gratuitement de Dieu

Le *Catéchisme* définit ainsi la prière de louange : « Elle est la forme de prière qui reconnaît le plus immédiatement que Dieu est Dieu ! Elle le chante pour lui-même, elle lui rend gloire, au-delà de ce qu'il fait, parce qu'IL EST[6]. » Cette définition met en évidence la note tout à fait particulière de la prière de louange par rapport à l'invocation, à la demande de pardon et surtout vis-à-vis de l'action de grâces. Alors que la prière d'action de grâces remercie Dieu pour un bien reçu, la louange est totalement gratuite et centrée sur Dieu, sur sa gloire, sa beauté, sa miséricorde, son amour infini. La bénédiction ne se préoccupe que de Dieu, indépendamment de ce qu'il fait pour nous et des grâces qu'il nous accorde : « Mais si, ne fixant pas notre attention sur la chose même qui lui plaît (même si nous en avons conscience), nous pouvions plutôt tourner notre attention sur la bonté et sur la douceur de Dieu, le bénissant

4. Saint François de Sales, *Traité de l'amour de Dieu*, *op. cit.*, p. 349.
5. *Ibid.*, p. 365. Voir Salimbene, *Chronique des Frères mineurs*, liv. VII, chap. XX.
6. *Catéchisme de l'Église catholique*, n° 2639.

non pas pour les événements qu'elles ont ordonnés, mais pour elles-mêmes, pour leur excellence, ce serait une attitude meilleure encore[7]. »

## Notre louange est participation à la louange trinitaire

Combien se figurent que la louange est une action, alors que c'est « Quelqu'un » ! À les entendre, la prière de louange ne serait rien d'autre qu'un exercice, une manière de prier, des mots vides qu'on s'invente pour exister ou pour faire face aux difficultés. Nous lisons sous la plume de l'apôtre Paul que la louange est la prière même de Dieu en nous. Louer consiste donc à laisser la louange éternelle de la sainte Trinité s'exprimer en nous : « Nous ne savons que demander pour prier comme il faut, mais l'Esprit lui-même intercède pour nous en des gémissements ineffables » (Rm 8,26). Si seulement les croyants réalisaient le don ineffable que Dieu leur fait avec la louange – il leur donne sa propre prière – ils passeraient leur temps à louer ! « Nous nous exclamons : "Gloire soit au Père, au Fils et au Saint-Esprit", afin de bien montrer que ce n'est pas la gloire provenant de la louange des créatures que nous souhaitons à Dieu, mais l'essentielle et éternelle gloire qu'il possède en lui-même, et qu'il est lui-même[8]. »

## La louange donne Dieu

La louange n'a rien à voir avec la méthode Coué, elle n'est pas de l'ordre de l'autosuggestion qui cherche à se persuader que tout va bien alors que tout va mal. Par mode de parabole, par la louange, on ne cherche pas à se convaincre qu'il fait jour, alors qu'on se trouve dans une pièce où tous les volets des fenêtres sont fermés. La louange, c'est tout simplement ouvrir les volets et laisser passer la lumière dans la pièce. Par la bénédiction, l'âme croit et voit avec

7. Saint François de Sales, *Traité de l'amour de Dieu*, *op. cit*, p. 665.
8. *Ibid.*, p. 390-391.

les yeux de la foi que la lumière de Dieu est toujours là, par-delà l'opacité de certaines situations ; elle confesse que, par-delà les nuages, le soleil brille toujours. Un tel regard confiant ne peut que provoquer Dieu à répandre abondamment dans l'âme ses lumières et ses grâces : « Par cet amour de complaisance, nous jouissons des biens de Dieu comme s'ils étaient à nous ; inversement, les perfections divines étant bien au-dessus de notre esprit, elles entrent en nous et nous possèdent[9]. »

## Tous créés pour louer

Nous avons tous été créés pour louer. « Saint François d'Assise appelait ses religieux des "cigales", en raison de leur habitude de louer Dieu au milieu de la nuit. [...] Ainsi en est-il de l'amoureux de Dieu : les facultés de son âme sont comme autant de tuyaux, par lesquels il chante les louanges du Bien-aimé[10]. » Il est bien dommage de considérer la louange comme une option facultative pour la vie chrétienne, alors qu'elle correspond à l'orientation la plus profonde de notre être de baptisé. L'entraînement à la louange, dès cette terre, nous prépare au mieux à ce qui sera notre occupation éternelle dans l'au-delà : « Ils ne cessent de répéter jour et nuit : Saint, Saint, Saint, Seigneur, Dieu Maître-de-tout, Il était, Il est et Il vient », rapporte saint Jean dans sa vision de l'Apocalypse (Ap 4,8). Saint François de Sales montre par ailleurs comment la louange augmente le désir du ciel : « L'âme amoureuse voit qu'elle ne pourra pas assouvir son désir de louer son Bien-aimé comme elle le souhaite, du moins tant qu'elle vivra au milieu des misères de ce monde[11]. »

Il n'est nullement obligatoire d'entrer dans une assemblée de louange pour s'initier à cette forme de prière qu'est la louange. Elle

9. *Ibid.*, p. 345-346.
10. *Ibid.*, p. 372.
11. Saint François de Sales, *Traité de l'amour de Dieu*, Livre Cinquième, chapitre X.

n'est pas non plus réservée à ceux qui, par tempérament, seraient davantage portés à cette manière de prier. La louange est vraiment un art de vivre qui a été déposé en nous par l'Esprit Saint depuis le jour de notre baptême. À chacun de le mettre en œuvre : « Le Peuple que Dieu s'est acquis, *pour la louange* de sa gloire », précise saint Paul (Ep 1,14). Ainsi, une grand-mère qui prie son chapelet, sans rien demander à Dieu et à la sainte Vierge, qui demande seulement qu'ils soient aimés et glorifiés, peut être davantage ancrée dans la louange, qu'un groupe de prière très démonstratif qui confond louange avec gesticulations et musique assourdissante.

### La louange pacifie

Prenons conscience du pouvoir extrêmement guérissant et pacifiant de la louange : « L'amour de complaisance nous fait doucement reposer dans ce bien qui nous délecte et dont nous nourrissons notre cœur[12]. » Étant donné que la bénédiction centre sur Dieu et décentre la personne d'elle-même, habitée par la louange, l'âme collera beaucoup moins à ses difficultés : « Nous nous réjouissons du plaisir de Dieu infiniment plus que du nôtre[13]. »

### La louange avive le désir missionnaire

Si, comme nous l'avons dit, la prière de bénédiction consiste essentiellement à laisser l'amour trinitaire s'exprimer en nous, la marque d'une authentique louange est qu'elle « brûle ». L'amour de Dieu est en effet un feu dévorant : il est impossible de s'en approcher sans que l'âme en soit réchauffée et même enflammée, et sans que cette même âme désire que le monde entier soit lui aussi embrasé par cette bienfaisante brûlure divine. La louange trinitaire est donc missionnaire en son essence. « Ne pouvant les répandre autant qu'il le souhaiterait, le cœur s'écrie : Oh ! que toutes les

12. Saint François de Sales, *Traité de l'amour de Dieu*, *op. cit.*, p. 339.
13. *Ibid.*, p. 336.

créatures apportent avec moi, à la gloire de leur Créateur, les fleurs de leurs bénédictions, les pommes de leurs actions de grâces, de leurs honneurs et de leurs adorations ! Ce fut cette passion qui poussa tant d'apôtres à prêcher[14]. »

### *La louange dispose à l'union de volonté*

La personne qui prend au sérieux l'appel divin à louer se prépare de loin en loin à l'union de volonté, car la dynamique profonde est finalement la même entre ces deux expressions de la foi. Précisons en quoi. Dieu ne change pas, son « moral » ne connaît pas comme nous des fluctuations, des hauts et des bas : « Jésus Christ est le même hier et aujourd'hui, il le sera à jamais » (He 13,8). Or la caractéristique propre de la louange, avons-nous dit, est qu'elle branche le priant non pas sur les circonstances changeantes du quotidien et sur les inévitables variations du moral qui vont avec, mais la louange le branche sur Dieu lui-même, sa charité, sa joie et sa gloire qui, elles, ne changent pas. « Dieu aura soin de nos affaires et veillera à nous donner ce qu'il y a de meilleur. Sachons bénir Dieu pour tout ce qu'il fera pour nous[15]. » On le voit très clairement, la louange pratiquée est la voie royale qui dispose à l'abandon au bon vouloir de Dieu, tant la disposition intérieure est la même pour les deux.

## 2 – L'exercice de la présence de Dieu

Pour évoquer l'union à Dieu par la prière, il nous a semblé bon tout d'abord d'en poser les fondements : la louange est ce bain dans lequel doit se mouvoir notre relation au Très-Haut. L'oraison, la prière silencieuse, constituera la troisième partie de ce présent chapitre. Entre ces deux expressions de la prière – louange et

14. *Ibid.*, p. 377.
15. *Ibid.*, p. 664.

oraison – nous tenons à mentionner la pratique dite des « oraisons jaculatoires », ces multiples et courts retours à Dieu dans le feu de l'action au cours d'une journée. Saint François de Sales recommande beaucoup cet exercice de la présence de Dieu qu'il appelle « l'extase dans l'action[16] ».

La pratique dite des « oraisons jaculatoires » ne doit pas être considérée comme le parent pauvre de la prière, de la vie spirituelle. Ces coups d'envol vers le ciel au cours de la journée réjouissent beaucoup le cœur de Dieu, comme l'enseigne la grande tradition spirituelle. Ajoutons que, sans ces retours à Dieu, l'oraison silencieuse inscrite à tel moment de la journée, peinera à donner tous ses fruits de grâce et d'union. Par les oraisons jaculatoires, nous répondons à notre vocation de « prier sans cesse » (1Th 5,17). Sainte Jeanne de Chantal recommande « d'être attentive à ne pas être plus d'un quart d'heure sans faire quelque acte d'amour vers la divine Majesté toujours présente, ou quelque autre acte conforme à l'attrait de chacune et selon sa dévotion particulière, pour nous unir à sa Bonté[17]. »

Quel peut être le contenu de ces courtes prières lancées vers Dieu au cours de la journée ? Cela ne viendrait pas à l'esprit de deux amoureux de se croire obligés d'ouvrir un dictionnaire de citations à chaque fois qu'ils éprouvent le besoin de se glisser dans l'oreille des mots de tendresse. Il en est de même pour le cœur aimant du priant : il laisse s'exprimer ce qui jaillit de son cœur, sans être prisonnier de formules toutes faites et bien construites. Saint François de Sales propose de voir les choses de cette manière : « Par exemple "Ah ! Jésus qui me fera la grâce de n'être plus qu'un seul esprit avec vous." Ou encore : "Ô Dieu, vous seul êtes un, vous seul êtes la seule unité nécessaire à mon âme" ; [...] "Ami de mon cœur, unissez l'unicité de mon âme à l'unité de

16. *Ibid.*, p. 498.
17. Sainte Jeanne de Chantal, *Pratiques de la présence de Dieu*. Cf. Père Denys Mezard, *Doctrine spirituelle de sainte Jeanne de Chantal*, *op. cit.*, p. 168.

votre bonté" ; "Vous êtes mien, faites que je sois tout à vous[18]." » Ne compliquons pas les choses, Dieu aime la simplicité et la vérité de ce qui monte de nos cœurs, la prière n'est pas un concours de dissertation. Pour certaines âmes, le seul nom de « Jésus », « Père », « Marie », « maman » suffira à nourrir leur prière.

## 3 – La grâce de l'oraison silencieuse

Venons-en à l'oraison proprement dite. Quelle immense grâce de ressentir le besoin de faire oraison, cette prière silencieuse, ce cœur à cœur avec Dieu ! L'oraison silencieuse et prolongée devrait être le pain de tous les consacrés, qu'ils soient contemplatifs ou actifs. Par ailleurs, c'est une joie de voir de plus en plus de laïcs inscrire l'oraison dans des vies pourtant très occupées. L'oraison pratiquée régulièrement est une des voies royales pour entrer et grandir dans la conformité de volonté et pour goûter la sérénité même de Dieu.

### *Qu'est-ce que faire oraison ?*

Sainte Jeanne de Chantal, reprenant les conseils de François, enseignait à ses sœurs :

> « L'essence de l'oraison mentale, disait notre bienheureux Père, consiste proprement à parler avec Dieu, le louant et bénissant à cause de ce qu'il est, lui parlant comme un enfant à son père, [...] une épouse à son époux, enfin comme à notre fidèle ami, comme une ignorante qui demeure dans un humble silence, ne sachant parler, mendiant à la porte de la cour céleste les trésors divins[19]. »

18. Saint François de Sales, *Traité de l'amour de Dieu*, *op. cit.*, p. 487.
19. Sainte Jeanne de Chantal, *Œuvres*, t. III, p. 263. Cf. Père Denys Mezard, *Doctrine spirituelle de sainte Jeanne de Chantal*, *op. cit.*, p. 189.

## L'oraison, un exercice d'amour

Combien de personnes, qui ne pratiquent pas encore l'oraison, s'imaginent que cet exercice serait trop compliqué pour elles ! Allez donc demander à un couple amoureux si se tenir en présence l'un de l'autre leur est difficile, si le seul fait de se regarder l'un l'autre avec amour leur est compliqué ? Ils vous regarderont avec étonnement pour vous répondre sans attendre : « Vous ne devez pas savoir ce que c'est que d'être amoureux. Quand on aime, la présence à l'autre, c'est facile et comblant ! » Si les fidèles étaient persuadés que l'oraison consiste essentiellement en une « attention amoureuse », qu'elle s'apparente au dialogue silencieux et amoureux du couple, cela leur ôterait tout complexe. « L'oraison, écrit François, n'est pas autre chose qu'une conversation où l'âme s'entretient amoureusement avec Dieu de sa bonté tout aimable, afin de la rejoindre et de s'unir à elle[20]. »

## L'oraison, un exercice pour les savants comme pour les ignorants

Il est bon de lever un autre obstacle à la pratique de l'oraison. Beaucoup de gens pensent qu'elle n'est accessible qu'aux personnes qui ont fait des études de Bible ou de théologie, comme si l'oraison était un exercice essentiellement intellectuel. Non, c'est un exercice d'amour ! Pour décomplexer les gens à propos de l'oraison, saint François de Sales cite ce dialogue entre un des tout premiers disciples de François d'Assise, le frère Gilles, et le grand saint Bonaventure : « Vous les savants vous avez le bonheur de connaître beaucoup de choses pour louer Dieu tandis que nous, pauvres ignorants, ne pouvons le faire. » Et saint Bonaventure lui répondit : « La grâce de pouvoir aimer Dieu suffit, une simple pauvre femme peut autant aimer Dieu qu'un docteur en théologie. » « Alors frère Gilles [...]

20. Saint François de Sales, *Traité de l'amour de Dieu*, *op. cit.*, p. 398.

demeura trois heures en ravissement[21]. » Plus loin, l'auteur du *Traité de l'Amour de Dieu* ajoute : « La science ne s'oppose pas à la vie spirituelle, elle lui est même fort utile ; si elles s'unissent, elles s'entraîneront mutuellement, même si, en raison de notre misère, il arrive que la science nuise à la vie spirituelle, car la science enfle et rend orgueilleux. Or l'orgueil s'oppose à toutes les vertus et ruine la vie spirituelle[22]. »

Les balises essentielles sur le chemin de l'oraison sont posées. Il revient maintenant à chacun d'oser cette expérience du cœur à cœur, d'accorder à Dieu un temps silencieux au cours duquel il apprendra à regarder le Seigneur pour mieux se laisser regarder par lui. Il est impossible de fréquenter Dieu sans que se réalise progressivement une conversion en profondeur. L'oraison, par le contact très intime avec le cœur de Dieu, va progressivement « déplier » notre âme de deux grandes manières : nous allons passer d'un « je sens » à un « je crois » ; d'autre part, nous allons passer d'un « je fais » à un « je me laisse faire ».

### *Passer d'un « je fais » à un « je me laisse faire »*

On devient véritablement chrétien lorsqu'on consent à se laisser prendre par Dieu, à se laisser guider par lui. Pour que se réalise cette conversion, il faudra passer d'un « faire pour Dieu » à un « se laisser faire par Dieu ». À propos de la prière, le langage commun est souvent très révélateur, on dira facilement : « Ça y est, j'ai *fait* mes prières. »

Dans les débuts, on cherchera des méthodes pour « faire » oraison. Il ne faut pas mépriser cette demande mais, avec l'expérience acquise dans la prière, nous voudrons un jour ou l'autre sortir des méthodes pour apprendre à nous laisser faire par Dieu : « La grande méthode de l'oraison, enseigne sainte Jeanne de Chantal, c'est qu'il n'y en a point, quand le Saint-Esprit s'est rendu maître

21. *Ibid.*, p. 412.
22. *Ibid.*, p. 413-414.

de la personne qui médite, il en fait ce qu'il lui plaît, sans qu'il y ait pour cela ni règles ni méthodes. Il faut que l'âme soit entre les mains de Dieu comme l'argile entre les mains du potier[23]. »

Lorsque les conditions sont réunies, l'expérience aidant, c'est l'heure de passer à une oraison dite « de simplicité » ou « de repos ». Dans un courrier d'accompagnement spirituel, saint François de Sales en donne quelques indications : « Vous ne faites rien, me dites-vous, dans l'oraison. Mais qu'est-ce que vous voudriez faire, sinon ce que vous y faites, qui est de présenter et représenter à Dieu votre néant et votre misère. [...] vous demeurez là comme un fantôme et une statue. Eh bien, ce n'est pas peu que cela[24] ! » En son orientation profonde, l'oraison consiste à se faire « capacité » pour que le torrent de la grâce puisse se répandre en nous : « Si, précise Jeanne de Chantal, allant à l'oraison, l'on pouvait être pure capacité pour recevoir l'Esprit de Dieu, cela suffirait pour toute méthode ; l'oraison doit se faire par grâce et non par artifice[25]. »

### Soutenir l'attention amoureuse par de courtes paroles

Lorsque l'esprit est vide, lorsque le cœur est aride, il faut éviter de laisser notre oraison se transformer en divagation des pensées. Dans les oraisons de sécheresse, lorsque les distractions nous submergent, il est bon de soutenir l'attention amoureuse par de courtes paroles. Jeanne de Chantal :

> « Contentez-vous de dire de temps en temps quelques paroles vocales, surtout celle-ci qui est et qui doit être votre unique : "Mon Dieu, je remets mon esprit entre vos mains." Ou bien : "Mon Dieu, mon esprit est entre vos

---

23. Sainte Jeanne de Chantal, *Œuvres*, t. III, p. 263. Cf. Père Denys Mezard, *Doctrine spirituelle de sainte Jeanne de Chantal*, *op. cit.*, p. 197.
24. Saint François de Sales, *Œuvres*, *op. cit.*, 13, 19-20.
25. Sainte Jeanne de Chantal, *Œuvres*, t. III, p. 259. Cf. Père Denys Mezard, *Doctrine spirituelle de sainte Jeanne de Chantal*, *op. cit.*, p. 197.

saintes mains, je ne vois donc plus ce qui s'y passe, mais je vous en laisse le soin, et ne veux plus prendre garde à rien qu'à vous seul[26]." »

**Regarder Jésus et ne plus se regarder**

Dans les oraisons plus difficiles, la fondatrice de la Visitation conseille de se servir de ces courtes paroles dites lentement et amoureusement pour élever notre regard vers le Seigneur, le regarder et se laisser regarder :

> « Demeurez donc en repos et toute paisible entre les bras de ce bon Père céleste, et ne retournez point sur vous pour considérer ce que vous faites, ce que vous sentez, ni ce qui vous arrivera. [...] Regardez Dieu tout simplement et contentez-vous, pour toute science et lumière, de savoir que Dieu soit Dieu[27]. »
> « Pratiquez ce que le Bienheureux nous a dit : "Regardez Dieu et laissez-le faire[28]." »

Dans l'oraison, lorsque notre Seigneur accorde une certaine quiétude, la tentation est grande pour le priant de se complaire dans ce doux repos, de l'analyser, au point de quitter l'attention à Dieu. Certains esprits, écrit saint François de Sales,

> « sont plus tournés vers eux-mêmes, ils aiment à se rendre compte de ce qu'ils font, ils analysent constamment ce qui se passe en eux et veulent savoir où ils en sont. [...]

26. Sainte Jeanne de Chantal, *Œuvres*, t. III, p. 291. Cf. Père Denys Mezard, *Doctrine spirituelle de sainte Jeanne de Chantal*, *op. cit.*, p. 237.
27. Sainte Jeanne de Chantal, *Œuvres*, t. III, p. 294. Cf. Père Denys Mezard, *Doctrine spirituelle de sainte Jeanne de Chantal*, *op. cit.*, p. 238.
28. Sainte Jeanne de Chantal, *Œuvres*, t. III, p. 291. Cf. Père Denys Mezard, *Doctrine spirituelle de sainte Jeanne de Chantal*, *op. cit.*, p. 237.

> Au lieu d'occuper paisiblement leur volonté à sentir la douceur de la présence de Dieu, ils emploient leur intelligence à discourir sur les sentiments qu'ils éprouvent. Comme une épouse qui passerait son temps à regarder la bague de son mariage sans voir l'époux qui la lui a donnée[29] ».

L'important est de savoir goûter la paix qui nous est offerte dans l'oraison, mais sans que la consolation nous distraie ou nous écarte de la pensée de Dieu : « L'âme à qui Dieu donne l'oraison de quiétude doit s'abstenir, autant qu'elle peut, de se regarder elle-même, et d'examiner son repos. Ce repos, si elle veut le garder, elle ne doit pas le regarder[30]. »

### *Passer d'un « je sens » à un « je crois »*

La prière est un lieu privilégié de la purification du sensible, de la purification de l'amour : « Il y a une grande différence entre se complaire dans le Dieu qui nous donne du contentement et se complaire dans le contentement que Dieu nous donne », dit saint François de Sales[31].

### **Prier n'est pas d'abord « sentir » mais « vouloir » aimer et se laisser aimer**

Beaucoup s'imaginent à tort que prier, c'est forcément ressentir des choses, expérimenter sensiblement l'amour et la joie de Dieu. Ainsi, dans leur prière, ils sont sans arrêt à la recherche de « douceurs » de la part du bon Dieu. Et lorsque ces consolations ne sont pas au rendez-vous, ils en concluent qu'ils ne sont pas faits pour la prière prolongée ou que Dieu s'est éloigné d'eux, ou qu'il les

29. Saint François de Sales, *Traité de l'amour de Dieu*, *op. cit.*, p. 439-440.
30. *Ibid.*, p. 440.
31. *Ibid.*, p. 440.

punit. Sainte Jeanne de Chantal voudrait les rassurer : « Il ne faut jamais s'étonner, si nous n'avons pas de sentiments en l'oraison, car ce n'est pas ce que Dieu demande de nous, mais plutôt que nous soyons douces, tranquilles et humbles[32]. »

L'oraison ne consiste pas en une séance de frissons spirituels, mais essentiellement en la volonté d'être à Dieu, d'être présent à sa présence. Si le Très-Haut nous accorde quelques douceurs, ne les boudons pas ; il faut les goûter, mais sans que cela nous détourne du Bien-aimé : « La volonté reçoit cette impression sans sentir qu'elle la reçoit, elle en jouit insensiblement, parce qu'elle ne pense pas du tout à soi, mais à Celui dont la présence lui donne un tel plaisir. Pour ainsi dire, l'âme ne se dédouble pas pour se regarder jouir de la présence du Bien-aimé[33]. » Avec la pratique de l'oraison, notre amour se purifiera. Nous chercherons moins à sentir Dieu, à le capter, nous serons davantage enracinés dans la foi, nous aimerons Dieu pour lui-même, indépendamment de ses dons : « Nous nous arrêtons trop aux sentiments et ne vivons pas assez selon l'Esprit et la foi », constate Jeanne de Chantal[34].

## Que faire dans la désolation intérieure ?

La prière est vraiment un acte de foi. À l'instant même où nous nous mettons en prière, il est bon de l'ouvrir par un acte de confiance et de remise de soi :

> « Je crois, Seigneur, qu'il n'y a pas une seule seconde de ma prière où ton amour pour moi sera absent. Alors d'emblée je te dis oui à ce temps de prière, qui sera comme tu l'entends et non pas comme je le veux. Si tu veux me

---

32. Sainte Jeanne de Chantal, *Entretiens XXXIII.* Cf. Père Denys Mezard, *Doctrine spirituelle de sainte Jeanne de Chantal*, *op. cit.*, p. 205.
33. Saint François de Sales, *Traité de l'amour de Dieu*, *op. cit.*, p. 432.
34. Sainte Jeanne de Chantal, *Entretiens XXXVI.* Cf. Père Denys Mezard, *Doctrine spirituelle de sainte Jeanne de Chantal*, *op. cit.*, p. 212.

> gratifier de quelques consolations, je les goûterai avec action de grâces sans me détourner de ton divin cœur. Si tu me demandes d'accueillir la sécheresse et l'ennui au cours de cette oraison, je l'accepterai en m'abandonnant à ta sainte volonté. »

Celui qui veut grandir spirituellement par l'oraison doit être convaincu que les sécheresses et autres désolations feront partie du voyage. Cette acceptation faite, l'âme sera davantage disposée à recevoir les sublimes leçons de l'amour divin. Au lieu de fuir les désolations, de les considérer comme une punition, le priant les envisagera au contraire comme une *grâce* et un *honneur.*

**Un honneur.** Dieu, en effet, ne donne ces nourritures amères qu'à ses intimes, connaissant leur désir de se conformer à son bon vouloir. Le priant entrevoit que les oraisons désertiques manifestent la haute considération que Dieu se fait de son âme : « Les souffrances intérieures que Dieu vous fait sentir sont des récompenses de vos travaux passés, et non pas des punitions[35]. »

**Une grâce.** L'âme d'oraison n'est pas épargnée par la peine intérieure, elle souffre comme tout le monde aux heures de désolation. Mais, dans la foi, elle sait que Dieu utilise ce traitement particulier pour la purifier et l'élever en perfection. Sainte Jeanne de Chantal parle d'expérience : « Dieu, par cette voie de désolation intérieure, veut conduire votre âme à un plus grand et plus élevé degré de perfection, et surtout à un parfait dénuement de toutes sortes de satisfactions, afin que vous ne preniez plus de contentement qu'en Dieu seul et non en ses dons[36]. »

---

35. Sainte Jeanne de Chantal, *Œuvres,* t. III, p. 291. Cf. Père Denys Mezard, *Doctrine spirituelle de sainte Jeanne de Chantal, op. cit.*, p. 236.
36. Sainte Jeanne de Chantal, *Œuvres,* t. III, p. 291. Cf. Père Denys Mezard, *Doctrine spirituelle de sainte Jeanne de Chantal, op. cit.*, p. 236-237.

## L'oraison favorise l'union de volonté

L'oraison pratiquée amoureusement et régulièrement favorise beaucoup l'union de volonté. Tout d'abord, enseigne sainte Jeanne de Chantal, la prière prolongée, avec son lot de sécheresse et de désolation, conduit rapidement à l'humilité et à l'oubli de soi : « Pour faire une bonne oraison, il faut s'oublier soi-même et se perdre pour Dieu [...] Il n'y a aucun état où Dieu prenne plus plaisir de nous voir que dans celui de l'humiliation. Ce n'est pas assez d'être petit devant Dieu, il faut y être rien ; c'est là le fondement sur quoi il édifie, car il se plaît à travailler sur le néant[37]. » Ce dégonflement progressif du moi dispose logiquement à une conformité plus grande au bon vouloir de Dieu : « Ainsi, écrit François de Sales, arrive-t-il que nous ne tirions aucune consolation de ce que nous faisons pour l'amour de Dieu. [...] c'est le moment ou jamais de témoigner au Sauveur de notre indéfectible fidélité. Nous voulons le servir uniquement pour l'amour de sa volonté[38]. » Ayant renoncé aux consolations, l'âme est mûre pour s'installer dans la consolation des consolations qu'est l'abandon serein entre les mains de Dieu : « C'est une grande consolation de s'abandonner totalement à Dieu et de savoir qu'il voit et pénètre le plus intime de nos cœurs », conclut Jeanne de Chantal[39].

---

37. Sainte Jeanne de Chantal, *Œuvres,* t. III, p. 262-266. Cf. Père Denys Mezard, *Doctrine spirituelle de sainte Jeanne de Chantal, op. cit.*, p. 202-203.
38. Saint François de Sales, *Traité de l'amour de Dieu, op. cit.*, p. 650-651.
39. Sainte Jeanne de Chantal, *Entretiens XXXVI.* Cf. Père Denys Mezard, *Doctrine spirituelle de sainte Jeanne de Chantal, op. cit.*, p. 213.

## CHAPITRE 8

# VIVRE « À PARTIR DE » L'ESPRIT

Seul Dieu donne Dieu, seule la grâce d'en haut nous permet de vivre en grâce avec Dieu. Par nous-mêmes, nous sommes totalement impuissants à produire du divin : « Hors de moi vous ne pouvez rien faire », prévient Jésus (Jn 15,5). Cela amène logiquement sainte Jeanne de Chantal à poser ce fondement de la vie spirituelle : « Lorsqu'il se présentera quelque occasion de faire quelque bien surnaturel et pratiquer quelque vertu, il faut reconnaître notre impuissance et que nous ne pouvons rien de nous-mêmes, de sorte qu'il ne faut rien attendre de nous, mais, oui, de Dieu et de sa grâce[1]. » La conclusion s'impose : à strictement parler, on ne peut être chrétien qu'à partir du Christ, en se recevant de la grâce de son Esprit. En dehors de ce branchement, on peut mener une vie très « morale », parfaitement en règle et imprégnée de « valeurs » : cette existence n'en sera pas pour autant chrétienne au sens profond donné par Jésus. Il est bien difficile de vivre *au nom du* Christ sans d'abord vivre *du* Christ. Tout nous vient de la grâce, sans elle « notre vie tombe en ruines », comme dit une oraison de la messe. François de Sales fait appel au témoignage de saint François d'Assise afin de justifier cette nécessité de la grâce de Dieu :

1. Sainte Jeanne DE CHANTAL, *Entretiens I.* Cf. Père Denys MEZARD, *Doctrine spirituelle de sainte Jeanne de Chantal*, *op. cit.*, p. 327.

> « Le saint frère Ruffin avait reçu une vision de la gloire qui attendait saint François en raison de son humilité. Il lui posa alors cette question : “Mon cher Père, je vous supplie de me dire en vérité quelle opinion vous avez de vous-même.” Et le saint répondit : “En toute vérité, je me tiens pour le plus grand pécheur du monde, et celui qui sert le moins Notre Seigneur.” “Mais, répliqua frère Ruffin, comment pouvez-vous dire cela en toute sincérité, puisqu'on en voit tant qui commettent des péchés, que vous, grâce à Dieu, vous ne commettez pas ?” À quoi François répondit : “Si Dieu avait favorisé ceux dont vous me parlez de la même miséricorde que moi, je suis certain que, si méchants qu'ils soient devenus, ils seraient bien plus reconnaissants que je ne le suis, et le serviraient bien mieux que je ne le fais. Si Dieu m'abandonnait, je commettrais plus de méchancetés qu'aucun autre[2].” »

La vie dans la grâce de l'Esprit ne peut donc pas être un à-côté, une option facultative pour le baptisé. Vivre *à partir de* l'Esprit devrait être le style de vie adopté par tous les fidèles du Christ. Pour mener au mieux cette vie en Dieu, la personne se rendra attentive aux motions intérieures que l'Esprit lui inspire. Les similitudes entre la vie dans l'Esprit et l'union de volonté sautent aux yeux. La charte de la vie chrétienne, énoncée par saint Paul, est la même qui préside à la vie dans l'Esprit et à l'union de volonté : « Ne vous modelez pas sur le monde présent, mais que le renouvellement de votre jugement vous transforme et vous fasse discerner quelle est la volonté de Dieu, ce qui est bon, ce qui lui plaît, ce qui est parfait » (Rm 12,2). Nous allons esquisser quelques pistes pour se laisser *guider* par l'Esprit, mais aussi pour se laisser *agir* dans l'Esprit, ceci afin de faciliter toujours plus notre conformité à celle de Dieu.

---

2. Saint François de Sales, *Traité de l'amour de Dieu*, *op. cit.*, p. 165. Voir Salimbene, *Chronique des Frères mineurs*, liv. I, chap. LXVIII.

## 1 – « Laissez-vous *guider* par l'Esprit » (cf. Ga 5,16)

### *Vivre dans l'Esprit les moyens surnaturels*

Nous allons parler de la grâce. Il est bon de rappeler, comme nous l'avons fait dès le premier chapitre, les signes et les moyens mis à notre disposition par le Christ pour nous permettre de glisser dans son divin abandon : l'Église, les sacrements, la parole de Dieu, la prière, la Vierge Marie, etc. En ce qui concerne plus précisément les sacrements, ceux-ci donnent réellement la grâce car c'est bien Dieu qui en prend l'initiative. Il n'en demeure pas moins que la fécondité des sacrements est dépendante des dispositions de l'âme qui les reçoit. Saint François de Sales enseigne qu' « une seule communion est capable et suffisante pour nous rendre saints et parfaits », mais il s'empresse d'ajouter : « La cause selon laquelle nous ne recevons pas la grâce de la sanctification provient de ce que nous ne laissons pas régner Notre Seigneur en nous comme sa bonté le désire[3]. » Oui, les sacrements sont des signes *certains* de la grâce divine, mais pour qu'ils délivrent *certainement* leur fécondité, il importe que le pratiquant vive le plus possible dans la seigneurie de l'Esprit, au moment des sacrements bien évidemment, mais aussi, ne l'oublions pas, en dehors des sacrements.

### *Petit « manuel » de la vie dans l'Esprit*

#### Se mettre à l'écoute de l'Esprit

Ils pourraient être beaucoup plus nombreux, même parmi les consacrés, à prendre au sérieux la vie dans l'Esprit. Beaucoup, en effet, considèrent qu'une vie sous la conduite du Saint-Esprit est réservée à une élite mais ne peut pas être le lot du chrétien ou du curé de base. Ce n'est pourtant pas ainsi que le grand saint Paul forme les premiers chrétiens : « Laissez-vous mener par l'Esprit », leur

3. Saint François de Sales, *Œuvres*, *op. cit.*, 6, 340-341.

lance-t-il (Ga 5,16). Saint François de Sales n'hésite pas à mettre ses pas dans ceux de saint Paul. Il ne considère pas la vie dans l'Esprit comme un luxe pour enfants sages, mais comme le fondement de toute vie baptismale. Dans l'*Introduction à la vie dévote*, il recommande de se rendre attentif aux inspirations intérieures : « Nous appelons inspirations tous les attraits, les mouvements, les sentiments de contrition, les lumières, les connaissances que Dieu fait naître en nous[4]. »

Les inspirations que l'Esprit suggère sont d'une extrême délicatesse, elles ne s'imposent jamais de force à la liberté humaine : « Les inspirations se font sentir “en nous, sans nous” ; elles ne sauraient, sans nous, nous contraindre à y consentir[5]. » Cette extrême subtilité de l'Esprit fait que les motions intérieures du Saint-Esprit paraîtront imperceptibles à l'oreille mal dégrossie : « Ordinairement, la miséricorde convertit les âmes avec beaucoup de délicatesse, si doucement que l'action de Dieu est presque imperceptible[6]. » Les touches de l'Esprit sont si subtiles et si discrètes, que la personne qui ne cultivera pas un certain silence dans sa vie ou qui accordera peu de temps et d'intérêt à la prière personnelle, pourra difficilement entendre la voix de l'Esprit.

## Commencer petitement dans de petites choses

En ce qui concerne la vie dans l'Esprit, nous aimerions tellement entrer directement dans la cour des grands, être d'emblée confrontés à des choses extraordinaires. Non, c'est par la petite porte qu'on entre à l'école de l'Esprit… *petitement*, et à travers de *petites choses* !

C'est souvent à travers les **petites choses** du quotidien que l'Esprit nous initiera à la disponibilité intérieure. Portons donc une

4. Saint François de Sales, *Introduction à la vie dévote*, *op. cit.*, p. 179.
5. Saint François de Sales, *Traité de l'amour de Dieu*, *op. cit.*, p. 171.
6. *Ibid.*, p. 167-168.

attention particulière aux détails matériels, aux tâches ordinaires, aux imprévus, et demandons les lumières de l'Esprit pour vivre au mieux ces aléas qui font la trame de notre quotidien.

Des petites choses et… **petitement.** Nous avons une telle propension à mettre la main sur Dieu, à nous approprier ses grâces, qu'il est très important de rester humbles et petits à l'école de l'Esprit. De toute manière, lorsque nous sortons de cette humble dépendance, l'Esprit saura nous remettre sur les rails, dans l'orbite de son écoute. La modestie et la disponibilité obéissante sont les meilleurs remparts contre les tromperies du mauvais esprit : « Si nous sommes humbles et obéissants, il ne permettra pas que nous soyons trompés[7]. »

### Couper court aux pensées toxiques

Pour favoriser cette écoute intérieure des motions de l'Esprit, nous devrons être tout particulièrement attentifs au flux des pensées qui traversent notre esprit.

Commençons par repousser ce qu'on appelle communément les « mauvaises pensées » : pensées de colère, de vengeance, de frivolité, de jalousie… Dans l'*Introduction à la vie dévote*, François de Sales écrit :

> « Ces petites tentations d'emportement, de soupçon, de jalousie, d'envie, d'infidélité de cœur, de frivolité, de vanité, de faux-semblant, de coquetterie, de mauvaises pensées, […] Viendraient-elles vous piquer, et s'arrêter quelque peu dans votre cœur, ne les combattez pas, ne leur répondez pas, mais, simplement, ôtez-les de là, en protestant intérieurement du contraire et spécialement de

7. *Ibid.*, p. 582.

> votre amour pour Dieu. […] Dirigez plutôt votre cœur vers Jésus Christ[8]. »

Ces « mauvaises pensées » sont finalement assez faciles à repérer et à rejeter, car elles sont tapageuses, elles suscitent en nous un certain trouble.

La tradition spirituelle conseille par ailleurs de pratiquer la garde du cœur vis-à-vis de pensées qui paraissent inoffensives du fait qu'elles ne portent pas directement au péché. Quelques exemples : des soucis qu'on ressasse jusqu'à l'obsession; des scénarios qu'on cultive à l'avance pour faire face à une rencontre appréhendée; des projets matériels ou pastoraux auxquels on est cramponné avec excès; un texte à écrire qu'on retourne et retourne à l'avance dans son esprit; des piqûres d'épingles de la part du prochain qu'on se remémore jusqu'à ce que cela nous exaspère. Si nous n'apprenons pas à couper court à ces pensées apparemment « normales » – pour un apôtre, avoir des projets pastoraux en tête n'est-ce pas une bonne chose? –, elles finiront par nous envahir et l'Esprit Saint aura de la peine à se frayer un chemin pour nous parler. Si nous n'y prenons pas garde, le cinéma de ces pensées foisonnantes a toutes les chances de nous enfermer sur nous-mêmes : en effet, plus le souci nous submerge, plus nous cherchons par nous-mêmes et avec tension une solution pour le maîtriser. Malheureusement, en fonctionnant ainsi, nous sortons peu à peu de la confiance en la puissance de l'Esprit à notre égard, nous cherchons à nous débrouiller tout seuls.

Au sujet de ce flot continu des pensées qui absorbent l'esprit, il arrive que les gens confient avec simplicité : « Mais mon père, j'ai toujours fonctionné ainsi, je ne vois pas comment je pourrais changer », ou : « Je me sens absolument incapable d'arrêter ce flot de soucis quand ça me prend! » J'entends très bien la souffrance. Mais justement, j'insiste : la garde du cœur, le couper-court au flux

8. Saint François de Sales, *Introduction à la vie dévote*, *op. cit.*, p. 418-419.

des pensées… ça s'apprend ! Correspondance de François de Sales à une dame du monde :

> « Je ne puis penser que vous pouvez admettre ces démesurées tristesses dans votre cœur, étant fille de Dieu remise il y a longtemps dans le sein de sa miséricorde et consacrée à son amour. Vous devez vous soulager vous-même, méprisant toutes ces suggestions tristes et mélancoliques que l'ennemi nous fait avec le seul dessein de nous lasser et tracasser[9]. »

Nous le disions plus haut, l'amour de Dieu a ses lois : il n'intervient qu'à la mesure de notre confiance en son action. Cela est très manifeste dans les guérisons relatées par les Évangiles. À deux aveugles qui supplient Jésus de les guérir, il demande : « "Croyez-vous que je puisse faire cela ?" "Oui, Seigneur", lui disent-ils. Alors il leur toucha les yeux en disant : "Qu'il vous advienne selon votre foi" » (Mt 9,28-29). Notre couper-court aux pensées toxiques ne relève pas seulement de la vertu ou de l'ascèse, il relève de la foi en l'influence réelle de Dieu à notre endroit. En coupant court à tel ou tel souci, je fais le choix de m'en décharger et de le jeter dans le cœur de Dieu : « De toute votre inquiétude, déchargez-vous sur lui, car il a soin de vous » (1P 5,7). Délesté, je me dispose à l'action de l'Esprit qui agira soit directement dans l'événement, soit indirectement par des causes secondes. Lorsque je ne m'applique pas à stopper les pensées toxiques, je contrains Dieu à rester au seuil de mon cœur. À l'inverse, lorsque je pratique la garde des pensées, je permets à l'Esprit de prendre en charge ma vie et d'agir comme il l'entend. Saint François de Sales exhortait ainsi sainte Jeanne de Chantal : « Notre Seigneur veut vous dépouiller de toutes choses afin que lui seul vous soit toutes choses[10]. » De son côté, elle lui confiait : « Il me semble que je ne dois plus rien

9. Saint François de Sales, *Œuvres*, *op. cit.*, 18, 417.
10. *Ibid.*, 29, 166.

penser, désirer, ni prétendre que ce que Notre Seigneur me fera penser, aimer et vouloir[11]. »

Cette garde du cœur, si elle nécessite une certaine application, doit éviter par ailleurs le perfectionnisme ou la tension. « Moquez-vous, je vous en prie, écrit François à une correspondante, de toutes ces menues pensées de vaine gloire qui se viennent présenter à votre âme parmi vos bonnes actions [...]. Ne vous amusez donc point à examiner si vous avez consenti ou non ; mais, tout simplement, continuez vos œuvres comme si cela ne vous regardait nullement[12]. » En tout, même dans ce combat, c'est l'amour qui doit être la règle : « Je dis qu'il faut faire ces rejets par amour et non pour la nécessité du combat[13]. » Dans les débuts de la pratique du couper-court, parmi le flot des pensées d'inquiétude ou de projets, nous ne ferons peut-être pas le plein de victoires. Ce n'est pas grave, avançons humblement, cela ne peut être qu'un apprentissage : de petites victoires en petites victoires, nous finirons par coloniser toujours plus de terrain, nous serons moins esclaves de nos soucis, nous deviendrons peu à peu le « patron » en notre intérieur. L'horizon dégagé, notre demeure intérieure sera moins ouverte à tous vents, il sera alors plus facile pour l'Esprit de s'inviter chez nous et d'y exercer sa divine emprise : « Ô que nous serions heureux si nous faisions tout pour notre aimable colombe qui est le Saint-Esprit. Il prendrait soin de nous ; et à mesure que notre confiance par laquelle nous nous reposerions en sa Providence serait plus grande, plus aussi son soin s'étendrait sur toutes nos nécessités[14]. »

---

11. Annecy 15-16 mai 1616, Œuvres t. XVII, p. 213. Cité par Mgr Trochu, *Saint François de Sales*, Tome II, *L'épiscopat*, *op. cit.*, p. 587.
12. Saint François de Sales, *Œuvres*, *op. cit.*, 14, 85.
13. *Ibid.*, 19, 124.
14. *Ibid.*, 6, 105.

## Obéissance docile à l'Esprit

Sainte Jeanne de Chantal eut des paroles élogieuses à propos de la vie intérieure de son bien-aimé père François de Sales : « Oh, qu'il était entièrement vide de lui-même ! C'est pourquoi il a été pleinement rempli de l'Esprit divin. Quel abandon et quelle entière dépendance de la volonté divine et du bon plaisir éternel ! Avec quelle souplesse, humilité et douceur s'est-il toujours laissé conduire et manier, au gré de ce grand Dieu, sans aucune résistance[15]. »

En ce qui nous concerne, un très grand pas est franchi lorsque nous nous décidons à *écouter* l'Esprit ; se contenter de *l'entendre* serait bien insuffisant. Pour que l'inspiration de l'Esprit prenne corps dans notre vie, il faut que cette écoute amoureuse aille jusqu'à l'obéissance effective à ce qui semble être sa volonté :

> « Il ne sert à rien de sentir l'inspiration, si nous n'y consentons pas. [...] Ainsi quand Dieu nous inspire puissamment d'entrer dans son saint amour, si notre consentement n'est pas à la mesure de l'inspiration, elle ne nous profitera que partiellement. [...] Nous ressemblons à ces personnages de l'Évangile que notre Seigneur appelait à lui : l'un voulut d'abord aller ensevelir son père ; l'autre, prendre congé des siens[16]. »

### *Quelques conseils pour discerner les inspirations de l'Esprit*

Comment savoir si telle inspiration qui nous passe par la tête vient du *Saint-Esprit*, de notre propre *esprit* ou bien encore du

15. Sainte Jeanne de Chantal, *Exhortation XII pour la fête de la Pentecôte.* Cf. Père Denys Mezard, *Doctrine spirituelle de sainte Jeanne de Chantal*, *op. cit.*, p. 169.
16. Saint François de Sales, *Traité de l'amour de Dieu*, *op. cit.*, p. 164.

*mauvais esprit*? C'est la question importante du discernement des esprits.

En ce qui concerne le discernement des esprits, l'Écriture et les maîtres spirituels énoncent un certain nombre de critères qui permettent de reconnaître le bon Esprit du mauvais esprit. En quelques mots, saint François de Sales les récapitule : « Les marques les plus assurées des inspirations légitimes sont : la persévérance au contraire de l'inconstance et de la légèreté ; la paix et la douceur du cœur, au contraire de l'inquiétude et de l'agitation ; l'humilité et l'obéissance, au contraire de l'opiniâtreté et de l'extravagance[17]. »

Seule la pratique humble et assidue de la fidélité au Saint-Esprit permet de progresser dans le discernement. On n'apprend pas à discerner par « procuration » : certes de bons livres et le père spirituel sont bienvenus pour progresser dans cette voie, mais jamais un livre sur le discernement, si bon soit-il, ne pourra discerner à ma place. C'est moi, et personne d'autre à ma place, qui peux me décider à vivre en dépendance de l'Esprit, et c'est dans ma vie, à partir de mon cœur profond, que je vais apprendre à discerner la voix de Dieu.

> « Quand il s'agit de choses conséquentes, restons humbles, et n'allons pas imaginer que nous découvrirons la volonté de Dieu à force d'examens et de subtiles analyses. Mais, après avoir demandé au Saint-Esprit de nous éclairer, avoir réfléchi à ce qui serait le bon plaisir de Dieu, avoir pris le conseil de notre directeur spirituel, et, s'il y a lieu, de deux ou trois personnes spirituelles, décidons-nous au nom de Dieu. La décision prise, ne revenons pas sur notre choix, mais, avec foi, approfondissons-le dans la paix et la constance[18]. »

---

17. *Ibid.*, p. 596.
18. *Ibid.*, p. 599.

### *La vie dans l'Esprit source de plénitude*

Soyons convaincus de cette vérité : le bonheur profond d'un prêtre, d'une religieuse ou même d'un fidèle laïc ne provient pas de ce qu'il *fait* mais de ce qu'il *est*. Notre être profond a ses racines en Dieu, notre cité intérieure se trouve dans les cieux. Ainsi, plus un disciple du Christ grandit dans la disponibilité à l'Esprit, plus il goûte la plénitude à laquelle il aspire, dans les moments de joie bien sûr, mais aussi lorsque se présentent les difficultés. En ce qui concerne les prêtres, il est bon de s'enquérir de leur *santé*, surtout en ces temps où leur statut est mis à rude épreuve de tous côtés, mais ne serait-il pas plus important de se soucier d'abord de leur *sainteté*, de leur vie dans l'Esprit ? En effet, seul ce socle profond permet une vie équilibrée, seule la vie en Dieu donne accès au bonheur en plénitude. Saint François n'a aucune peine à rappeler cette vérité fondamentale, il en vivait : « Qu'ils sont heureux ceux qui tiennent leur cœur ouvert aux saintes inspirations ! Jamais elles ne nous font défaut. Elles sont toujours données lorsque nous en avons besoin pour vivre saintement dans la condition qui est la nôtre[19]. »

## 2 – « Laissez-vous *agir* par l'Esprit » (cf. Ga 5,25)

Commentant un passage de l'épître aux Romains au chapitre 8, saint Thomas d'Aquin écrit : « Ceux-là sont régis par un guide et un directeur, le Saint-Esprit, qui les *éclaire* intérieurement sur ce qu'ils doivent faire et qui *meut* leurs cœurs[20]. » Saint François de Sales, en bon thomiste, abonde dans ce sens : « L'inspiration *éclaire* notre intelligence, réveille et *meut* notre volonté, lui donne la *force* de vouloir et d'accomplir tout ce qui regarde notre salut éternel[21]. »

---

19. *Ibid.*, p. 581.

20. Saint Thomas d'Aquin, *In Ep. ad Rom.*, 8, lec. 1., *In Ep. ad Rom.*, 8, lec. 1.

21. Saint François de Sales, *Traité de l'amour de Dieu*, *op. cit.*, p. 579.

Bonne nouvelle, l'Esprit Saint ne se contente pas d'indiquer la route, il livre le carburant ! Aux inspirations, l'Esprit joint la grâce d'y répondre et la force de les réaliser. Décidément, tout est grâce. Alors que la première partie de ce chapitre portait davantage sur les inspirations intérieures – apprendre à se laisser *guider* par l'Esprit –, ce second volet est davantage une invitation à se laisser *agir* par l'Esprit.

### *Cherchons-nous « Dieu » ou les « œuvres pour Dieu » ?*

Pour se laisser agir par Dieu, la première condition est d'être au clair avec soi-même et avec Dieu. Une simple question que chacun peut se poser : « En vérité, puis-je dire que, dans ce que j'entreprends, je cherche d'abord et essentiellement Dieu ? Mes œuvres pour Dieu ne prennent-elles pas le pas sur Dieu lui-même ? » Dans les premiers pas de la vie consacrée ou apostolique, dans les débuts de la vie baptismale, on se présente à Jésus le cœur rempli de générosité et d'une noble envie d'œuvrer pour sa gloire. Mais souvent, sans même nous en rendre compte tellement la générosité nous aveugle, on se concocte dans la tête un plan idéal de sainteté avec de merveilleux projets apostoliques. Tout ceci est bon car cela manifeste le don appliqué de nous-mêmes, mais il peut s'y glisser du moins bon. En effet, à y regarder de plus près, ces belles entreprises apostoliques ne sont peut-être que « MES petits plans humains au service de Dieu », mais pas encore « SES plans divins au service du monde ».

Que ce soit dans la vie familiale et conjugale ou dans la vie apostolique pour un prêtre ou bien encore pour une religieuse, une question est décisive : « Comment se rendre compte des intentions profondes qui motivent l'arrière-fond de mes œuvres ? » « Dans tout ce que j'entreprends au nom de Dieu, comment savoir si ce sont d'abord mes œuvres que je recherche plutôt que ses œuvres à lui ? » Si nous avons vraiment le désir de servir Dieu, il permettra un jour ou l'autre que nous soyons confrontés à une *opération-vérité* permettant d'être au clair avec ces interrogations. Cette mise à plat se fera à l'occasion d'un échec cuisant, de critiques sévères, d'un changement de poste, d'une mission qui nous dépasse ou ne va pas spontanément dans le sens de nos goûts, d'un sentiment d'impuissance, d'un problème de santé, d'un accablement qui semble durer, etc. En nous mettant par terre, ces expériences pénibles mettent aussi par terre nos intentions profondes et, du même coup, elles les mettent à plat en toute clarté. Le critère de discernement est en fait assez simple : si nous sommes incapables d'accueillir avec une certaine paix l'échec ou la contradiction que Dieu a permis, c'est le signe évident que nous cherchions davantage les œuvres pour Dieu plutôt que Dieu lui-même. Cette opération-vérité est loin d'être confortable, j'en conviens. Un certain nombre n'y résisteront pas ou ne supporteront pas cette leçon divine souvent décapante. Mais celui qui sait demeurer souple et consent à se laisser faire et enseigner par l'échec et l'épreuve, quelle qu'en soit la forme, après coup, il y reconnaîtra la plus grande chance de sa vie. Il confessera même que, sans cette opération-vérité, ce genou à terre, il ne serait jamais devenu véritablement « chrétien » : littéralement « du Christ » et non pas « pour le Christ ».

Pour emporter notre adhésion à cette grande et salutaire vérité, l'évêque de Genève puise dans le trésor de la vie des saints. « Saint François d'Assise se rendit en Égypte dans le dessein de convertir les infidèles, ou d'y mourir martyr. C'était la volonté de Dieu qu'il partît. Il revint sans avoir fait ni l'un ni l'autre. C'était aussi la volonté de Dieu[22]. » Lorsque le Très-Haut permet des échecs, on peut bien sûr lui demander des lumières afin de mieux comprendre ce qui s'est passé. Mais si nous exigeons sans cesse que Dieu se justifie, c'est la meilleure manière de se fermer aux lumières divines. La plupart du temps, le Très-Haut n'a pas d'autres moyens qu'un revers, une déconvenue, une bérézina, pour nous obliger à changer notre mode de fonctionnement, afin que nous cherchions la gloire

22. *Ibid.*, p. 627.

de Dieu et non pas d'abord les œuvres pour Dieu, ces œuvres qui satisfont si bien notre *ego*, notre esprit d'entreprise et notre désir de maîtrise.

La mue à subir pour passer des œuvres *pour* Dieu aux œuvres *de* Dieu peut être plus ou moins pénible, en fonction des tempéraments et de la vie spirituelle de chacun. Pour que cette conversion se fasse sans trop de peine, l'abandon confiant et docile est plus que bienvenu. Si nous adoptons cette souplesse intérieure, nous ne le regretterons pas : renoncer à ses petits plans au service de Dieu pour entrer dans les merveilleux plans de Dieu au service du monde est source d'une très grande joie et même d'un grand repos, puisque l'âme se met en état d'accueil, de réceptivité :

> « Qu'elles sont donc bienheureuses ces âmes qui se montrent si hardies et si fortes pour entreprendre ce que Dieu leur inspire, et si dociles et si douces pour y renoncer quand Dieu en décide ainsi ! Cesser de faire un bien quand il plaît à Dieu qu'il en soit ainsi, s'en retourner à mi-chemin quand l'ordonne sa volonté qui est notre guide – on reconnaît là la marque de la parfaite indifférence[23]. »

Voir Dieu en tout, ne chercher que Dieu en tout, ne s'appuyer que sur Dieu en tout, voilà l'horizon exigeant désigné par saint François de Sales à sainte Jeanne de Chantal, alors que celle-ci s'apprête à quitter le monde pour entrer dans la consécration définitive : « Vous avez quatre enfants ; vous avez un père, un beau-père, un si cher frère, et puis encore un père spirituel : tout cela vous est fort cher et mérité, car Dieu le veut. Eh bien, si Dieu vous ravissait tout cela, n'auriez-vous pas encore assez d'avoir Dieu ? N'est-ce pas

---

23. *Ibid.*, p. 627.

tout, à votre avis ? Quand nous n'aurions que Dieu, ne serait-ce pas beaucoup[24] ? »

## *Apprendre à laisser Jésus agir par nous*

L'âme a donc entrevu et surtout a mis en place un nouveau fonctionnement spirituel. Son dynamisme et sa générosité ne sont surtout pas éteints, mais désormais ils ne sont plus au service de ses plans personnels. L'âme s'est résolument mise au service de Dieu, elle veut tout accueillir de sa main, réussites et échecs compris. Elle veut Dieu plus que les œuvres pour Dieu. Un tel changement en profondeur peut difficilement advenir si l'âme doute que l'Esprit puisse *s'intéresser* à elle, et surtout si elle n'accepte pas de se laisser *agir* par lui. Sainte Marguerite-Marie, la voyante de Paray-le-Monial, à qui saint François de Sales s'est manifesté pour l'encourager dans sa mission, se sentait complètement dépassée devant la mission extraordinaire de devoir révéler au monde le Sacré-Cœur. Comment ne pas la comprendre ! Elle demande à Jésus : « Seigneur que voulez-vous que je fasse ? » Notre Seigneur lui répond : « Laisse-moi *agir*[25] ! »

Quatre dispositions intérieures sont essentielles pour se laisser agir par Dieu : commencer par des petits riens, croire que Jésus peut travailler par nos mains, cultiver un certain dégagement vis-à-vis de notre travail, éviter la précipitation.

---

24. Saint François de Sales, *Œuvres*, *op. cit.*, 13, 332. Cité par Mgr Trochu, *Saint François de Sales*, Tome II, *L'épiscopat*, *op. cit.*, p. 195.

25. Cité par Mère Teresa, Lettre du premier vendredi de juin 1962 à ses religieuses, in *Tu m'apportes l'amour. Écrits spirituels*, éd. Le Centurion, 1976, p. 98.

## Commencer par des « petits riens »

Nous avons déjà mentionné, notamment quand il a été question de la fidélité aux inspirations de l'Esprit, combien il était important de commencer par de petites choses avant d'envisager de plus grandes entreprises : « De grandes actions, nous n'en trouverons pas souvent sur notre chemin. Mais de petites, nous en trouverons à toute heure. Et nous pouvons les accomplir excellemment, c'est-à-dire avec un grand amour[26]. » Ces actions ordinaires à travers lesquelles nous allons laisser la conduite à notre Seigneur, ce pourra être une lettre importante à écrire, un sermon à enfanter, une réunion improbable à mener, un malade difficile à visiter, une réunion de famille appréhendée… la vie en somme !

Apprendre à donner le gouvernail de nos vies à l'Esprit à travers des choses insignifiantes et dépourvues d'éclat présente l'avantage de nous éviter le piège de l'orgueil, d'un certain contentement de soi-même :

> « Certaines âmes forment de grands projets : rendre d'éclatants services à notre Seigneur par des actions éminentes et des souffrances extraordinaires. Mais il se trouve que l'occasion ne se présente pas, et ne se présentera probablement jamais. En quoi souvent elles se trompent. […] N'est-ce pas une grande tentation que d'être si vaillant en imagination, et si lâche dans les faits ? Que Dieu nous garde de ces générosités imaginaires ! Elles ne font qu'alimenter la vaine estime que secrètement nous nous portons[27]. »

26. Saint François de Sales, *Traité de l'amour de Dieu*, *op. cit.*, p. 889.
27. *Ibid.*, p. 889.

## Croire que Jésus peut travailler par moi

Nous trouvons dans la vie de cette digne fille de la Visitation qu'est sainte Marguerite-Marie un exemple saisissant de disponibilité très concrète à l'Esprit. Dans sa foi intrépide, elle demande à Dieu qu'il guide ses mains pour un soin infirmier qui dépasse totalement ses compétences de jeune fille. Marguerite-Marie dut en effet prodiguer des soins à sa maman, atteinte d'une terrible plaie purulente à la joue. Elle raconte :

> « Je trouvais sa joue crevée avec une plaie large d'environ la paume de la main qui jetait une puanteur insupportable, et personne ne voulait s'en approcher. Je ne savais point panser les plaies, et même ne les pouvais voir ni toucher auparavant. Je n'avais pour celle-ci d'autre onguent que ceux de la divine Providence. J'y coupais tous les jours de la chair pourrie, mais je me sentais tant de courage et de confiance en la bonté de mon Souverain, qui semblait être toujours présent, qu'enfin elle fut guérie en peu de jours, contre toute apparence humaine. »

Même le médecin qui avait ausculté cette très mauvaise plaie, « dit qu'à moins d'un miracle elle n'en pouvait revenir[28]. » Qu'il faut être simple, pour croire, jusqu'à se laisser agir par l'Esprit dans des tâches qui dépassent nos compétences !

## Cultiver un certain dégagement dans nos œuvres

Pour que Jésus puisse agir à travers notre action, il est nécessaire de lui laisser de la marge, afin qu'il puisse y mettre la main. On veillera pour cela à ne pas trop « coller » à ce qu'on est en train de faire, on évitera d'y mettre trop de passion, d'investissement

28. *Vie et œuvres de sainte Marguerite-Marie*, 5e édition, Fribourg, éd. Saint-Paul, 1990-1991, *Autobiographie*, n° 11, Tome I, p. 44 et 43.

personnel, comme si tout dépendait de nous. Selon saint François de Sales, il est bon de cultiver un certain « dégagement du cœur chrétien de toutes choses, pour suivre la volonté de Dieu[29]. » Il précise que ce dégagement se reconnaît principalement à trois marques :

> « Première marque. Le cœur qui a cette liberté n'est point attaché aux consolations, mais reçoit les afflictions avec toute la douceur que la chair peut le permettre. Deuxième marque. Il n'engage nullement son affection aux exercices spirituels ; de façon que si, par maladie ou autre accident, il en est empêché, il n'en conçoit nul regret. Troisième marque. Il ne perd guère sa joie, parce que nulle privation ne rend triste celui qui n'avait son cœur attaché nulle part[30]. »

### Éviter la précipitation

À écouter les saints, la précipitation est un des grands obstacles à la croissance de la vie spirituelle. Conseil de saint François de Sales : « Si vous pouvez vous empêcher de l'empressement, vous gagnerez beaucoup ; car c'est l'un des plus grands traîtres que la dévotion et vraie vertu puisse rencontrer. Il fait semblant de nous échauffer au bien, mais ce n'est que pour nous refroidir, et ne nous fait courir que pour nous faire trébucher[31]. » Dans l'*Introduction à la vie dévote*, il ajoute : « En toute affaire, appuyez-vous sur la providence de Dieu, totalement. Elle seule la mènera à bonne fin. Néanmoins, travaillez paisiblement, coopérant activement avec elle. Si vous avez mis votre confiance en Dieu, le résultat sera

---

29. Saint François de Sales, *Œuvres*, *op. cit.*, 12, 363.
30. *Ibid.*, 12, 363.
31. *Ibid.*, 13, 385.

toujours le meilleur – qu'il soit ce que vous aviez prévu, ou qu'il ne le soit pas[32]. »

Dans une société de la vitesse comme la nôtre, qui nous intime l'ordre de faire 36 choses à la fois, renoncer à la précipitation réclame un coûteux coup de frein de notre part. Commençons par des actions ordinaires, comme par exemple prendre le contre-pied du déjeuner sur le pouce en déjeunant à un rythme humain, calmement. Les invitations de François à mener paisiblement nos activités vont parfaitement dans ce sens :

> « Vous avez besoin de manger, selon la misère de cette vie ; il faut que vous vous asseyiez tout bellement, et que vous demeuriez assise jusqu'à ce que vous ayez honnêtement réfectionné votre corps. Vous vous voulez coucher ; dépouillez-vous tranquillement. Vous devez vous lever ; faites-le paisiblement, sans mouvement déréglé, sans crier et presser celles qui vous servent. Et qu'en cela vous alliez trompant votre naturel et le réduisant petit à petit à la sainte […] modération. […] Ne vous hâtez pas tant, d'autant que la paix, la tranquillité, la douceur d'esprit est précieuse, et le temps s'emploie utilement quand on l'emploie paisiblement[33]. »

Sauf grâce particulière, nous ne parviendrons que très progressivement à adopter cette « sainte lenteur » que notre monde a perdue et qui explique pour une part son profond mal-être. Tout doit se faire avec mesure et patience. En effet, l'âme qui n'entretient pas un minimum de patience avec elle-même et envers sa lenteur à se livrer à l'action de l'Esprit, risque soit de baisser les bras et d'abandonner l'aventure spirituelle, soit de ruminer une colère rentrée contre elle-même :

32. Saint François de Sales, *Introduction à la vie dévote*, *op. cit.*, p. 246-247.
33. Saint François de Sales, *Œuvres*, *op. cit.*, 17, 369.

« Nous voudrions bien être sans imperfections ; mais, ma très chère fille, il faut avoir patience d'être de la nature humaine et non de l'angélique[34]. »

« Sachez que la vertu de patience est celle qui nous assure le plus de la perfection, et s'il faut l'avoir avec les autres, il faut aussi l'avoir avec soi-même… Il faut souffrir notre propre imperfection pour avoir la perfection ; je veux dire souffrir avec patience, et non pas aimer ou caresser : l'humilité se nourrit de cette souffrance[35]. »

34. *Ibid.*, 18, 172.
35. *Ibid.*, 12, 203.

## CHAPITRE 9

# TU AIMERAS TON PROCHAIN COMME TOI-MÊME

L'homme a été créé pour aimer et être aimé, les relations humaines sont des occasions de grande joie et de plénitude. Nous pensons bien évidemment au mariage, sans oublier non plus l'amitié profonde et saine qui comble le cœur. Mais nous savons tous d'expérience que ce trésor de l'amour fraternel peut être aussi le lieu des plus grandes déconvenues, des trahisons et des grandes souffrances. L'union de volonté, ce réflexe spirituel qui sous-tend l'ensemble de notre parcours, a-t-elle quelque chose à dire à notre manière d'aimer et de nous situer vis-à-vis du prochain ? L'abandon spirituel a-t-il le pouvoir d'unifier et de pacifier nos relations fraternelles ? Nous en sommes intimement convaincus. La voie d'enfance de l'abandon ne vise pas uniquement notre relation à Dieu : tous les secteurs de la vie sont appelés à en être vivifiés. Nos relations au prochain ont donc tout à gagner à se laisser imprégner par l'esprit d'abandon : elles en seront pacifiées et l'amour en sera intensifié. Mais, dans ce domaine, comme dans tous ceux qui ont déjà été abordés, cela nécessite une conversion, cela suppose d'apprendre à aimer l'autre… autrement !

Si l'amour du prochain est concerné par l'union de volonté, avant de traiter le sujet, il est bon de se demander qui est mon prochain ? Un scribe demande à Jésus quel est le premier de tous les commandements. Jésus lui répond : « Tu aimeras le Seigneur ton Dieu de tout ton cœur, de toute ton âme et voici le second :

Tu aimeras ton *prochain comme toi-même* » (Mc 12,28-31). Ce chapitre s'attarde sur le second commandement, l'amour envers le prochain. Or à entendre Notre Seigneur, la charité envers le prochain, l'autre, est indissociable d'un amour envers ce « proche prochain », qui est soi-même. Si Jésus tient tant à souligner que la charité fraternelle doit s'exercer dans ces deux directions, nous ne pouvons que reprendre son insistance. Logiquement, nous allons distribuer ce nouveau chapitre en deux sections : au cours de la première partie nous verrons comment avoir un juste amour de soi-même ; la seconde section sera consacrée à la charité envers l'autre, le prochain. C'est à dessein que nous faisons le choix de commencer notre réflexion par l'amour de soi avant d'aborder l'amour du prochain. En effet, l'expérience et la psychologie le confirment : une personne qui entretient un certain désamour vis-à-vis d'elle-même aura mille peines à aimer les autres, « on est avec les autres comme on est avec soi-même », dit un bon principe de vie.

## 1 – S'aimer soi-même dans l'amour de Dieu

« Charité bien ordonnée commence par soi-même », dit très justement le proverbe. Si Jésus commande un juste amour de soi-même, cela n'a rien à voir avec cette caricature qu'est le narcissisme qui conduit à l'obsession de son *ego*. « Qui aime sa vie la perd » (Jn 12,25) : par cette seule parole, Jésus écarte tout égotisme, tout narcissisme.

La considération que l'on doit avoir pour soi se fonde sur le fait que nous sommes créés à l'image de Dieu : « Par conséquent nous les aimons comme nous-mêmes, c'est-à-dire en qualités d'images saintes et vivantes de la divinité[1]. » Ajoutons par ailleurs que la charité que nous devons entretenir envers nous-mêmes ne concerne pas seulement notre intérieur, notre âme, c'est toute notre

1. Saint François de Sales, *Traité de l'amour de Dieu*, *op. cit.*, p. 723.

personne que nous sommes appelés à aimer comme Dieu l'aime, corps compris : « La charité, disait saint Augustin, nous "oblige à aimer notre corps raisonnablement", car il nous est nécessaire pour accomplir de bonnes actions; il est une part de nous-même, et il participera à notre bonheur éternel[2]. »

Si le culte du moi est à bannir, il reste de la place pour un juste et sain amour de soi-même. Cette charité envers notre propre personne trouve sa source dans la charité même de Dieu envers nous, très précisément dans son infinie miséricorde à notre égard : « Dieu, écrit François de Sales, veut que votre misère soit le trône de sa miséricorde et vos impuissances le siège de sa toute-puissante[3]. » L'affirmation est forte, pleine d'espérance : qu'elle soit une charte sous laquelle vont se placer les considérations qui suivent.

### *Qu'il est difficile de s'aimer en dehors de Dieu !*

Le ministère des retraites, l'accueil des âmes et surtout l'écoute de leurs peines m'amènent de plus en plus à cette conclusion : qu'il est difficile de s'aimer pleinement soi-même, en dehors de l'amour infini et miséricordieux de Dieu ! Combien de personnes se haïssent elles-mêmes, ou pour le moins, éprouvent mille peines à s'aimer, ceci à cause d'actes commis ou subis, en raison d'une non-acceptation de leurs pauvretés ou de leurs multiples échecs. François de Sales épingle, non sans humour, ce mode de fonctionnement : « Il en est beaucoup qui, pour s'être trop énervés, s'énervent encore d'avoir été énervés, ont du dépit d'en avoir eu, sont en colère de l'avoir été[4]. » Notons que le psychanalyste Viktor Frankl, certes avec une autre grille de lecture, abonde dans ce sens : « Placez l'homme devant un miroir, évacuez de son histoire toute notion

---

2. *Ibid.*, p. 252.
3. Saint François de Sales, *Œuvres*, *op. cit.*, 13, 202.
4. Saint François de Sales, *Introduction à la vie dévote*, *op. cit.*, p. 241.

de Dieu, d'anges ou de démons. Alors vous pourrez lui dire : Tu as devant toi le juge le plus implacable pour toi-même[5]. »

Le constat est sévère, impitoyable. Faut-il désespérer de l'homme, si enclin à être l'ennemi de lui-même ? Non, il existe une porte de sortie à cette prison. Le Christ, par son mystère pascal, est venu briser à jamais la haine que l'homme s'inflige à lui-même. Sur la croix, en se laissant ouvrir le cœur, le Christ a permis, tel un geyser, le jaillissement de la divine miséricorde sur les innombrables péchés des hommes. Il ne tient donc qu'à nous d'accueillir ce don gratuit de la miséricorde pour sortir de cette détestation de nous-mêmes. Désormais, en tout ce que nous faisons, en tout ce que nous ratons, en tout ce que nous abîmons, plaçons-nous résolument et sans tarder dans le torrent de sa miséricorde. Alors, le raté ou le péché, au lieu d'être une impasse, devient, en Jésus-miséricorde, un passage vers l'espérance : « Il n'existe pas pour l'homme d'autre source d'espérance en dehors de la miséricorde de Dieu », déclarait Jean-Paul II, grand pape de la miséricorde[6].

### *Une tristesse mélangée d'amour-propre*

Il est normal d'être pris de sentiments de tristesse suite à un péché ou à un échec. Cela peut être le signe d'une belle délicatesse de l'âme envers son Seigneur : elle est triste d'avoir blessé son cœur, d'avoir offensé son amour. Mais attention, cette tristesse peut aussi s'expliquer par l'amour-propre qui a été humilié… ce qui n'est pas forcément plus reluisant que le péché commis, soit dit en passant. « Ces colères, ces dépits, ces aigreurs contre soi-même ne sont que de l'orgueil et de l'amour-propre, l'un et l'autre troublés et inquiets de nous voir si imparfaits[7]. » Suite à une embardée ou à un échec, la tristesse qui s'empare de nous, en apparence très spirituelle, n'est

5. Cf. Viktor Frankl, *La psychothérapie et son image de l'homme*, éd. Resma, Paris, 1970.
6. Jean-Paul II, Homélie de Cracovie-Lagiewniki, le 17 août 2002.
7. Saint François de Sales, *Introduction à la vie dévote*, *op. cit.*, p. 241.

souvent que la réaction à de l'orgueil humilié par la vue du beau miroir de nous-mêmes qui vient de se briser en mille morceaux à nos pieds. Au fond, on s'attriste de s'être fait prendre alors qu'on franchissait une ligne blanche, on est peiné de se voir si minable, de se découvrir si faible dans la vertu ou dans la maîtrise d'un tempérament quelque peu sanguin. Saint François de Sales fait la chasse à la moindre trace d'amour-propre, capable de se glisser derrière une tristesse succédant à un raté :

> « La pauvre âme qui en est souvent atteinte se trouble, s'agite, s'inquiète. Elle pense qu'elle fait bien de s'attrister ; elle juge que c'est son amour pour Dieu qui l'incite à cette tristesse. En vérité, ce n'est pas l'amour de Dieu qui l'incite à cette tristesse, ni le péché [...]. C'est l'amour-propre : nous voudrions être exempts du mécontentement que nous causent ces accès de colère ainsi que des efforts que nous devons faire pour en contenir les élans[8]. »

## *Dieu est plus grand que notre cœur*

Cette mise à plat des sentiments de l'âme aux prises avec ses propres limites, pauvretés et autres misères, permet de comprendre pourquoi nous entretenons une haine souvent inconsciente de nous-mêmes, pourquoi de nombreuses personnes ont de la peine à s'aimer ou à s'accepter elles-mêmes. Nous avons tenté de décrire les méandres qui amènent à la tristesse de soi... mais maintenant, on fait quoi avec ça ? Le Christ s'est incarné pour pardonner le péché du monde, il s'est fait « pont », afin de combler le fossé qui séparait les pécheurs de la sainteté et de la gloire de Dieu. Le Christ est *passé* de ce monde à la gloire de son Père : si nous voulons jouir de la joie du pardon divin, il nous revient de le suivre, en *passant* de la tristesse du péché à la conscience d'être inconditionnellement aimé. Pour cela, il n'y a pas d'autre issue que de se livrer dans

8. Saint François DE SALES, *Traité de l'amour de Dieu*, *op. cit.*, p. 633.

l'abandon à la miséricorde de Dieu. Quelle joie pour un prêtre d'entendre des personnes qui, jusqu'alors, n'arrivaient pas à se pardonner telle ou telle faute ou ne parvenaient pas à dépasser telle expérience négative, et qui déposent enfin leur misère, leur colère intérieure dans le cœur brûlant d'amour du Seigneur ! Elles en ressortent réconciliées, pacifiées, jusqu'à la jubilation, ayant enfin compris que le péché ou le raté ne peut jamais avoir le dernier mot face à l'amour de Dieu : « Si notre cœur venait à nous condamner, Dieu est plus grand que notre cœur » (1Jn 3,20).

Avec l'offrande de notre indigence à l'amour de Dieu, nous sommes toujours dans le thème de notre essai : l'abandon, l'union de volonté. Ce thème de l'offrande de notre pauvreté à Dieu nous conduit même au cœur de l'abandon, car cette expérience récapitule tout le mystère du salut.

### *Le mouvement d'abandon à la divine miséricorde*

On peut décomposer les phases du mouvement d'abandon à la miséricorde de Dieu à l'aide de ces mots très simples : accueillir, croire, s'abandonner.

#### Accueillir sa misère

Ce n'est pas une mince affaire que d'accueillir sereinement sa misère ; c'est pourtant une condition indispensable pour la croissance de la vie intérieure. Dans son exhortation apostolique sur l'appel à la sainteté de 2018, le pape François rappelle ce principe fondamental de la vie spirituelle : « L'absence de la reconnaissance sincère, douloureuse et priante de nos limites est ce qui empêche la grâce de mieux agir en nous, puisqu'on ne lui laisse pas de place pour réaliser ce bien possible qui s'insère dans un cheminement sincère et réel de croissance[9]. » Avant lui, un autre

9. Pape François, Exhortation apostolique *Gaudete et exsultate*, n° 50.

François – de Sales – enseignait qu'il fallait cesser de vouloir être un autre, afin de se vouloir tel qu'on est, sous le regard de Dieu : « Ne semez point vos désirs sur le jardin d'autrui, cultivez seulement bien le vôtre. Ne désirez point de n'être pas ce que vous êtes, mais désirez d'être fort bien ce que vous êtes. [...] À quoi cela sert-il de bâtir des châteaux en Espagne, puisqu'il nous faut habiter en France[10] ? »

Par ailleurs, il ne faut pas s'étonner de tomber régulièrement dans des ornières. Faisons-nous à l'idée que l'imperfection est et sera notre « compagne » jusqu'au dernier souffle : « Notre imperfection doit nous accompagner jusqu'au cercueil. Nous ne pouvons marcher sans toucher terre. Il ne faut pas s'y coucher ni s'y vautrer ; mais il ne faut pas penser voler ; car nous sommes de petits poussins qui n'avons pas encore nos ailes[11]. » Si cette fragilité nous suivra jusqu'au terme de la vie, le plus sage est de cultiver une sainte patience envers soi-même : « Il faut donc avoir patience, et ne pas penser guérir en un jour de tant de mauvaises habitudes que nous avons contractées par le peu de soin que nous avons eu de notre santé spirituelle[12]. » Notre saint clôt le débat, enseignant qu'en ce bas monde, la perfection ne réside pas dans l'absence d'imperfection mais dans le combat continuel contre l'imperfection :

> « La purification de notre âme ne s'achèvera qu'avec notre vie. Par conséquent, ne nous inquiétons pas de nos imperfections ; car notre perfectionnement consiste précisément à les combattre. [...] Notre victoire ne consiste pas à ne pas les sentir, ces imperfections, mais à ne pas y consentir. Or, si j'en souffre, c'est que je n'y consens pas.

10. Saint François de Sales, *Œuvres*, *op. cit.*, 13, 291.
11. *Ibid.*, 12, 205.
12. *Ibid.*, 13, 19.

> Pour notre humilité, il est bon que nous soyons parfois blessés dans le combat spirituel[13]. »

Nous avons donc de très bonnes raisons de chérir notre misère. L'humiliation qu'elle suscite est de nature à provoquer un saint repentir : « Quelques chutes en matière de péchés mortels, pourvu que ce ne soit pas par dessein d'y croupir [...], n'empêchent pas que l'on fasse des progrès en dévotion, qui, bien qu'on la perde en péchant mortellement, on la recouvre néanmoins au premier véritable repentir de son péché[14]. » L'humiliation de nos chutes est le plus sûr et court chemin pour conduire à l'humilité : « Haïssez donc vos imperfections parce qu'elles sont des imperfections, mais aimez-les parce qu'elles vous font voir votre rien et votre néant[15]. »

**Croire à la miséricorde de Dieu sur ma misère**

En tout ce qui concerne notre vie spirituelle, le plus sage est de se tourner sans cesse vers le Seigneur : lui seul nous voit en vérité, lui seul sait compatir à nos peines, lui seul connaît les issues à nos impasses et lui seul détient la grâce pour en sortir.

Lorsqu'il nous arrive de toucher du doigt notre misère, sans tarder, élevons notre regard vers Dieu et laissons-nous surprendre par son amour infini : « Étonnez-vous de la bonté de Dieu, s'exclame saint François de Sales. Oh, que Dieu est bon pour moi ! Il est donc si bon ! Que votre cœur, Seigneur, est riche en miséricorde, débordant de bonté (Ps 85,5) ! Ô mon âme, ne cessons pas de nous redire l'histoire de toutes les grâces qu'il nous a faites[16]. »

Si nous pouvions goûter, ne serait-ce qu'une seule seconde, à l'amour infini de Dieu à notre égard, nous serions retournés

13. Saint François de Sales, *Introduction à la vie dévote*, *op. cit.*, p. 65.
14. Saint François de Sales, *Œuvres*, *op. cit.*, 16, 98.
15. *Ibid.*, 13, 167.
16. Saint François de Sales, *Introduction à la vie dévote*, *op. cit.*, p. 84.

sur-le-champ, nous serions guéris à jamais de la crainte de ne plus être aimés à cause de nos péchés.

Lorsqu'on saisit combien Dieu désire répandre à profusion son immense miséricorde, on passe moins de temps à s'analyser, à se soupeser. « Plus le bien a d'abondance, plus forte est son inclination à se répandre ; plus l'indigent est nécessiteux, plus il est désireux de le recevoir, comme un vide de se remplir. Notre Seigneur n'a-t-il pas dit qu'il y a plus de bonheur à donner qu'à recevoir[17] ? »

Si seulement nous pouvions comprendre un tant soit peu la douleur que Dieu éprouve lorsqu'un pécheur préfère demeurer à distance de son amour ! Cela contraint Dieu à comprimer les flots d'infinie tendresse qui sont en son cœur. Un seul signe de repentir de la part du pécheur, et Dieu s'empresserait de le gracier, de le combler et de le guérir ! Depuis la venue du Christ en notre monde, les grâces de salut sont surabondantes. Commentant le cri de joie de l'*Exultet* entonné lors de la nuit pascale – « heureuse faute qui nous a valu un tel Sauveur » –, François écrit : « Nous pouvons dire avec cet Ancien (Thémistocle) : "Nous étions perdus si nous n'avions pas été perdus." Il veut dire que notre perte, finalement, nous aura été profitable : la nature humaine a en effet, reçu plus de grâces de la rédemption, qu'elle n'en aurait jamais reçues de l'innocence d'Adam, à supposer qu'il ait persévéré dans cet état[18]. »

## Abandonner sa misère à la miséricorde de Dieu

Nous pourrions penser que le péché, étant donné qu'il abîme notre alliance avec Dieu, ne peut qu'entamer gravement notre confiance en l'amour indéfectible de Dieu. Cela peut être le cas lorsque le pécheur se referme sur lui-même. Aux religieuses de la Visitation, dans le cadre de ses précieux *Entretiens*, François de

17. Saint François de Sales, *Traité de l'amour de Dieu*, *op. cit.*, p. 104-105.
18. *Ibid.*, p. 141. Cf. Plutarque, *La vie de Thémistocle*, § 29.

Sales enseigne que la misère peut au contraire décupler la confiance du pécheur :

> « Vous me demandez, mes très chères filles, si une âme ayant le sentiment de sa misère peut aller à Dieu avec une plus grande confiance. Je réponds que non seulement l'âme qui a la connaissance de sa misère peut avoir une grande confiance en Dieu, mais qu'elle ne peut avoir une vraie confiance que si elle a la connaissance de sa misère. Car cette connaissance et confession de notre misère nous introduit devant Dieu. »

Notre saint laisse filer sa conviction :

> « Plus nous nous connaîtrons misérables, plus nous nous confierons en la bonté et miséricorde de Dieu. Car entre la miséricorde et la misère il y a une certaine liaison, si grande que l'une ne peut s'exercer sans l'autre. Si Dieu n'avait point créé l'homme, cela n'aurait pas diminué sa divine bonté. Mais il n'aurait point été maintenant miséricordieux, car la miséricorde ne s'exerce qu'envers les misérables. »

Toujours selon François, la défiance que nous devons avoir vis-à-vis de nous-mêmes n'est pas un obstacle à notre confiance en Dieu. Bien au contraire, voyant clairement qu'elle n'est bonne à rien, cette défiance agit comme un ressort puissant qui oblige l'âme à se catapulter dans le cœur miséricordieux du Très-Haut :

> « La défiance de nous-mêmes provient de la connaissance de nos imperfections. Il est bon de se défier de nous-même. Mais à quoi nous servirait-il de le faire, sinon pour mettre notre confiance en Dieu et attendre tout de sa miséricorde ? [...] Il est très bon d'avoir de la confusion, quand nous avons la connaissance et le sentiment de notre misère

> et de nos imperfections, mais il ne faut pas s'y arrêter ni s'en décourager, il faut plutôt élever son cœur en Dieu par une sainte confiance dont le fondement doit être en lui et non pas en nous. D'autant que si nous changeons, lui ne change jamais, et demeure toujours aussi bon et miséricordieux, que nous soyons faibles et imparfaits ou que nous soyons forts et parfaits[19]. »

Si la puissance de la divine miséricorde est capable d'un tel retournement des choses, n'ayons pas peur d'aller jusqu'à « chérir » notre misère, puisqu'elle exerce un véritable pouvoir d'attraction sur le cœur de Dieu :

> « Dieu n'aime pas nos imperfections et péchés véniels, mais il nous aime malgré eux[20]. »
> « Parmi les mendiants, ceux qui sont les plus misérables, et dont les plaies sont les plus grandes et effroyables, se tiennent pour les meilleurs mendiants, et plus aptes à obtenir l'aumône. Nous ne sommes que des mendiants : les plus misérables sont de meilleure condition : la miséricorde de Dieu les regarde volontiers[21]. »

Notre saint laisse même entendre que nos misères, lorsqu'elles sont combattues bien évidemment, peuvent devenir un lieu de glorification de Dieu : « Vos misères et vos infirmités ne doivent pas vous étonner : Dieu en a vu bien d'autres, et sa miséricorde ne rejette pas les misérables, mais s'exerce à leur faire du bien, faisant de leur misère le sujet de sa gloire[22]. »

---

19. Saint François DE SALES, *Œuvres*, *op. cit.*, 6, 19-22.
20. *Ibid.*, 18, 171.
21. *Ibid.*, 13, 392 c.
22. *Ibid.*, 13, 20.

## 2 – Aimer son prochain dans le cœur du Christ

Lorsqu'une certaine indulgence vis-à-vis de soi-même se met en place, on la repère à la plus grande miséricorde que l'âme manifeste envers les autres.

> « L'humilité, écrit notre bon évêque, fait que nous ne nous troublons pas de nos imperfections, nous souvenant de celles d'autrui ; car, pourquoi serions-nous plus parfaits que les autres ? [...] Nous ne nous troublons point des imperfections d'autrui, nous souvenant des nôtres ; car pourquoi trouverions-nous étrange que les autres aient des imperfections, puisque nous en avons bien[23] ? »

### *Aimer son prochain « pour » l'amour de Dieu*

Il semble parfois que des croyants engagés dans des mouvements caritatifs aient perdu le sens profond de la charité chrétienne : leur charité est réduite à la philanthropie. Le pape Benoît XVI s'est montré particulièrement attentif à cette dérive. Lors d'un symposium, organisé par le Conseil pontifical *Cor Unum*, le 23 janvier 2006, il rappelait que « l'engagement caritatif a un sens qui va bien au-delà de la simple philanthropie. C'est Dieu lui-même qui nous pousse de l'intérieur à soulager la misère. Ainsi, en définitive, c'est lui-même que nous apportons au monde souffrant[24] ». Cette conception sécularisée de la charité, si fréquente de nos jours, se reconnaît à la difficulté qu'ont leurs promoteurs à penser l'amour envers le prochain, « pour » l'amour de Dieu. Comme si ce « pour » l'amour de Dieu faisait du prochain un pur moyen, et non pas un être aimé pour lui-même ; comme si

23. *Ibid.*, 13, 31.
24. Source : *Radio Vatican*, le 23 janvier 2006.

cela affadissait la charité, comme si une telle charité impliquait forcément un prosélytisme déplacé[25].

Jamais François de Sales ne s'est laissé gagner par cette conception appauvrie de la charité. Son ami, monseigneur Camus, évêque de Belley, lui demanda en quoi consistait « aimer son prochain ». Réponse de l'évêque de Genève :

> « Efforçons-nous de conduire le prochain au service et à l'amour de Dieu, afin que partout et en toutes choses, Dieu soit honoré. Aimer le prochain en Dieu, c'est se réjouir du bien qu'il possède, pour qu'il s'en serve utilement pour la gloire de Dieu ; c'est faire tout ce qui sera possible pour l'assister dans ses besoins ; c'est aussi manifester du zèle pour le salut de son âme, comme pour la nôtre, parce que c'est ainsi que Dieu le veut[26]. »

Nous avons là un premier lien entre la charité fraternelle et l'union de volonté. L'amour envers le prochain découle de deux grands motifs. Tout d'abord Dieu le veut : souvenons-nous de la parole solennelle de Jésus : « Je vous donne un commandement nouveau, c'est de vous aimer les uns les autres » (Jn 13,34). « J'aime mes sœurs, parce que je vois Dieu en elles, et que Dieu le veut », exhorte sainte Jeanne de Chantal[27]. Deuxièmement, le commandement de l'amour se fonde sur l'amour même que Dieu prodigue à notre prochain. Parce que je veux aimer l'Ami par excellence qu'est Jésus, je ne peux qu'aimer ses amis, mes frères en humanité ! « Ceux que notre Seigneur supporte, nous devons tendrement les supporter,

---

25. Nous renvoyons à notre ouvrage, *Jésus Maître de vie intérieure*, éd. Artège, 2019, p. 77 ss.

26. Jean-Pierre Camus, *Esprit de saint François de Sales*, 1^re^ partie, chap. XXV, XXVI, XXVII. Cité par le père Gilles Jeanguenin, *Foi, espérance, charité. Les vertus théologales selon saint François de Sales*, éd. de l'Emmanuel, 2011, p. 98.

27. Sainte Jeanne de Chantal, *Exhortation XIX*. Cf. Père Denys Mezard, *Doctrine spirituelle de sainte Jeanne de Chantal*, *op. cit.*, p. 252.

avec grande compassion de leurs infirmités spirituelles[28]. » Sainte Jeanne de Chantal revenait souvent sur ces divines raisons pour exercer ses religieuses à la vie communautaire :

> « Qu'est-ce que la dilection, dites-nous ? C'est s'aimer selon la charité et le commandement de Dieu, aimant nos sœurs comme nous-mêmes, parce qu'elles sont images de Dieu, et pour leurs vertus intérieures et chrétiennes, et non point selon le sang et la nature, ne s'arrêtant point à la beauté, bonne grâce, gentillesse d'esprit, noblesse et autres semblables conditions attrayantes et humaines[29]. »

### *Aimer son prochain « par » l'amour de Dieu*

La finalité dernière de notre attention au prochain doit être la gloire de Dieu, même si les circonstances particulières ne permettent pas de parler explicitement de Dieu à ce prochain. C'est en ces termes que « l'acte de charité » nous invite à prier : « Mon Dieu, je vous aime de tout mon cœur [...] et j'aime mon prochain *pour l'amour de vous.* » Puisque tout est grâce, la charité authentiquement chrétienne « pour » l'amour de Dieu, s'exerce aussi « par » l'amour de Dieu.

On retrouve à nouveau cette dimension de « branchement » sur la grâce pour vivre en grâce, cette connexion à l'amour de Dieu afin de mieux aimer le prochain « en » Dieu : « La charité par laquelle nous aimons notre prochain est une participation à l'amour divin », enseigne saint Thomas d'Aquin[30]. Fidèle à l'enseignement de l'Aquinate, François a le souci de le rendre accessible et imagé auprès de son auditoire :

---

28. Saint François DE SALES, *Œuvres, op. cit.*, 20, 215.
29. Sainte Jeanne DE CHANTAL, *Réponses,* p. 77. Cf. Père Denys MEZARD, *Doctrine spirituelle de sainte Jeanne de Chantal, op. cit.*, p. 251.
30. Saint Thomas D'AQUIN, *Sum. Théol.*, IIa IIae, q. 23, a. 2, ad 1.

> « Si vous prenez un verre, et que vous l'emplissiez dans une fontaine, et que vous buviez dans ce verre sans le sortir de la fontaine, vous pouvez boire tant que vous voudrez, le verre ne se videra point. Mais si vous le tirez hors de la fontaine, quand vous aurez bu, le verre sera vide. Ainsi en est-il des amitiés, quand on ne les retire point de leur source, elles ne tarissent jamais[31]. »

Autrement dit : aimons notre prochain avec le vase de notre cœur, en nous recevant constamment de la source d'eau vive qu'est l'amour du Christ.

Lorsque des êtres éprouvent de la peine à aimer telle ou telle personne, cela est souvent dû au fait qu'elles veulent aimer à hauteur de leur amour humain. Par contre, quand ces mêmes personnes renoncent à vouloir aimer à hauteur d'homme et qu'elles se disposent à recevoir leur amour du cœur même du Christ, elles sont toutes surprises de voir décuplée leur capacité d'aimer. Elles constatent avec étonnement que ce qui chez l'autre pouvait jusqu'alors les exaspérer, les atteint moins. Étant donné qu'elles laissent du champ à Dieu, entre elles et l'autre en question, leur sensibilité est moins directement touchée, exacerbée, Dieu fait tampon, pourrait-on dire.

> « Les aversions sont naturelles, écrit François, et d'elles-mêmes ne sont pas mauvaises quand nous ne les suivons pas. Au contraire, c'est un moyen de pratiquer mille sortes de bonnes vertus, et notre Seigneur nous en est reconnaissant quand nous allons lui baiser les pieds [...]. Ainsi ceux qui n'ont rien d'aimable sont bienheureux, car ils sont assurés que l'amour qu'on leur porte est excellent, puisqu'il est tout de Dieu[32]. »

31. Saint François de Sales, *Œuvres*, *op. cit.*, 6, 126.
32. *Ibid.*, 6, 127.

## *Aimer son prochain « comme » Dieu*

Nous ne le dirons jamais assez : si l'enseignement de notre saint pénètre si bien dans les âmes, c'est que François s'est laissé lui-même envahir par la sagesse de l'Esprit. Il pouvait sans difficulté parler de la charité parce qu'il la vivait à la moindre occasion, il respirait la bonté de Dieu. Saint Vincent de Paul en bénéficia grandement, cela le poussa à faire la déposition suivante lors du procès de béatification :

> « Sa bonté était d'une telle douceur, que ceux qui s'entretenaient avec lui éprouvaient une joie intense, qu'ils la sentaient doucement pénétrer dans leur cœur. J'ai eu moi-même part à ces délices. Je me souviens que, retenu au lit pour cause de maladie, il y a près de six ans, je répétais en moi-même : "Qu'elle est grande la bonté divine ! Mon Dieu, que vous devez être bon, puisque monseigneur de Sales, votre créature, est lui-même rempli de tant de bonté[33] !" »

Quel éloge magnifique ! À propos de cette charité brûlante qui le consumait, notre cher François s'est laissé aller à la confidence auprès de Jeanne de Chantal : « Il a plu à Dieu que mon cœur soit ainsi fait. Je veux tant aimer ce cher prochain, je veux tant l'aimer ! Oh, quand serons-nous tout imprégnés de douceur et de charité envers lui ? Je lui ai donné toute ma personne, mes moyens, mon affection, afin qu'il s'en serve selon ses besoins[34]. »

La finale de son propos – « J'ai donné à Dieu toute ma personne, afin qu'il s'en serve selon ses besoins » – est d'une importance capitale pour le sujet qui nous occupe : l'Esprit Saint augmente et affine notre amour envers le prochain à la mesure de notre donation à Dieu. L'abandon à Dieu ne concerne pas seulement notre relation

33. Procès de Paris, art. 26-27.
34. Déposition de la Mère de Chantal, art. 27.

intime à Dieu, il a un impact direct sur notre manière d'aimer et de supporter les personnes qui nous entourent. Plus nous serons unis à Dieu, plus nous éprouverons facilité et liberté à supporter notre prochain. Jeanne de Chantal à ses religieuses : « Prions donc toutes ensemble l'Esprit d'amour, *unisseur des cœurs*, qu'il nous accorde cette étroite et amoureuse liaison à Dieu par une totale dépendance de notre volonté à la sienne[35]. »

### Distinguons charité et « atomes crochus »

Une précision bienvenue concernant notre amour envers le prochain : ne confondons pas aimer de charité et avoir des « atomes crochus ». Il n'y a pas forcément atteinte à la charité lorsqu'on ressent un certain malaise, voire de la répulsion vis-à-vis de telle ou telle personne : ce n'est pas un péché, c'est une croix ! Il n'y a pas faute, car nous sommes dans l'ordre de la sensibilité et non pas dans la volonté de ne pas aimer. Laissons à Jeanne de Chantal le soin de faire cette distinction, si propice à apaiser les âmes délicates ou facilement scrupuleuses :

> « Cet amour cordial que nous devons porter à nos sœurs ne consiste point dans le sentiment. C'est un amour du cœur, non du cœur de la chair mais du cœur de la volonté. Laissons tourner et virer les sens et tout ce qui est de la nature. Que nous aimions ou que nous n'aimions pas, que nous ayons de l'aversion ou de l'inclination, cela importe peu, pourvu que, selon la partie supérieure [de notre cœur], nous demeurions fermes, invariables en cette dilection, étant aussi disposées à leur en donner des preuves au plus fort de nos dégoûts et aversions que parmi

35. Sainte Jeanne de Chantal, *Entretiens LXXII*. Cf. Père Denys Mezard, *Doctrine spirituelle de sainte Jeanne de Chantal*, *op. cit.*, p. 244.

nos suavités et amour sensible, car, si nous ne marchons pas de la sorte, nous ne ferons jamais rien qui vaille[36]. »

## Douceur dans la charité

Un autre trait dominant de l'exquise charité de saint François de Sales réside dans sa douceur : « Mettez de plus en plus dans votre cœur l'esprit de douceur, qui est le vrai esprit de Jésus[37] » ; « Toutes nos actions devront être teintées de douceur[38]. »

Selon notre saint, cette vertu de douceur étant la moelle de la charité, on ne doit pas avoir peur de la pratiquer jusqu'à certains excès : « Il faut avoir la douceur jusqu'à l'extrémité envers le prochain et même jusqu'à une certaine niaiserie et ne jamais user de revanche envers ceux qui font des mauvais offices. Croyez que si nous perdons quelque chose pour cela, notre Seigneur nous récompensera bien d'ailleurs[39]. »

Notre saint ouvrait largement ses bras aux pécheurs et aux pauvres, si bien que certains de ses proches s'en scandalisaient, considérant qu'il en faisait un peu trop. Il répondit à l'un d'entre eux :

> « Il vaut mieux avoir à rendre compte de trop de douceur que de trop de sévérité. Dieu n'est-il pas tout amour ? Dieu le Père est le Père des miséricordes, Dieu le Fils se nomme un agneau, Dieu le Saint-Esprit se montre sous la forme d'une colombe qui est la douceur même. S'il y avait quelque chose de meilleur que la bénignité, Jésus Christ nous l'aurait dit, et cependant il ne nous donne que deux leçons à apprendre de lui : la mansuétude et l'humilité

---

36. Sainte Jeanne de Chantal, *Entretien X*. Cf. Père Denys Mezard, *Doctrine spirituelle de sainte Jeanne de Chantal*, *op. cit.*, p. 255.
37. Saint François de Sales, *Œuvres*, *op. cit.*, 14, 62.
38. Saint François de Sales, *Introduction à la vie dévote*, *op. cit.*, p. 198.
39. Saint François de Sales, *Œuvres*, *op. cit.*, 21, 176.

de cœur. Voulez-vous donc m'empêcher d'apprendre la leçon que Dieu m'a donnée et êtes-vous plus savant que Dieu[40] ? »

Cette vertu de douceur, certaines âmes semblent être nées avec, la plupart devront l'acquérir et au prix d'une lutte de tous les jours. Même s'il fut doté d'une bonne nature, on peut tout de même penser que François de Sales appartient à la seconde catégorie. Il confia qu'une fois, sous l'injure, il avait senti « la colère bouillonner dans son cerveau comme l'eau dans un vase sur le feu[41]. » À force de combats dans la maîtrise de lui-même, voici à quoi il parvint, nous en sommes émerveillés : un jour, ayant été agressé verbalement par un homme grossier et colérique, François ne répondit que par le silence. Le vicaire général, constatant que l'évêque n'avait même pas ouvert la bouche pour se défendre, ne comprenait pas pourquoi il n'avait pas cherché à faire taire cet insolent. Saint François de Sales répondit : « J'ai fait un pacte avec ma langue : elle se taira tant que mon cœur sera troublé, et ne répondra jamais à aucune parole qui puisse me pousser à la colère. Il me fallait donc éviter d'aigrir davantage ce pauvre homme en essayant de lui faire comprendre son tort. En réfléchissant, il deviendra plus sage et se repentira de sa faute[42]. »

Les circonstances nous amènent parfois à pratiquer la correction fraternelle, à être dans l'obligation de contredire une personne : tout ceci appartient aussi à l'exercice de la charité. Là encore notre saint recommande la douceur : « Quand il importe de contredire quelqu'un et d'opposer son opinion à celle d'autrui, il faut user de grande douceur et dextérité, sans vouloir violenter l'esprit

40. Hamon Le tourneau, *Vie de saint François de Sales*, Tome 2, p 511.

41. Fabius Henrion, *Saint François de Sales. Les plus belles pages des œuvres complètes*, Paris, éd. Mame, 1928, p. 10.

42. Giulio Barberis, *Vita di San Francesco di Sales*, SEO, Turin, 1919, III, cap. X, p. 90. Cité par le père Gilles Jeanguenin, *Fioretti de saint François de Sales,* éd. Presses de la Renaissance, 2018, p. 116-117.

de personne, car aussi bien ne gagne-t-on rien en agissant avec âpreté… l'esprit humain peut être persuadé, non pas contraint. Le contraindre, c'est le révolter[43]. »

Faire preuve de charité douce et délicate touche à coup sûr d'autres personnes. La bonté détient un pouvoir puissant d'évangélisation. Cette douce charité n'a rien à voir avec la faiblesse, au contraire elle se révèle d'une grande force et entoure d'une grande autorité humaine et spirituelle celui qui la cultive. La douceur de saint François de Sales faisait l'admiration de son ami, l'évêque de Belley. Celui-ci confia à un autre prélat : « Il fait ce qu'il veut, et d'une manière si suave et néanmoins si forte, que rien ne peut lui résister. Mille tombent à sa gauche et dix mille à sa droite. Tout cède à ses persuasions. » Et son interlocuteur de répondre : « C'est cette douceur même qui le rend si puissant[44]. » Saint François de Sales avait parfaitement conscience du charme irrésistible qu'exerçait l'humble et pure douceur : « L'on attire plus de mouches avec une cuillerée de miel qu'avec cent barils de vinaigre […] si l'esprit humain se cabre contre la rigueur, par la suavité il se rend pliable à tout[45]. »

## Charité désintéressée

Avec la bonté, la douceur, il est une autre dimension de l'amour du prochain admirablement pratiquée et enseignée par François de Sales : le désintéressement, la gratuité.

> « Le grand bien, notre bonheur en la perfection serait de n'avoir nul désir d'être aimé des créatures. Que vous importe si l'on vous aime ou non ? Si vous rencontrez des occasions où il vous semble qu'on ne vous aime pas, il faut passer outre, sans vous amuser à les considérer. Nous

43. *Esprit de saint François de Sales*, éd. Desclée, Paris, 1908, p. 385-386.
44. *Ibid.*, p. 398.
45. *Ibid.*, p. 295.

> devons aimer et affectionner le prochain, et chacun en son rang, selon le désir de Notre Seigneur, faisant tout ce qui nous est possible pour les contenter et leur profiter, car c'est le désir de Dieu. S'il plaît à Dieu que nous ayons l'amour de leurs cœurs, c'est une grande consolation et bénédiction de Dieu; si cela ne plaît pas à sa Bonté, et que nous devions nous contenter de l'amour du Cœur de Notre Seigneur, c'est bien assez[46]. »

Sainte Jeanne de Chantal renchérit dans ce sens auprès de ses visitandines : « Si j'aime mes sœurs avec l'espérance qu'elles m'aimeront réciproquement et me feront des services, tout cela est imparfait et indigne de notre vocation[47]. »

La charité désintéressée n'est pas seulement une marque de perfection de l'amour fraternel, cette gratuité dans la manière d'aimer est source de grande paix et joie. Pourquoi donc? Aimer l'autre sans rien exiger en retour correspond à l'orientation profonde de notre cœur. À l'inverse, aimer de manière captative ou intéressée va à rebours de ce pour quoi nous avons été créés, cela ne peut donc que perturber notre quiétude et notre bonheur. Si nous savions aimer *à perte* – « que ta main gauche ignore ce que fait ta main droite » (Mt 6,3) –, nous nous éviterions bien des souffrances, bien des déceptions et bien des tristesses inutiles. Seul l'amour-don sans retour, qui ne cherche pas d'intérêt « sur placement », seule cette charité pure et désintéressée apporte liberté et dilatation intérieure, et ceci quelle que soit la manière dont l'autre se comportera en retour.

46. Saint François de Sales, *Œuvres*, *op. cit.*, 21, 188.
47. Sainte Jeanne de Chantal, *Entretien XIV et XIX*. Cf. Père Denys Mezard, *Doctrine spirituelle de sainte Jeanne de Chantal*, *op. cit.*, p. 252.

## CHAPITRE 10

# LE COMBAT SPIRITUEL

Nous serions tentés de penser que saint François de Sales accorde finalement peu de place à l'ascèse et au combat spirituel. Ce genre d'exercices sentirait la sueur, réclamerait des efforts vertueux avec le risque d'orgueil et d'oubli du primat de la grâce : tout ceci serait parfaitement contraire à la doctrine salésienne, toute en douceur et en lâcher-prise. C'est bien mal connaître l'enseignement de notre saint que de penser les choses ainsi. Lorsque le jeune François de Sales fit ses études de droit à Padoue, en Italie, vers 1590, il découvrit ce monument de la tradition spirituelle qu'est le *Combat spirituel*, ouvrage attribué à Lorenzo Scupoli. Il en fut particulièrement nourri, si bien qu'il le porta constamment dans sa poche durant de nombreuses années[1]. Il confia à monseigneur Camus : « Dès ma jeunesse, c'est mon maître aux choses de l'esprit et de la vie intérieure[2]. » Que ce soit clair, même si avec François tout doit être adapté selon les capacités de chacun, le combat spirituel, la mortification, la détermination dans l'acquisition des vertus, tout cela fait partie intégrante de la doctrine salésienne. Comment en serait-il autrement ? Sans cette dimension, François de Sales

1. « Ma chère fille, lisez le 28e chapitre du *Combat spirituel*, qui est mon cher livre, et que je porte en ma poche il y a bien dix-huit ans », écrit François de Sales à Jeanne de Chantal le 24 juillet 1607.
2. Camus, *Esprit du bienheureux*, 14. 16. Cité par Henri Lemaire, *François de Sales. Docteur de la confiance et de la paix*, éd. Beauchesne, 1963, p. 24.

n'aurait jamais pu être mis sur les autels et encore moins être déclaré docteur de l'Église.

## 1 – Le combat pour la vertu

Nous naissons tous marqués par le péché originel. Le Christ, en sa mort et sa résurrection, a effectivement rétabli l'Alliance entre Dieu et les hommes, qui avait été rompue avec la faute du premier couple. Mais si la blessure du péché originel a été guérie, demeurent en nous les conséquences de ce péché des origines : une fragilité intérieure, une faiblesse qui nous pousse à nouveau à pécher. La tradition spirituelle l'appelle *concupiscence* : « La vie nouvelle, enseigne le *Catéchisme*, reçue dans l'initiation chrétienne, n'a pas supprimé la fragilité et la faiblesse de la nature humaine, ni l'inclination au péché que la tradition appelle la concupiscence, qui demeure dans les baptisés[3]. » Le fait que Dieu ait permis que ce foyer de concupiscence demeure en tout homme, doit être envisagé de manière positive, comme y invite François de Sales :

> « Dieu hait le péché souverainement. Et pourtant sa sagesse le permet. Il le permet pour laisser sa créature raisonnable agir selon la nature qu'il lui a donnée, et pour que les bons grandissent en son estime, puisque, pouvant violer la loi, ils ne le font pas. Adorons, bénissons cette permission. Mais puisque la Providence hait infiniment le péché, tout en le permettant, haïssons-le avec elle[4]. »

« Haïssons le péché », le combat spirituel consiste en une lutte incessante contre la concupiscence : puisqu'il y a dans ma chair une loi qui contredit mon esprit comme le dit saint Paul. Saint François de Sales explique par ailleurs qu'il est nécessaire non

3. *Catéchisme de l'Église catholique*, n° 1426.
4. Saint François de Sales, *Traité de l'amour de Dieu*, *op. cit.*, p. 637.

seulement de détester le péché, mais aussi et surtout de se détacher de cette concupiscence qui, telle une glu, nous tient collés aux mauvais penchants :

> « Il ne suffit pas que vous quittiez le péché, encore faut-il détacher votre cœur de tous les liens qui découlent du péché. Car, outre le danger de retomber, ces liens maintiendraient votre esprit dans une faiblesse et une lourdeur languissantes, qui l'empêcheraient d'agir promptement, ardemment et fréquemment, alors que c'est en cela que consiste précisément la vraie vie spirituelle[5]. »

À travers ces quelques citations, nous voyons que François de Sales n'envisage pas le combat spirituel comme une lutte purement morale, de la vertu pour la vertu. Le combat *moral* est entrevu comme la condition de la vie *théologale*, la lutte contre les péchés permet à l'amour de Dieu un plus grand envahissement dans l'âme : « Ouvrez grand votre cœur pour en extraire les péchés. À mesure qu'ils en sortiront, les précieux mérites de la Passion y entreront et le rempliront de bénédictions[6]. »

### *On ne voit bien son péché qu'une fois sorti du péché*

Si nous pouvions voir en un seul instant la gravité de nos péchés, les dégâts qu'ils occasionnent dans notre âme, le mal qu'ils font aux autres et même au cosmos, sans compter les blessures qu'ils infligent au cœur de notre bon Jésus, nous changerions de vie sur-le-champ. Mais alors pourquoi une telle inertie ? C'est que le péché ne blesse pas seulement l'amour, il aveugle le pécheur sur son propre péché. En fait, on ne voit la gravité du péché que lorsqu'on en est sorti : dans le péché on est comme anesthésié. Saint François de Sales décrit très bien ce phénomène : « À mesure que la lumière

5. Saint François de Sales, *Introduction à la vie dévote*, *op. cit.*, p. 70.
6. *Ibid.*, p. 114.

du jour se lève, nous voyons mieux, dans le miroir, la malpropreté de notre visage. À mesure que la lumière du Saint-Esprit éclaire notre conscience, nous voyons plus distinctement nos péchés [...]. Mais la même lumière qui nous les fait voir, avive aussi en nous le désir de nous en libérer[7]. »

### *« Un cœur qui aime, aime les commandements »*

Tout se tient : le péché aveuglant le pécheur sur la gravité de la faute, ce même péché, à force d'être commis, finit par émousser la conscience morale, si bien que les commandements de Jésus et la morale de l'Église ne lui apparaissent plus dans leur beauté. Ils sont entrevus de manière négative : des préceptes tristes destinés uniquement à contrer sa liberté. Seul l'Esprit d'amour peut « revirginiser » le regard porté sur les commandements et donner d'en percevoir toute la sagesse et la noblesse :

> « Pour développer en nous l'amour des commandements de Dieu, nous devons les considérer dans leur beauté, qui est admirable. [...] Un cadeau fait d'autant plus plaisir qu'il est offert par un ami. Les plus doux commandements seraient bien amers s'ils étaient imposés par un tyran, mais ils deviennent aimables si c'est l'amour qui les ordonne[8]. »

### *Mener le bon combat avec la grâce de Dieu*

On a malheureusement trop souvent tendance à opposer combat spirituel et abandon à la grâce, comme si l'un relevait du faire et l'autre du laisser-faire. En fait, ils se nourrissent l'un l'autre. En effet, la lutte intérieure devient épuisante et finalement désespérante lorsqu'elle sort de l'orbite de la grâce divine. Rebondissant sur

---

7. Saint François de Sales, *Traité de l'amour de Dieu*, *op. cit.*, p. 121.
8. *Ibid.*, p. 558.

la parole bien connue du Cantique des Cantiques – « attirez-moi, nous courrons à l'odeur de vos parfums » (Ct 1,4) –, saint François de Sales enseigne : c'est « comme si elle [la bien-aimée] eût voulu dire : De moi-même je suis immobile, mais quand vous m'attirerez, je courrai. Le divin Amant de nos âmes nous laisse souvent englués dans nos misères, afin que nous sachions que notre délivrance vient de lui, et que, quand nous l'aurons, nous la tenions bien chère comme un don précieux de sa bonté[9]. » L'acquisition des vertus et la lutte spirituelle pour les faire croître se trouvent au carrefour et de l'union de volonté – les commandements étant l'expression de la volonté de Dieu – et de l'abandon à sa grâce, sans laquelle il est impossible de produire des œuvres de grâce.

Dans le combat spirituel, la victoire commence par une défaite, serions-nous tentés de dire. Si le Christ seul est victorieux du mal, le premier acte de l'âme engagée dans la bataille spirituelle est de se rendre à Dieu, tel un vaincu… ceci afin d'obtenir la victoire, mais « par » le Très-Haut. Il faut dire à notre Seigneur, écrit François, « il est vrai que je n'aurai pas la force de faire ou de supporter telle chose de moi-même, mais je m'en réjouis, d'autant que ce sera votre force qui le fera en moi. Et sur cet appui, allez à la bataille courageusement, et ne doutez point que vous remportiez la victoire[10] ». L'audace de François nous entraîne encore plus loin. Selon lui, l'âme qui a une vive conscience d'être sans vertu a toutes les dispositions pour une belle ascension spirituelle, il lui suffit d'un peu de bonne volonté et Dieu fera le reste : « Si vous n'avez point de vertu, ou que vous n'en aperceviez point en vous, ne vous mettez pas en peine. […] Dieu aura soin de vous, et sera obligé de vous pourvoir de tout ce qui vous sera nécessaire[11]. » Pour grandir en vertu, cette capitulation de l'âme, dont nous parlions à l'instant, ne s'oppose nullement à son indispensable coopération. Renonçant à vouloir par elle-même diviniser ses actes, la personne se jette dans

9. Saint François de Sales, *Œuvres*, *op. cit.*, 6, 14.
10. *Ibid.*, 6, 155.
11. *Ibid.*, 6, 91.

la bataille en demeurant à sa place, se recevant constamment de Dieu pour mieux coopérer à la grâce : « L'initiative, le progrès, et l'accomplissement de tout le bien que nous faisons, nous ne le devons qu'à sa miséricorde. [...] Ce qu'il fait pour nous, nous le faisons pour lui. Il agit avec nous, nous *coopérons* avec lui[12]. »

## *Persévérance*

Voici quelques années, un bon vieux curé tint ce propos plein de sagesse à un futur prêtre à la veille de son ordination : « Je demande au Bon Dieu que tu sois un feu qui *dure* et non pas un feu qui *flambe* ! » Reconnaissons-le, le style de vie actuel ne favorise guère les feux qui durent : nous manquons de « racines » profondes, nous sommes souvent des « flambeurs », autrement dit des hommes « d'un moment », pour reprendre les mots de l'Évangile (Mt 13,21). À toutes les époques, mais plus encore de nos jours, la vertu qui dure et qui endure, la persévérance, est difficile à tenir : « De par sa fragilité, lit-on dans l'*Introduction à la vie dévote*, et sa tendance innée à descendre plutôt qu'à monter, notre nature humaine est sujette à l'inconstance. Tenir ses résolutions, rester ferme dans ses propos, exige d'elle une grande force d'âme[13]. »

La constance est en quelque sorte une colonne vertébrale pour l'homme, elle lui permet de tenir debout quelles que soient les rafales de vent. Sans cette ténacité qui s'inscrit dans la durée, notre combat spirituel ne sera qu'un feu de paille, il portera peu de fruits. Cette persévérance, comme le dit François avec le saint concile de Trente : “Nous ne pouvons la recevoir que de Dieu, qui seul peut affermir celui qui est debout, et relever celui qui tombe.” »

La persévérance est une vertu indispensable, entre autres pour trois raisons fondamentales :

12. Saint François de Sales, *Traité de l'amour de Dieu*, *op. cit.*, p. 791 et 790.
13. Saint François de Sales, *Introduction à la vie dévote*, *op. cit.*, p. 457.

Personne ne peut être persévérant « à ma place », pas même Dieu, c'est bien à moi de le vouloir, avec sa grâce bien évidemment : « Je veux dire que si elle [la persévérance] ne dépend pas de nos propres forces, il n'empêche qu'elle est en notre pouvoir par le moyen du vouloir. [...] Même si la grâce divine nous est nécessaire pour vouloir persévérer, il demeure que notre vouloir est bien en notre pouvoir[14]. »

Il faut vraiment s'accrocher dans la conquête de la vertu, car ce n'est qu'au prix de nombreux actes vertueux qu'on peut espérer guérir d'un défaut ou infléchir un mauvais penchant : « Les habitudes que nous acquérons par notre volonté ne disparaissent pas par un seul acte qui leur serait contraire[15] » ; « Ce n'est que par les actes réitérés que nous acquerrons les vertus[16]. »

Ajoutons enfin que la détestation du péché réclame une grande énergie, car cette conversion, surtout dans les premiers temps, fait violence et prend à contrepied le moi, peu porté à l'effort, à la réparation et à la pénitence :

> « La pénitence, écrit François dans le *Traité de l'Amour*, est un repentir qui nous fait rejeter et détester le péché que l'on a commis. À quoi s'ajoute la résolution de réparer l'offense faite à celui contre qui l'on a péché, du moins autant qu'il est possible. J'inclus en effet dans la pénitence la volonté de réparer. Un repentir qui ne voudrait pas réparer signifierait que le pécheur ne déteste pas assez le mal qu'il a commis. Il en laisse subsister le principal effet qui est l'offense et l'injure[17]. »

14. Saint François de Sales, *Traité de l'amour de Dieu*, *op. cit.*, p. 237-238.
15. *Ibid.*, p. 296.
16. Saint François de Sales, *Œuvres*, *op. cit.*, 6, 196.
17. Saint François de Sales, *Traité de l'amour de Dieu*, *op. cit.*, p. 193.

## *Rechercher la perfection, pas le perfectionnisme*

*Attention* n'est pas *tension*! Autant le combat pour la vertu demande qu'on s'y applique avec attention, autant nous devons éviter toute tension excessive. S'il nous faut tout faire pour tendre à la perfection, faisons tout par ailleurs pour ne pas tomber dans le piège du perfectionnisme. Dieu est ami de la paix et aime à travailler dans les âmes tranquilles :

> « En notre lutte spirituelle, [...] il faut avoir le soin que Dieu veut que nous ayons de nous perfectionner, et néanmoins lui laisser le soin de notre perfection. Dieu veut que nous ayons un soin tranquille et paisible, qui nous fasse faire ce qui est jugé propre [...] quant au reste, que nous nous reposions en son soin paternel, tâchant autant qu'il nous sera possible de tenir notre âme en paix, car la demeure de Dieu a été faite en paix[18]. »

L'âme risque le dérapage du perfectionnisme lorsqu'elle est tentée de se jauger et de se juger sans cesse dans sa conquête pour la vertu. En tout, restons bien les yeux fixés sur Jésus :

> « Dieu nous a commandé de faire tout ce que nous pouvons pour avancer dans la pratique des vertus. Par conséquent, ne négligeons rien pour y parvenir. Mais après avoir planté et arrosé, soyons persuadés que c'est Dieu qui fait croître l'arbre de notre bonne volonté et de nos pratiques. C'est donc de sa Providence que nous devons attendre l'exaucement de nos désirs et le fruit de nos efforts[19]. »

18. Saint François de Sales, *Œuvres*, *op. cit.*, 6, 50-51.
19. Saint François de Sales, *Traité de l'amour de Dieu*, *op. cit.*, p. 631.

Non seulement le perfectionniste a tendance à *s'épier* lui-même mais aussi à *s'évaluer*, il voudrait sans arrêt soupeser ses progrès afin de pouvoir contempler sa vertu :

> « Vous demandez si on peut savoir si on avance à la perfection ou non. Je réponds, dit François à ses religieuses, que nous ne connaîtrons jamais notre propre perfection, car il nous arrive comme à ceux qui naviguent sur la mer : ils ne savent pas s'ils avancent, mais le pilote, qui connaît l'air où ils naviguent, le connaît. Ainsi nous ne pouvons pas juger de notre propre avancement[20]. »
> « Pas d'inquiétude si nous nous trouvons toujours novices dans la pratique des vertus. Au monastère de la vie dévote, nous sommes toujours novices[21]. »

Pour éviter le perfectionnisme et une trop grande tension dans la pratique de la vertu, on évitera de « courir 36 lièvres à la fois », comme dit la maxime populaire. C'est souvent le lot des âmes généreuses, mais d'une générosité mal placée : elles désirent tellement bien faire qu'elles veulent tout embrasser, être sur tous les fronts et livrer bataille en même temps à tous leurs défauts : « Il en va de même des vertus. Elles ne s'acquièrent pas ensemble et d'un coup[22]. » Ces âmes perfectionnistes risquent l'épuisement et le découragement. Il faut savoir que les vertus sont intimement reliées entre elles : pratiquer assidûment une seule vertu pendant une période attire forcément les autres. « Les vertus parfaites ne vont jamais les unes sans les autres », titre un chapitre du *Traité de l'Amour de Dieu*[23], « qui aime une vertu [...] aimera toutes les vertus, puisqu'en toutes il aura même sujet de les aimer[24] ».

20. Saint François de Sales, *Œuvres*, *op. cit.*, 6, 129.
21. Saint François de Sales, *Traité de l'amour de Dieu*, *op. cit.*, p. 631.
22. *Ibid.*, p. 793.
23. *Ibid.*, p. 793.
24. *Ibid.*, p. 794.

Nous croisons à nouveau la vertu de patience et de douceur envers soi-même, alliée indispensable dans la quête de la perfection et de la coopération vertueuse : « Il y aurait un grand danger pour l'âme qui a longtemps servi ses passions [...] de devenir orgueilleuse et vaine, si elle devenait parfaitement maîtresse d'elle-même en peu de temps [...]. Il faut avoir patience avec tout le monde, mais premièrement avec vous-même[25]. »

## *Dans la tentation : sentir n'est pas consentir*

La lutte contre les péchés et pour l'acquisition des vertus ne pourra jamais faire l'économie de la tentation. Les tentations, voilà bien encore une occasion de perdre la paix. Comment les négocier sans chavirer ? Lorsque se présente une tentation, faisons bien la différence : être tenté n'est pas encore pécher, « sentir n'est pas consentir », selon l'expression bien connue de François de Sales[26]. Avoir cette clé en poche est indispensable pour mener le bon combat à l'heure de la tentation et nous éviter des scrupules inutiles. Notre saint, merveilleux pédagogue de la vie spirituelle, désireux de pacifier les âmes en leur prêchant la vérité, distingue trois phases de la tentation conduisant au péché : suggestion, délectation, consentement.

### Suggestion

Pour expliquer aux fidèles qu'au premier stade de la tentation, la *suggestion*, il n'y a pas encore péché, mais seulement incitation au péché, saint François de Sales rapporte le témoignage impressionnant de sainte Catherine de Sienne : un esprit mauvais l'assaillait et assaillait plus particulièrement sa pudeur par une foule de suggestions obscènes qui l'habitaient intérieurement et parvenait en elle par tous les sens. Seule sa volonté de lutter lui

25. Saint François de Sales, *Œuvres*, *op. cit.*, 13, 19.
26. Saint François de Sales, *Introduction à la vie dévote*, *op. cit.*, p. 399.

permettait de maintenir la tête hors de l'eau dans cette tempête des sens et de l'imagination. Lors d'une apparition de notre Seigneur, elle lui demanda :

> « "Où étiez-vous, mon doux Seigneur, quand mon cœur était plein de ténèbres et d'ordures ?" À quoi il répondit : "J'étais dans ton cœur ma fille." "Eh quoi, répliqua-t-elle, vous étiez dans mon cœur, alors que l'occupaient tant de choses abjectes ? Habitez-vous dans de tels lieux ?" Et notre Seigneur lui dit : "Que provoquaient en toi ces pensées si impures, te donnaient-elles du plaisir ou de la tristesse, de l'amertume ou de la complaisance ?" Elle répondit : "Tristesse et amertume extrêmes." Il répliqua : "Qui donc distillait en ton cœur cette amertume et cette tristesse, sinon moi qui y demeurais caché ? Sois assurée que, si je n'avais pas été présent, ces pensées qui tournaient autour de ta volonté et ne parvenaient pas à l'investir, en seraient sûrement venues à bout. [...] Mais parce que j'étais là, je mettais en toi cette tristesse et cette résistance par lesquelles tu refusais d'y consentir. Plus grande était la tentation, plus tu en étais oppressée, et plus tu la haïssais et la repoussais. Et ainsi, ces peines furent d'un grand mérite pour toi : ta vertu et ta force en sont ressorties grandies[27]." »

Le témoignage est suffisamment parlant : au stade de la suggestion, il n'y a pas encore péché.

### Délectation

Avec le second stade, la seconde phase de la tentation, la suggestion déclenche une émotion très violente, jusqu'à provoquer une forme de *délectation*. Nous sommes toujours au stade de la

27. *Ibid.*, p. 404-405.

provocation émotionnelle, mais pas encore dans le consentement volontaire. Notre docteur des âmes explique :

> « Pour la délectation, il n'en va pas de même. Nous avons deux parties en notre âme : l'inférieure et la supérieure. L'inférieure ne suit pas toujours la supérieure, et en reste séparée. Aussi arrive-t-il souvent que l'inférieure se complaise dans la tentation, non seulement sans le consentement mais franchement contre la volonté de la supérieure. C'est ce déchirement que saint Paul nous décrit quand il nous dit que sa chair convoite contre l'esprit, qu'il y a une loi des membres et une loi de l'esprit, et autres choses semblables[28]. »

### Consentement

Il n'y a véritablement péché qu'avec ce troisième stade de la tentation, lorsque l'âme consent volontairement à la suggestion mauvaise, lorsqu'elle la laisse pénétrer en elle au point de s'y arrêter, de s'y complaire. Nous ne sommes plus dans le *sentir* mais dans le *consentir*. Un propos de Jésus éclaire cette distinction lorsqu'il évoque avec ses disciples la vertu de chasteté : « Moi je vous dis : Quiconque *regarde une femme pour la désirer* a déjà commis, dans son cœur, l'adultère avec elle » (Mt 5,28). En reprenant les paroles de Jésus, on peut dire que *Regarder une femme* peut relever des deux premières phases : il n'y a pas encore péché. Mais lorsque l'âme regarde la femme *pour la désirer*, alors il y a consentement volontaire à la suggestion mauvaise, il y a péché d'adultère.

Cette distinction entre sentir et consentir n'a rien à voir avec cette casuistique qui raffole de couper les cheveux en quatre. Bien au contraire, cette mise à plat du processus de la tentation, de ce qui n'est pas encore péché et de ce qui le devient réellement, est un

28. *Ibid.*, p. 401.

service rendu à la conscience afin qu'elle demeure en paix et ne voie pas du péché partout.

## 2 – Pratiquer l'humble vertu de l'humilité

Saint François de Sales a une prédilection pour les vertus cachées, les « vertus de tous les jours »[29]. Il écrit à la baronne de Chantal, la future sainte Jeanne de Chantal : « Cheminons par ces basses vallées des humbles et petites vertus[30]. » Cette dernière en fit son miel, elle a toujours reconnu dans cette insistance un élément fondamental du testament spirituel que François légua aux religieuses de la Visitation et à l'Église : « Notre bienheureux Père voulait que nous fussions dans l'Église de Dieu comme de petites violettes, sans éclat, sans apparence extérieure[31]. »

Tout au long de notre parcours, plusieurs vertus ont déjà été évoquées. Nous voudrions nous attarder plus longuement sur la vertu des vertus : l'humilité. Il faut batailler dur pour pénétrer dans le sanctuaire de la petitesse et surtout pour y demeurer. Cet esprit d'humilité « ne s'acquiert que par des actes réitérés », prévient notre saint[32]. Ceci dit, le combat pour acquérir l'humilité en vaut vraiment la peine. En effet, l'âme qui adopte cette vertu s'évite une quantité de troubles inutiles, la sérénité sera rapidement son partage.

29. *Ibid.*, p. 205.

30. Saint François de Sales, *Lettre* CCCVIII à la Baronne de Chantal, septembre 1605.

31. Sainte Jeanne de Chantal, *Entretien LXXIII.* Cf. Père Denys Mezard, *Doctrine spirituelle de sainte Jeanne de Chantal, op. cit.*, p. 286.

32. Saint François de Sales, *Œuvres, op. cit.*, 6, 73.

## *Pourquoi désirer l'humilité ?*

Partons d'une définition de l'humilité donnée par sainte Jeanne de Chantal à ses religieuses :

> « Mes chères filles, l'humilité n'est pas autre chose que le mépris et la démission de soi-même et de sa volonté, aimer son néant, sa misère et son abjection, souffrir et vouloir doucement, gaiement et amoureusement qu'on nous tienne et traite pour ce que nous sommes. Certes, c'est aller bien avant que d'en venir là, car cette connaissance de nous-mêmes n'est que le premier degré de l'humilité[33]. »

Certains trouveront peut-être qu'elle aurait pu mettre un peu d'enrobage pour dire les choses ! Effectivement, elle tranche dans le vif, mais on sait au moins où on va.

### L'humilité, c'est la vérité

Notre doux François cultive une haute vision de l'humilité : « L'humilité n'est pas autre chose qu'une parfaite reconnaissance que nous ne sommes rien, qu'un pur néant, et elle nous fait tenir en cette estime de nous-mêmes[34]. » Si nous pensons que nos deux saints ont une définition « pessimiste » de l'humilité, c'est notre mentalité moderne qui le juge ainsi. En effet, François et Jeanne ne font que s'inscrire dans ce que la Tradition spirituelle a toujours enseigné. Le fait que nous soyons éventuellement heurtés par leur manière d'envisager les choses trahit malheureusement un inquiétant relâchement de l'esprit moderne.

33. Sainte Jeanne de Chantal, *Entretien IV.* Cf. Père Denys Mezard, *Doctrine spirituelle de sainte Jeanne de Chantal, op. cit.*, p. 182.
34. Saint François de Sales, *Œuvres, op. cit.*, 6, 74.

L'humilité n'est rien d'autre que la vérité, et la vérité n'est rien d'autre que ceci : par nous-mêmes nous ne sommes que néant et péché; le bien qui peut se faire en nous, même s'il est accompli avec notre collaboration, n'a que Dieu en définitive pour origine. Si la définition de l'humilité est bien ce qu'en disent nos deux saints, cette vertu est le début de la sagesse : tout recevoir de Dieu et tout lui retourner. À l'inverse, nourrir des sentiments d'orgueil, s'approprier telle réussite, tout ceci relève de la bêtise : « C'est une parole qui m'a donné souvent à penser : “toutes les créatures ne sont rien devant Dieu”, enseigne Jeanne à ses sœurs [...]. Cette pensée est salutaire, parce qu'elle porte puissamment l'âme à la connaissance de sa bassesse. “Connaître cette bassesse, disait notre bienheureux Père, c'est n'être pas bête[35].” »

## Seule l'humilité « attire » Dieu dans l'âme

L'humilité exerce une attraction irrésistible sur le cœur de Dieu : « Dieu résiste aux orgueilleux, mais c'est aux humbles qu'il donne sa grâce » (1P 5,5). Ce pouvoir d'aimantation de l'humilité s'explique assez facilement. Ne dit-on pas d'une personne suffisante qu'elle est « pleine » d'elle-même? Remplie d'elle-même, comment Dieu pourrait-il trouver de la place pour y déposer son amour et sa grâce? À nouveau Jeanne de Chantal : « S'il y a quelqu'une qui présume quelque chose de soi, qu'elle recoure à la connaissance de sa bassesse. Qu'elle ne s'arrête pas là, mais qu'elle aime cette petitesse, vileté, abjection, et désire que toutes la traitent comme abjecte et chétive, ainsi elle acquerra la sainte humilité. Sachez, mes sœurs, que *l'humilité est le siège de la grâce*[36]. » On saisit

35. Sainte Jeanne de Chantal, *Exhortation IV pour le 3e dimanche de l'Avent*. Cf. Père Denys Mezard, *Doctrine spirituelle de sainte Jeanne de Chantal*, *op. cit.*, p. 289.
36. Sainte Jeanne de Chantal, *Exhortation IV pour le 3e dimanche de l'Avent*. Cf. Père Denys Mezard, *Doctrine spirituelle de sainte Jeanne de Chantal*, *op. cit.*, p. 289.

mieux pourquoi l'humilité est la vertu des vertus, sa seule présence attire les autres vertus : « Oh ! s'écrie la mère de Chantal, si nous pouvions une fois acquérir cette vertu, nous aurions bientôt toutes les autres. Car, comme elle est la mère de toutes, elle n'entre point en une âme sans être accompagnée[37]. »

Lorsque Jésus s'apprête à vivre le mystère pascal, il s'écrie : « Père, glorifie ton Fils afin que ton Fils te glorifie » (Jn 17,1). Dans l'humiliation de la Passion, où s'exprime la suprême humilité du Fils de Dieu, il y a comme une glorification mutuelle du Père et du Fils. Même à notre petit niveau humain, la pratique de l'humilité peut engendrer la même réciprocité :

**Lorsque l'humble glorifie Dieu.** L'âme humble glorifie, honore puissamment le Père, elle lui est profondément agréable :

> « Si nous avions les yeux bien ouverts, et le goût intérieur bien disposé pour savourer les fruits de l'humilité et de l'anéantissement, nous serions dans un continuel bonheur, puisque c'est cela qui peut nous rendre agréables devant Dieu[38]. »
> « Il n'y a que les humbles qui glorifient et honorent Dieu comme il faut, parce que, reconnaissant que d'eux-mêmes ils ne sont rien et ne peuvent rien de bon, ils rendent à Dieu l'honneur et la gloire de tout ce qu'ils font de bien, connaissant et confessant qu'il est la source et l'origine de toutes grâces et vertus[39]. »

37. Sainte Jeanne de Chantal, *Instruction VIII*. Cf. Père Denys Mezard, *Doctrine spirituelle de sainte Jeanne de Chantal*, *op. cit.*, p. 269-270
38. Sainte Jeanne de Chantal, *Entretien XL*. Cf. Père Denys Mezard, *Doctrine spirituelle de sainte Jeanne de Chantal*, *op. cit.*, p. 292.
39. Sainte Jeanne de Chantal, *Entretien XL*. Cf. Père Denys Mezard, *Doctrine spirituelle de sainte Jeanne de Chantal*, *op. cit.*, p. 292.

**Lorsque Dieu glorifie l'humble.** L'humilité exerce un irrésistible attrait sur le Cœur de Dieu ; cela ne peut, en retour, qu'attirer dans l'âme de multiples grâces de l'Esprit. On peut dire que l'humilité, comme la femme de l'Évangile qui avait des pertes de sang, a le pouvoir de « voler » Dieu à Dieu, de lui subtiliser un peu de sa force et de ses grâces : « Quelqu'un m'a touché, dit Jésus. Car j'ai senti qu'une *force était sortie de moi* » (Lc 8,48). « Mes chères filles, enseigne Jeanne, croyez-moi, Dieu veut tirer sa gloire de votre petitesse. Votre éclat doit être de n'avoir point d'éclat ; votre grandeur d'être très petites à vos yeux[40]. »

### Seule l'humilité « tire » l'âme en Dieu

Nous allons vérifier à nouveau le profond équilibre de la pensée de François de Sales. Si, pour notre saint, l'humilité comporte un premier volet, celui de la connaissance de notre *rien*, ce premier aspect est indissociable d'un second : la capacité du rien que nous sommes à s'unir au *Tout*, à Dieu lui-même. « Cette parole des philosophes – "connais-toi toi-même" – doit s'entendre non seulement de la connaissance de notre vileté et misère, mais encore de celle de l'excellence et dignité de nos âmes, lesquelles sont capables d'être unies à la divinité par sa divine bonté, qui a mis en nous un certain instinct, lequel nous fait toujours tendre et prétendre à cette union en laquelle consiste tout notre bonheur[41]. »

Finalement, la conception salésienne de l'humilité est tout en tension positive : oui, c'est la vérité, nous ne sommes rien par nous-mêmes, et pécheurs par surcroît, mais cette *défiance* envers nous-mêmes fonctionne comme un ressort provoquant une immense *confiance* en Dieu. « L'humilité ne consiste pas seulement à nous défier de nous-mêmes, mais aussi à nous confier en Dieu. La défiance de nous-mêmes et de nos propres forces produit la

40. Sainte Jeanne de Chantal, *Entretien LXXIII*. Cf. Père Denys Mezard, *Doctrine spirituelle de sainte Jeanne de Chantal*, *op. cit.*, p. 285.
41. Saint François de Sales, *Œuvres*, *op. cit.*, 6, 76.

confiance en Dieu, et de cette confiance naît la générosité.[42] » Nous avons repéré le retournement opéré par François. Selon lui, la pauvreté et la misère ne sont pas le dernier mot, puisqu'aux yeux de Dieu notre pauvreté attire irrésistiblement sa puissance, puisque notre misère attire irrésistiblement sa miséricorde. Il y a donc fausse humilité lorsque l'âme passe son temps à s'apitoyer sur elle-même et sur ses misères au point de ne voir qu'elles. Choisissons plutôt l'authentique et bienheureuse humilité, l'humilité proprement chrétienne qui plaît à Dieu : l'âme voit en vérité son néant et sa crasse, mais elle ne s'arrête pas là, elle transforme tout cela en tremplin pour se jeter en Dieu. L'humilité vraie pousse donc à toutes les audaces, puisque Dieu peut tout. Il peut, tel un ascenseur, hisser notre pauvreté native jusqu'en sa sainteté et sa béatitude :

> « L'humilité qui ne produit point la générosité est indubitablement fausse, car après qu'elle ait dit "Je ne puis rien, je ne suis rien qu'un pur néant", elle cède aussitôt la place à la générosité de l'esprit, laquelle dit "Il n'y a rien et il ne peut rien y avoir que je ne puisse, puisque je mets toute ma confiance en Dieu qui peut tout." Et sur la base de cette confiance, l'âme entreprend de faire tout ce qu'on lui commande[43]. »

### *« L'esprit d'humilité »*

Toujours à propos de la petitesse, saint François de Sales fait une distinction importante entre *l'humilité* et *l'esprit d'humilité* : « L'humilité, c'est de faire quelque acte pour s'humilier. L'habitude est d'en faire à toute rencontre et en toutes occasions qui se présentent. Mais l'esprit d'humilité est de se plaire en l'humiliation, de rechercher l'abjection et l'humilité parmi toutes choses[44]. »

42. Saint François de Sales, *Œuvres*, *op. cit.*, 6, 77.
43. *Ibid.*, 6, 76.
44. *Ibid.*, 6, 71.

Reconnaissons-le, le fossé est énorme entre l'encouragement de notre saint à l'esprit d'humilité et le discours actuel sur ce point, que ce soit dans le monde ou même à l'intérieur de l'Église. Il est intéressant de noter que plus Jeanne de Chantal avançait en âge et dans l'écoute de Dieu, plus s'était enracinée en elle la conviction suivante : « Plus je vais en avant, plus Dieu me fait connaître que tout le bien de l'âme consiste à s'anéantir et détruire, et à laisser Dieu régner paisiblement en elle[45]. » Tant que nous ne verrons pas que la finalité de l'anéantissement intérieur est de laisser régner Dieu en nous, nous aurons bien de la peine à accueillir de manière positive ce langage de la tradition spirituelle au sujet de l'humilité. Il n'est rien d'autre, en somme, que la problématique paulinienne de la mort progressive du « vieil homme » pour revêtir « l'homme nouveau » (Ep 4,24).

Toujours au sujet de « l'esprit d'humilité », sainte Jeanne de Chantal précise qu'il est normal, c'est même un signe de bonne santé mentale, de ressentir de la répulsion lorsque nous sommes humiliés, objet de mépris ou d'incompréhension : « Lorsque je dis qu'il faut aimer le mépris, la correction, le rebut, l'abjection, j'entends qu'il faut l'aimer dans notre partie supérieure et dans la pointe suprême de l'esprit, malgré nos répugnances et nos difficultés parce que, pour aimer des choses si contraires à notre partie inférieure d'un sentiment sensible, ce ne serait presque pas possible[46]. »

Pour acquérir cet esprit d'humilité on tirera grand profit de la pratique intérieure des « sentences d'humilité ». Jeanne s'en explique auprès de ses religieuses : « Quand nous avons quelques pensées orgueilleuses, il faut les traiter sévèrement et dire :

45. Sainte Jeanne DE CHANTAL, *Fragments d'entretiens*. Cf. Père Denys MEZARD, *Doctrine spirituelle de sainte Jeanne de Chantal*, *op. cit.*, p. 308

46. Sainte Jeanne DE CHANTAL, *Entretiens XIX*. Cf. Père Denys MEZARD, *Doctrine spirituelle de sainte Jeanne de Chantal*, *op. cit.*, p. 278.

Hé quoi, petit ver de terre, chétif avorton, tu n'es qu'un petit monceau d'ordures et tu veux lever la tête[47] ? »

Parfois, Dieu vient lui-même à la rencontre de l'âme avide d'une authentique humilité. Lorsque Dieu prend les choses en main, il infuse dans la personne une grâce de profonde humilité, lui montrant sa noirceur intérieure et son indigence. L'âme était loin d'en supposer l'ampleur jusqu'à cette « révélation ». Jeanne de Chantal précise que « c'est une grâce que Dieu n'accorde qu'à des âmes qu'il veut gratifier[48] ». Ce don particulier de l'esprit d'humilité, que Dieu accorde à certaines âmes, est à la fois une croix et une joie. Une croix, car il est terrible de se voir en vérité dans sa pauvreté foncière. Mais, aussi étonnant que cela puisse paraître, cette croix est revêtue d'une grande joie spirituelle, car la personne se découvre tendrement aimée par l'immense miséricorde de Dieu. La désespérance de l'âme sur elle-même n'a plus lieu d'être. Elle fait l'expérience paradoxale du Psaume 50 : certes elle reconnaît avec le psalmiste, « mon péché est devant moi sans relâche » (Ps 50,5), mais au final, toujours avec cette vive conscience de son péché, elle se laisse emporter dans l'abandon joyeux à la miséricorde : « rends-moi la joie de ton salut » (Ps 50,14). Lorsque cette expérience est profondément ancrée dans une âme, c'est le signe que Dieu a des vues particulières sur cette âme privilégiée, il en fait un instrument particulièrement aiguisé au service du salut et de l'évangélisation.

47. Sainte Jeanne de Chantal, *Instruction XXII*. Cf. Père Denys Mezard, *Doctrine spirituelle de sainte Jeanne de Chantal*, *op. cit.*, p. 156.
48. Sainte Jeanne de Chantal, *Entretiens XIX*. Cf. Père Denys Mezard, *Doctrine spirituelle de sainte Jeanne de Chantal*, *op. cit.*, p. 278.

CHAPITRE 11

# L'ABANDON DANS LA CROIX

La pierre sur laquelle l'homme, croyant ou non, achoppe le plus facilement et le plus lourdement ne se situe pas dans le domaine des pures idées, mais, lorsqu'il est confronté à la souffrance, à la croix. « Comment garder la sérénité lorsque les circonstances de la vie nous mettent par terre ? » « Comment garder la tête hors de l'eau, lorsque la douleur d'un deuil, d'une maladie, d'une trahison, d'un échec, nous submergent ? » Un chapitre entier consacré à cette question difficile n'est sans doute pas de trop. En effet, on ne pénètre que progressivement dans le sanctuaire de la souffrance. D'autre part, la délicatesse s'impose lorsqu'on tente de proposer à une personne douloureuse de s'abandonner davantage à Dieu. Ces précautions – qui ne sont pas qu'oratoires – nous obligent à avancer pas à pas, à prendre le temps pour mieux assimiler, digérer « l'Évangile de la souffrance[49] ».

49. Cf. Jean-Paul II, *Lettre apostolique sur le sens chrétien de la souffrance*, 1984, n° 25.

## 1 - Quelques préalables à l'école de la croix

### *Regardons Dieu le Père*

Avant même de proposer quelques balises pour notre montée, ayons devant les yeux le visage du Père très bon qui se cache derrière les épreuves que nous pouvons croiser. Lorsque des personnes en souffrance venaient à François de Sales pour lui demander quelques paroles d'apaisement, notre saint les invitait d'abord à regarder Dieu et sa divine Providence. Sans ce visage, le message de la croix demeure insensé et l'abandon confiant est souvent impossible : « Ô Dieu, que votre volonté soit faite, non seulement en accomplissant vos commandements, en suivant vos conseils et vos inspirations, mais en acceptant aussi les souffrances, les épreuves et les peines. Alors votre volonté sera faite en nous, pour nous, par nous, en tout ce qu'il vous plaira[50]. »

Dieu n'est pas seulement Père dans le principe, il le manifeste aussi très concrètement dans notre vie. Le Père ne saurait permettre qu'une croix nous écrase au point de nous anéantir. Quand il permet telle difficulté, il donne aussi la grâce pour la porter : « La Providence, si elle vous prépare des croix, vous donnera les épaules pour les porter[51]. » Plus l'âme progresse dans l'abandon et la conformité de sa volonté à celle de Dieu, plus elle est émerveillée par l'immense délicatesse de Dieu qui sait si bien adapter à chacun les croix selon ses possibilités.

### *« Qui nous fera voir le bonheur ? » (Ps 4,7)*

Ajoutons un autre élément très important pour dégager ce terrain miné de la souffrance. Si nous avons tant de peine à accueillir la « bonne nouvelle » de la croix, c'est qu'à la base, il y a une méprise : nous avons une conception du bonheur qui est

50. Saint François de Sales, *Traité de l'amour de Dieu*, *op. cit.*, p. 606.
51. Saint François de Sales, *Œuvres*, *op. cit.*, 16, 125.

souvent aux antipodes de celle que Dieu a pour nous. Plaçons-nous tout d'abord du point de vue de Dieu. Une chose est certaine, la Trinité d'amour ne veut que notre bien et notre joie : « Je vous dis cela pour que ma joie soit en vous et que votre joie soit complète » (Jn 15,11). Mais alors, en quoi notre conception du bonheur diverge-t-elle de celle de Dieu ? Nous sommes malheureusement trop nombreux à penser que le bonheur réside dans l'absence de problèmes… là est justement le problème ! Si Dieu désire de toutes ses forces nous faire participer à son propre bonheur, il sait par ailleurs que notre cœur, limité et pécheur, a absolument besoin de passer au creuset de la purification pour recevoir la plénitude de la joie de Dieu : « Soyez exercée en l'école de la croix, seule capable de perfectionner nos âmes[52]. » Finalement, il n'y a de vrai bonheur que dans l'amour *purifié* et *donné*.

### Le bonheur par l'amour « purifié »

À moins d'être particulièrement aveugle sur soi, chacun voit bien qu'il a un immense besoin d'être purifié s'il veut aimer de manière pure et gratuite. Souvent notre amour est captatif, intéressé, calculateur, mesquin, nous ne savons pas aimer sans retard, sans retour et sans réserve. Pour parvenir à cet amour *bienheureux*, combien de détachements *douloureux* sont nécessaires ! « Si la mort, les souffrances, les épreuves et les travaux dont notre vie abonde sont, par une juste ordonnance de Dieu, les peines de nos péchés, ils sont aussi, par sa douce miséricorde, des échelons pour monter au ciel, des moyens pour grandir en grâce et des mérites pour obtenir la gloire[53]. »

---

52. *Ibid.*, 21, 46.
53. Saint François de Sales, *Traité de l'amour de Dieu*, *op. cit.*, p. 604.

## Le bonheur par l'amour « donné »

Si on peut difficilement accéder au bonheur profond sans d'inévitables purifications dans la manière d'aimer, par ailleurs, on ne parvient au bonheur suprême qu'en vivant un amour *donné*… c'est-à-dire lorsque nous aimons à la manière du Christ Rédempteur, qui éprouve une joie extatique à donner sa vie en mourant dans l'amour pour sauver les hommes : « Nul n'a plus grand amour que de donner sa vie pour ses amis » (Jn 15,13) ; « Il y a plus de bonheur à donner qu'à recevoir » (Ac 20,35). Dans un courrier, François glisse ces mots : « Vous êtes amoureuse du Christ crucifié ; et que voulez-vous donc être sinon crucifiée puisque l'amour égalise les amants[54] ? » Pour certains, la maladie sera leur chemin de configuration au Christ souffrant et rédempteur : « Il faut bien se garder de penser que les infirmes soient plus inutiles en religion que les forts, ou qu'ils fassent moins et aient moins de mérite, parce que tous font la volonté de Dieu[55]. »

Ces considérations permettent d'entrevoir que la croix purificatrice et rédemptrice se trouve à la racine du bonheur ; la croix est même la condition indispensable du bonheur plénier. Aucun dolorisme, jansénisme ou masochisme, ne guide cette conclusion, mais plutôt l'amour et le bonheur : seul un grand amour peut donner sens à l'insensé de la souffrance, seul l'abandon d'amour au cœur de la souffrance permet d'accéder au bonheur suprême.

## *L'amour seul élève l'âme*

Suite à la sépulture d'une personne qui a beaucoup souffert au cours de sa vie, il n'est pas rare d'entendre cette réflexion : « Elle a énormément souffert, elle a fait son purgatoire sur la terre. » C'est possible. Sachons tout de même que la souffrance en elle-même n'est pas purgative. Elle peut même conduire certains êtres à la

54. Saint François de Sales, *Œuvres*, *op. cit.*, 21, 150.
55. *Ibid.*, 6, 242.

révolte, au point de les rendre invivables et de le faire payer à leur entourage. C'est la manière de vivre la souffrance qui fait grandir, et non pas la douleur en tant que telle. Les peines de la vie, les épreuves, les douleurs ne délestent et n'affinent l'âme qu'à la mesure de son abandon confiant entre les mains de Dieu, en somme, à la mesure de son amour. « Certains ne veulent porter les croix [...] que si elles sont grosses et pesantes [...] Le mérite de la croix n'est pas en sa pesanteur, mais dans la façon avec laquelle on la porte[56]. »

La souffrance en tant que telle n'en fait pas automatiquement une croix. La souffrance devient une croix – avec tout ce que cela peut comporter de fécondité, et pour la personne concernée et pour le monde – uniquement lorsque l'âme douloureuse vit son épreuve « dans » le Crucifié-Glorifié, lorsqu'elle unit ses souffrances à la Passion rédemptrice de son Seigneur.

### *Mangeons ce que le Bon Dieu nous sert !*

L'école de la croix, c'est comme à la cantine... avant de s'inventer un menu, commençons d'abord par manger ce qu'on nous sert dans l'assiette ! Le Père sait très bien ce qui est bon pour nous. D'autre part, l'Éternel, lorsqu'il purifie et opère notre âme, ne travaille pas à la hache mais au laser, avec une précision et une délicatesse impressionnantes. Si nous étions attentifs, et surtout si nous nous laissions faire par le « bistouri » divin, nous serions émerveillés par la manière dont Dieu s'y prend avec nous, comment il se sert des causes secondes et des circonstances apparemment anodines pour nous restaurer, libérer notre liberté et nous combler de bonheur. Laissons donc à Dieu le soin de dresser le « menu » de notre vie, plutôt que de concocter de petits scénarios avec ce qu'il faut d'épreuves, mais pas trop... des croix de telle taille, mais pas de tel calibre ! etc. « Il y en a qui demandent des croix, et il ne leur semble jamais que notre Seigneur leur en donne assez pour satisfaire à leur ferveur. Moi,

56. *Ibid.*, 9, 19.

s'écrie François de Sales, je n'en demande point, je désire seulement me tenir prêt pour porter celles qu'il plaira à sa Bonté de m'envoyer, le plus patiemment et humblement que je pourrai[57]. » La paternité de Dieu se fait si délicate et adaptée à chacun que sainte Jeanne de Chantal recommande de ne pas perdre son temps à faire le tri parmi les croix, décrétant à l'avance ce qu'on est capable de porter ou non : « Il n'est point permis de choisir nos croix : celle que la divine Providence nous présente, portons-la, c'est la nôtre. Celles que nous choisirions seraient infectées d'amour-propre, recherche, vaine complaisance[58]. »

Ne nous inventons pas nos croix, ne les imaginons pas non plus à l'avance, mais accueillons les déconvenues – les réelles et non pas les virtuelles – lorsqu'elles se présentent sur le pas de notre porte. Vivre dans l'imaginaire est le meilleur moyen de manquer la grâce : « Ne désirez pas les croix, sinon dans la mesure où vous aurez bien supporté celles qui se sont déjà présentées. C'est une curieuse présomption que de désirer le martyre alors qu'on n'a pas le courage de supporter une humiliation[59]. » Puisque Dieu n'est que Père, laissons-le écrire le scénario de nos vies : c'est le meilleur moyen de basculer plus rapidement entre ses mains et de s'éviter de nombreuses souffrances inutiles.

## 2 – L'école de la croix purifie la sensibilité

« Je n'arrive pas à aimer ma croix ? » « Est-ce normal de ressentir de la répulsion sous le poids de la souffrance ? » « Peut-on trouver un peu de paix lorsqu'on est dans l'épreuve, ça paraît tellement incompatible ? » Toutes ces réflexions douloureuses, prononcées par nous-mêmes ou entendues de la part d'autres, nous poussent à

57. *Ibid.*, 6, 447.
58. Sainte Jeanne de Chantal, *Instruction XVIII.* Cf. Père Denys Mezard, *Doctrine spirituelle de sainte Jeanne de Chantal*, *op. cit.*, p. 350.
59. Saint François de Sales, *Introduction à la vie dévote*, *op. cit.*, p. 364-365.

examiner de plus près la question de la sensibilité aux prises avec la croix. Lorsqu'une personne en peine entre, même timidement, dans l'abandon confiant à Dieu, elle ne souffre pas de la même manière, elle peut même connaître une paix, voire une joie, au cœur même de son tourment. L'école de la croix ne conduit pas à devenir insensible, au point de ne même plus ressentir la peine. Le pourrait-on ? La sagesse de la croix n'anesthésie pas la sensibilité comme par enchantement, mais elle a le pouvoir de l'éduquer, de la rééduquer. « Vivre selon l'Esprit, c'est penser, parler et opérer selon les vertus qui sont en l'Esprit, et non selon les sens et les sentiments qui sont en la chair », écrit saint François de Sales à la sœur de Blonay[60].

Lorsque se présente la croix, quand on a mal et qu'on est mal, Dieu ne blâme pas l'âme qui a envie de pleurer, de se plaindre ou qui le supplie d'éloigner la coupe amère.

### *Dans la croix, nous avons le droit de nous plaindre*

Saint François de Sales, si soucieux de prendre en compte toute la personne, sensibilité comprise, ne refuse pas à l'âme douloureuse la possibilité de pleurer : « J'ai pensé que je devais vous dire quelque petite chose qui puisse amoindrir cette douleur, quoique je ne veuille pas dire qu'il ne soit pas loisible de pleurer un peu ; car il faut le faire[61]. » Les larmes ont le pouvoir de laver l'âme, d'en faire sortir le venin de la douleur et de l'amertume.

Notre saint ne refuse pas non plus à la personne en peine le droit de se plaindre au Seigneur, dans la mesure où elle ne renonce pas à l'esprit filial : « Ne vous retenez pas de vous plaindre, mais [...] à lui, avec un esprit filial, comme ferait un tendre enfant avec sa mère [...] avec amour, et résignation entre les bras de la bonne volonté de Dieu[62]. » L'Écriture elle-même ne nous détourne pas d'une telle

60. Saint François DE SALES, *Œuvres*, *op. cit.*, 17, 205.
61. *Ibid.*, 6, 93.
62. *Ibid.*, 9, 19.

attitude, comme on le voit lors de la supplication douloureuse de notre Seigneur à l'heure terrible de l'agonie, ou avec le peuple de Dieu sous le joug de l'oppresseur égyptien : « J'ai vu la misère de mon peuple qui est en Égypte, dit Dieu. J'ai entendu son cri devant ses oppresseurs ; oui, je connais ses angoisses. Je suis descendu pour le délivrer de la main des Égyptiens » (Ex 3,7-8).

Si, sous le poids de l'épreuve, nous avons le droit de pleurer et de nous plaindre en présence du Seigneur, François indique qu'après avoir épuisé ces diverses formes de supplication, nous avons aussi le « droit » de nous abandonner : « Après que vous aurez prié le Père qu'il vous console : s'il ne lui plaît pas de le faire, n'y pensez plus, raidissez votre courage à faire l'œuvre de votre salut sur la croix, comme si vous ne deviez jamais en descendre[63]. »

### *Les deux parties de l'âme*

L'épreuve met à bas, mais si l'âme se laisse faire et s'arrime à la volonté de Dieu, cette même épreuve peut l'emmener très haut. Pour rendre compte de ce retournement, il importe de bien comprendre ce qui se passe dans notre âme. Pour faire simple, on peut dire qu'il existe deux niveaux dans le cœur de l'homme : la tradition spirituelle distingue la partie *inférieure* et la partie *supérieure* de l'âme.

#### **Lorsqu'on vit les épreuves dans la partie « inférieure » de l'âme**

La partie inférieure de l'âme correspond au sensible, aux émotions. Si, par exemple, nous sommes confrontés à une difficulté, cela déclenche en nous de multiples émotions pénibles : un choc, un malaise, une répulsion, des angoisses, une profonde tristesse, une colère, une déprime. Si nous n'y prenons pas garde, si

63. *Ibid.*, 13, 6.

nous n'apprenons pas à couper court, nous allons être rapidement submergés par ces émotions négatives. Le tsunami est tel que la personne éprouvée aura l'impression de sombrer, d'être engloutie sous la vague du trouble. Saint François de Sales décrit bien ce phénomène lorsque l'âme affligée en reste à la partie inférieure de son âme : « De quelle affliction le pauvre cœur ne souffre-t-il pas lorsque, croyant être abandonné de l'amour, il le cherche partout, et ne le trouve pas ! Il ne peut le trouver ni dans ses sens extérieurs qui n'en sont pas capables ; ni dans sa raison, obscurcie par d'étranges et d'absurdes réflexions[64]. »

Si la personne reste cramponnée à ce qu'elle ressent, si elle ne veut pas décoller de ses impressions, elle va rapidement perdre pied. Elle aura beau faire des prières, elle continuera à boire la tasse sous la violence des vagues. La perte de sérénité face aux événements vient de ce que nous les vivons beaucoup trop à partir de la caisse de résonance des sentiments négatifs qui en résultent. Si nous voulons entrer dans les secrets de la sagesse de la croix, nous devrons cesser d'être esclave de cette partie inférieure de l'âme – le ressenti – pour pénétrer dans la partie supérieure, grâce à la confiance et à l'abandon : « Nous nous arrêtons trop aux sentiments et ne vivons pas assez selon l'Esprit et la foi », dit Jeanne de Chantal[65].

### Lorsqu'on vit les épreuves dans la partie « supérieure » de l'âme

En restant dans la partie inférieure de notre âme, cette zone où « cognent » fortement les émotions négatives, nous connaîtrons d'inévitables turbulences, si bien que notre petite et fragile barque risque de chavirer. Si nous voulons expérimenter la sérénité

---

64. Saint François de Sales, *Traité de l'amour de Dieu*, *op. cit.*, p. 655.
65. Sainte Jeanne de Chantal, *Entretien XXXVI*. Cf. Père Denys Mezard, *Doctrine spirituelle de sainte Jeanne de Chantal*, *op. cit.*, p. 212.

profonde, il n'y a pas d'autre issue que de se blottir dans la partie supérieure de l'âme, en pratiquant assidûment l'abandon confiant et l'union de notre volonté à celle de Dieu. Le secret de la sérénité étonnante de saint François de Sales et de sainte Jeanne de Chantal est à chercher là et nulle part ailleurs : l'âme trouve la paix profonde « au plus haut de l'esprit, dans sa suprême partie, c'est là que se tient l'amour divin[66] ». Afin de rendre plus accessibles ces vues peu communes, François illustre son propos par un exemple concret, très parlant pour des religieuses : « S'il arrive qu'en changeant la robe d'une sœur pour lui en donner une autre moindre, la partie inférieure [de l'âme] s'émeuve un peu, cela n'est pas péché, pourvu qu'avec la raison elle l'accepte de bon cœur pour l'amour de Dieu. [...] Chaque sœur devrait laisser sa volonté propre à la porte pour n'avoir que celle de Dieu[67]. »

**L'abandon, ça marche !**

L'abandon à Dieu et l'acceptation de la volonté divine, alors qu'on est aux prises avec une difficulté, n'enlèvent pas de manière magique les sentiments de répulsion, de tristesse, de douleur qui peuvent nous inonder à ce moment-là. Et pourtant ! Laissons parler François :

> « [Il ne faut pas croire que dans] l'abandon et l'indifférence nous n'ayons jamais des désirs contraires à la volonté de Dieu, et que notre nature ne répugne pas aux événements de son bon plaisir, cela peut souvent arriver. Ce sont des vertus qui font leur résidence en la partie supérieure de l'âme, l'inférieure d'ordinaire n'y entend rien. Il ne faut en faire aucun cas, mais sans regarder ce qu'elle veut, il faut embrasser cette volonté divine et nous y unir. [...] Il y a peu de personnes qui parviennent à

66. Saint François de Sales, *Traité de l'amour de Dieu*, *op. cit.*, p. 655.
67. Saint François de Sales, *Œuvres*, *op. cit.*, 6, 121.

> ce degré de parfait abandon d'elles-mêmes, mais nous devons néanmoins tous y prétendre, chacun selon sa portée et petite capacité[68]. »

Sans abuser des slogans faciles, on peut tout de même dire que « l'abandon, ça marche » ! Vivre ses croix dans l'union de volonté est source d'une paix incomparable. Certes, l'abandon au cœur de la croix n'a rien d'une séance de « nirvana », comme si, par cette technique, on pouvait s'extraire comme par enchantement de la partie inférieure de l'âme avec son cortège d'émotions pénibles. Rien de tout cela. Etant donné que la personne en souffrance ne s'abandonne plus à son ressenti douloureux mais choisit de s'abandonner à Dieu et à sa sainte volonté, il se produit comme un phénomène de « dérivation » : l'âme douloureuse n'adhérant plus à ce qu'elle ressent mais davantage à Dieu, il y a automatiquement une prise de distance affective, psychologique et même physique – un phénomène de dérivation – avec la souffrance elle-même. Le monde médical confirme cette conviction. Une femme médecin travaillait dans un centre anti-douleur et soulageait, par le biais de la musique, de grands souffrants qui ne supportaient plus les médicaments. Elle me disait que, même si elle ne fait pas appel à Dieu – laïcité oblige –, sa thérapie par la musique épouse en fait la même dynamique que l'abandon spirituel, qui est fondé sur le décentrement de soi et de sa souffrance pour se centrer sur Dieu.

> « Soyons toujours prêtes, enseigne Jeanne de Chantal, à faire et souffrir tout ce que Dieu veut de nous, ne disant jamais : c'est assez de peines, de mépris et d'abnégation, mais : me voici, toute soumise et prête à faire votre bon plaisir. C'est vivre selon l'Esprit, de parler de la sorte, et non selon les mouvements de la partie inférieure, qui

68. *Ibid.*, 6, 30.

> n'entre point en participation dans cette façon d'agir si parfaite[69]. »

Ces considérations aident à mieux comprendre l'expérience des saints. Ils nous fascinent, nous les aimons… mais tout en les tenant à distance ! En effet, nous admirons leurs œuvres et leur âme, mais ils nous effraient dès qu'ils se présentent avec leur lot terrible de croix. C'est que nous ne voyons chez eux que l'écorce rugueuse de leurs croix, sans apercevoir l'onction intérieure et la joie toute divine qui les habitent :

> « Le monde ne s'attache qu'à l'écorce, et ne va pas jusqu'à voir la moelle cachée sous la douceur de la croix. Il ne voit que l'écorce, qui paraît rude et fâcheuse, mais ne pénètre point jusqu'au-dedans, où l'on goûte plus de plaisir, si l'on aime Dieu, que l'on n'en trouvera jamais dans la jouissance de faux et vains contentements que le même monde peut donner[70]. »

Puissent ces propos nous entraîner dans la conformité de notre volonté à celle de Dieu, lorsque la croix ou la contradiction se présente. Comme il est dommage de penser que seules les âmes très avancées dans les voies de la sainteté auraient le privilège de goûter à cette onction intérieure de paix et d'amour ! Une personne éprouvée, qui se juge bien moyenne, pas très vertueuse, mais qui se décide à ne plus subir les vagues de ses émotions négatives pour se jeter dans les bras du Père éternel, goûtera rapidement à cette sérénité, fruit de l'union sans conditions au divin vouloir de Dieu.

---

69. Sainte Jeanne DE CHANTAL, *Entretien LXI*. Cf. Père Denys MEZARD, *Doctrine spirituelle de sainte Jeanne de Chantal*, *op. cit.*, p. 178.
70. *Ibid.*, p. 178.

## On n'aime pas la souffrance, mais Dieu dans la souffrance

Il ne faut pas s'étonner si l'enseignement de l'Église et des saints au sujet de l'évangile de la souffrance soit si mal reçu et si peu compris par le monde. Cette science toute divine demeure parfaitement indéchiffrable tant qu'on cherche à la comprendre uniquement de manière *extérieure*. Cette science de la croix ne s'apprend pas dans les livres, même les plus spirituels, comme s'il suffisait d'en comprendre intellectuellement les termes pour automatiquement tomber dans l'abandon. La sagesse de la croix est la science par excellence de l'amour : tant qu'on ne veut pas se « mouiller », tant qu'on ne veut pas descendre en son *intérieur* par une expérience personnelle d'abandon à Dieu, cet évangile de la souffrance demeure indéchiffrable. François de Sales fait appel au bâton de Moïse pour donner de le comprendre : « Voyez le bâton de Moïse. Sur le sol, c'est un serpent effroyable. Mais voyez-le entre les mains de Moïse, il fait des miracles. Comme les tribulations : en elles-mêmes elles sont effrayantes. Mais si vous savez voir en elles l'expression de la volonté de Dieu, elles deviennent objet d'amour et source de joie[71]. »

L'accusation de la part du monde, au sujet de la souffrance rédemptrice enseignée par l'Église, porte ses soupçons plus particulièrement sur ce point : cette doctrine encouragerait les croyants à se complaire dans la douleur, jusqu'à aimer la souffrance, ce qui est, par définition, parfaitement déstructurant, déshumanisant. Un tel soupçon est le signe que l'accusateur en question n'a pas encore fait l'expérience de l'abandon confiant, sinon de tels « blasphèmes » ne lui viendraient pas à l'esprit : car au fond, c'est bien Dieu qui est visé, accusé d'être incapable de soigner le mal, incapable de donner sa paix au cœur de la souffrance.

Laissons le monde être le monde. En ce qui nous concerne, entrons humblement et joyeusement dans la souffrance rédemptrice. Nous savons que la sagesse de la croix bien comprise n'est rien

71. Saint François DE SALES, *Traité de l'amour de Dieu*, *op. cit.*, p. 607.

d'autre que la science de la joie parfaite. Comment un tel retournement est-il possible ? Dans la souffrance purificatrice et rédemptrice, l'âme ne recherche pas les souffrances pour elles-mêmes, mais Jésus qui y est intimement présent. Le Christ compatissant ne peut que s'approcher de l'âme en peine qui le supplie : « Un pauvre a crié, le Seigneur l'entend et de toutes ses angoisses, il le sauve », dit le psaume (Ps 33,17). L'âme douloureuse ne cherche aucunement à *jouir* de ses souffrances, elle veut se *réjouir* du Christ qui l'aime et la soutient au cœur de ses peines. Saint François de Sales se montre clair sur cette question difficile :

> « Les peines ne peuvent pas être aimées pour elles-mêmes, évidemment. Combien de fois ne nous est-il pas arrivé de prendre à contrecœur les remèdes que nous prescrivait le médecin ou l'apothicaire ? Mais s'ils nous étaient présentés par quelque main aimée, l'amour ne surmonterait-il pas la répulsion, ne les prendrions-nous pas avec joie[72] ? »

Reprenant une formule magnifique dont saint Augustin a le secret – « où est l'amour, il n'y a rien de pénible, et s'il y a peine, la peine est aimée[73] » –, François de Sales commente : « De la peine et de l'amour conjugués procède une douceur acide plus agréable au goût qu'une pure douceur. Le divin amour rend notre vie conforme à la volonté de Dieu[74]. »

Nous pourrions reprendre les choses ainsi : lorsque le monde regarde la souffrance humaine, il ne voit qu'une *chose,* une chose insensée et immonde. Lorsque le chrétien regarde ses souffrances, il ne nie pas ses tourments, il en souffre comme tout le monde, mais, au cœur de ses afflictions, il discerne un *visage*, celui du

72. Saint François de Sales, *Traité de l'amour de Dieu*, *op. cit.*, p. 607.
73. Saint Augustin, *Éloge du veuvage*, chap. XXI.
74. Saint François de Sales, *Traité de l'amour de Dieu*, *op. cit.*, p. 558.

Rédempteur qui les habite et les transfigure par la puissance de sa résurrection. Sur ce sujet si vital, entre le monde et l'Évangile, on est vraiment dans deux univers !

### On n'aime pas la souffrance, mais les fruits que Dieu en tire

Outre le fait d'être convaincu de la présence du Christ glorieux au cœur de nos afflictions, il est un autre motif qui offre un sens puissant capable de retourner et transfigurer l'ignoble souffrance : sa mystérieuse fécondité.

Lorsque la croix est considérée comme parfaitement insensée et absurde, il ne reste plus que la révolte. Mais lorsqu'on découvre qu'une croix vécue dans l'amour peut être porteuse de fruits réels, pour soi et pour les autres, pour le monde et pour l'Église, alors l'horizon s'éclaire. Une lumière se lève, puissante. Au cœur de nos croix, le Christ ne fait pas que nous rejoindre *passivement* par sa présence, il nous y rejoint *activement* par sa rédemption : si donc, souffrant, je m'en remets au Christ libérateur, il n'attend que cela pour changer ma désolation en consolation, mon angoisse en paix, ma révolte en union d'amour, ma mort en semence de vie. Voilà pourquoi ce cher François, dans le sillage de tous les saints, n'est jamais dans le déni de la souffrance, il discerne toujours les fruits de vie qui y sont mystérieusement cachés : « Dès que j'eus la grâce de savoir un peu le fruit de la croix, cette conviction entra dans mon âme et n'en est jamais sortie[75]. »

Les témoignages admirables ne manquent pas dans ce registre. Telle personne aux prises avec une santé fragile se décide à la choisir, après avoir compris que Dieu pouvait tirer de cet holocauste d'amour de multiples fruits de vie, de paix, de conversion : ce basculement effectué, cette personne fragile rayonne de joie. Telle personne âgée revient à Dieu après bien des années d'éloignement. Elle décide alors de s'offrir au Bien-aimé retrouvé afin que l'offrande de sa mort soit source de grâces pour sa famille :

75. Saint François de Sales, *Œuvres*, *op. cit.*, 20, 70-I.

par ce sens puissant donné à sa mort, d'angoissée, cette agonisante devient toute paisible au point de bouleverser plusieurs de ses enfants et petits-enfants.

## 3 – Lorsque la croix se fait très lourde

### *Distinguer abandon « affectif » et abandon « effectif »*

Il y a des jours où la croix se fait bien lourde, nous sommes écrasés. Dans ces moments-là, on a beau s'unir de toutes ses forces à la volonté de Dieu qui se manifeste dans l'ici et le maintenant, on a l'impression que cet exercice ne sert à rien, tant le trouble semble nous submerger. Sous le poids de certaines afflictions, l'union de volonté peut sembler très aride au niveau du ressenti, cela ne l'empêche pas d'être une vraie union de volonté, d'autant plus sublime et pure qu'elle est dégagée de toute consolation. « Qu'Il vous tienne de sa sainte main [...] bien que vous ne sachiez pas de quel côté il vous tient, ou au moins que vous ne le sentiez pas. Certes vous ferez bien de regarder simplement notre Seigneur crucifié, et de lui protester votre absolue résignation toute sèche, aride, sans examiner votre mal[76]. »

### *« Condamnés » à vivre l'instant présent*

Lorsque la vie fait sentir plus lourdement la rudesse de la croix, la tentation est grande de se projeter aussitôt dans l'avenir et d'imaginer des scénarios encore plus noirs et écrasants que celui vécu sur le moment : « Il ne faut pas se former des craintes inutiles, écrit François. Il suffit de recevoir les maux qui de temps en temps nous arrivent, *sans les prévoir par l'imagination*[77]. » Dans ces périodes d'accablement, nous n'avons souvent pas d'autre choix que de nous

76. *Ibid.*, 13, 200.
77. *Ibid.*, 15, 152.

tenir agrippés à Jésus, instant après instant, tant le lendemain avec ses incertitudes décuple l'angoisse et la douleur. Lorsque la croix nous « condamne » à vivre l'instant présent !

Pour entrer et grandir dans cette « spiritualité » du moment présent, il est nécessaire d'offrir le moins de résistance possible à l'action de Dieu et de renouveler moment après moment cette remise de soi à Dieu. Ce lâcher-prise, provoqué par la rudesse de la croix, est extrêmement bénéfique pour la croissance et l'élévation de l'âme : tout d'abord, parce que Dieu ne donne sa grâce que dans l'instant, ensuite parce que notre avenir est dans la main de la divine Providence.

### Dieu ne donne sa grâce que dans l'instant

Si nous sommes attentifs à ce qui se passe en nous, nous avons certainement remarqué que l'épuisement nous gagne dès que nous voulons porter ensemble l'instant présent, le lendemain avec ses incertitudes, et le passé avec ses amertumes ressassées. « Pensons seulement à bien faire aujourd'hui, et quand le jour de demain sera arrivé, il s'appellera aussi aujourd'hui et alors seulement nous y penserons[78]. » Lorsqu'une âme veut porter à la fois le présent, le passé et le futur, elle vérifie très rapidement qu'elle n'a pas les épaules assez larges pour cela. D'autre part, en fonctionnant ainsi, elle empêche la grâce de se reposer en elle, et elle-même de se reposer en Dieu. Permettons à Dieu de nous prendre la main lorsque nous avons le sentiment d'être écrasés :

> « [Dieu] nous tendra sa main paternelle aux mauvais pas, afin que rien ne nous arrête [...] Tenez-vous seulement bien à la main de sa Providence, et il vous assistera en toutes occasions, et où vous ne pourrez pas marcher, il vous portera [...]. Ne pensez point à ce qui arrivera

78. *Ibid.*, 12, 205-6.

demain, car le même Père éternel, qui a soin aujourd'hui de vous, en aura soin et demain et toujours[79]. »

## Mon avenir est dans la main de la divine Providence

Il est impossible de « capitaliser » de la grâce aujourd'hui pour le lendemain. Vouloir agir ainsi équivaut à sortir de la confiance et donc à sortir de l'amour. Dans la Bible, nous lisons souvent cette recommandation de s'appuyer sur Dieu dans le moment présent. Ainsi, la sollicitude de Dieu pourvoit à la nourriture du peuple élu au cours de sa traversée du désert : chaque nuit, le Seigneur dépose une mystérieuse « manne », mais avec l'impossibilité pour le peuple d'en faire des réserves. Dans le Nouveau Testament, les premières exhortations de Jésus sont une invitation à la confiance : « Ne vous inquiétez donc pas du lendemain, demain s'inquiétera de lui-même. À chaque jour suffit sa peine » (Mt 6,34). La *Prière du Seigneur* nous invite à demander le pain, mais rien que pour ce jour. Et par la prière de l'*Ave* nous renonçons à nous tracasser, jusqu'à remettre à notre bonne Mère ce que seront nos derniers instants : « Marie, prie pour nous, pauvres pécheurs *maintenant* et à *l'heure de notre mort.* »

La spiritualité de l'instant présent ne doit pas être considérée comme une voie singulière pour sensibilités un peu particulières. Elle est profondément chrétienne, au sens où elle se fonde sur la foi en la sollicitude de la divine Providence qui sait ce qui convient à chacun et qui se soucie jusqu'aux plus petits détails de sa vie. Saint François de Sales, s'adressant à madame de Veyssilieu : « Demeurez en paix, ma chère fille ; ôtez de votre imagination ce qui peut vous troubler… Que peut craindre l'enfant entre les bras d'un tel père ? Soyez bien un enfant, ma très chère fille ; et, comme vous savez, les

79. *Ibid.*, 17, 344.

enfants ne pensent pas à tant d'affaires : ils ont qui y pense pour eux[80]... »

La plupart du temps il existe un décalage complet entre les scénarios que notre imagination tricote à l'avance et la réalité lorsqu'elle se présente. On dit que les pires souffrances sont celles qui sont imaginées à l'avance. Si notre imagination a une capacité étonnante pour échafauder des scénarios-catastrophes, cette folle du logis est par ailleurs bien incapable d'envisager la grâce de Dieu qui ne nous est donnée qu'au moment où nous en avons besoin. Saint François de Sales s'adressant de nouveau à madame de Veyssilieu : « Ne pensez point à ce qui arrivera demain, car le même Père éternel qui a soin aujourd'hui de vous en aura soin et demain et toujours : ou il ne vous donnera point de mal ou, s'il vous en donne, il vous donnera un courage invincible pour le supporter[81]. » Dans notre propension à rechercher des sécurités, nous aimerions tellement emmagasiner à l'avance la grâce pour les situations futures et les jours de disette. Il faudra s'y faire : Dieu ne livre jamais de grâce « en conserve », uniquement du « frais », dans l'ici et le maintenant! Dans l'épreuve, surtout lorsque la tribulation se fait plus oppressante et oblige à se tourner vers Jésus, demeurons suspendus à la grâce de Dieu qui ne nous fera jamais défaut : « Remettez la plaie de votre cœur aux mains du Médecin et Opérateur céleste [...]. Nulle guérison ne peut se faire sinon en la quiétude[82]. »

80. *Ibid.*, 18, 344. Cité par Mgr TROCHU, *Saint François de Sales*, Tome II, *op. cit.*, p. 518.
81. *Ibid.*
82. *Ibid.* 20, 242.

## CHAPITRE 12

# LES FRUITS DE L'ABANDON AU BON VOULOIR DE DIEU

Nous voici parvenus à notre dernier chapitre : il est temps de cueillir les fruits de l'abandon au bon vouloir de Dieu. Avant même de les énumérer, qu'on nous permette une confidence : le premier à être visité par la *lecture* de cet ouvrage est certainement celui qui en assura *l'écriture*! Certes, l'auteur a mis tout son cœur pour offrir une nourriture *roborative*... espérant qu'elle ne soit pas trop *rébarbative*. Mais surtout, tout au long de ces pages, nous avons voulu pratiquer ce que nous tentions d'expliquer. Pour cela, nous nous sommes placés résolument dans l'abandon, à l'écoute du bon vouloir de Dieu et des inspirations de l'Esprit, avançant pas à pas, presque à l'aveugle, sans forcément connaître ce que serait le chapitre suivant. Avant même d'évangéliser le futur lecteur, nous tenions à nous laisser évangéliser par le cœur du message salésien : « Le Seigneur y pourvoira. Si les considérations de votre faiblesse vous travaillent, jetez-vous en Dieu et confiez-vous en lui[1]. » Ayant pris au sérieux ces recommandations et les ayant adoptées tout au long de ces mois d'écriture, au terme de notre travail, nous sommes tout étonnés par l'aisance avec laquelle tout s'est mis en forme, nous sommes surpris par les inspirations reçues au moment même où nous en avions besoin, mais aussi par la sérénité et même une

1. *Ibid.*, 6, 91.

certaine insouciance qui nous ont habités au cours de cet enfantement. Nous tenons donc à le dire bien fort : ce que préconise saint François de Sales est vrai ! L'abandon à la Providence n'est pas un slogan facile, un simple produit vendeur. Non, « ça le fait » vraiment, comme on dit de nos jours ! De manière plus académique disons que le saint abandon, recommandé par François, réalise vraiment ce qu'il promet : le secret de la sérénité réside effectivement dans l'abandon confiant au Bon Dieu. Nous avions à cœur de témoigner bien simplement de cette expérience. Si cela pouvait redoubler chez notre lecteur le désir d'entrer résolument dans la voie d'abandon et d'union de volonté, nous serions le plus heureux des hommes.

Notre parcours, dès les premières pages, a déjà fait apparaître quelques fruits remarquables de l'abandon à la volonté de Dieu. Au lieu de les reprendre un à un – cette répétition serait trop fastidieuse – ce chapitre voudrait plutôt recueillir quelques-uns de ces beaux fruits en forme de bouquet final.

## 1 – L'abandon est le fruit délicieux de l'amour

L'abandon est le fruit délicieux de l'amour, car le vœu le plus secret de l'amour est de se livrer à l'aimé, de s'abandonner entre ses bras. S'il en est ainsi de l'amour humain, nous atteignons des hauteurs sublimes quand il s'agit de notre relation à Dieu, puisque l'Éternel est l'amour infini, l'origine et la fin de notre accomplissement :

> « Ô Dieu, s'écrie François de Sales en s'appuyant sur saint Augustin, "vous nous avez créés pour vous, et notre cœur est inquiet jusqu'à ce qu'il repose en vous !" Mais qu'ai-je au ciel, sinon vous, ô mon Dieu, et quelle autre chose puis-je vouloir sur la terre ? Oui, Seigneur, car vous êtes

le Dieu de mon cœur, mon lot et mon partage éternellement[2]. »

Voyons tout d'abord comment l'abandon à la volonté de Dieu nous connecte littéralement à son amour. De cette greffe divine découlent tous les fruits de joie, de sérénité, d'insouciance spirituelle, etc.

### *Excellence de l'abandon*

Ce qui fait l'excellence de l'abandon spirituel, c'est l'incomparable efficacité qu'il possède en lui-même. Pour utiliser l'image très simple de la plomberie, l'abandon réalise le *bon branchement,* mais aussi et surtout elle permet à l'Esprit de déverser ses torrents de grâce avec grande *efficacité.*

**Bon branchement**, d'une part. Si vous arrosez les fleurs de votre jardin en branchant, par mégarde, votre tuyau d'eau sur l'arrivée de gaz, ça risque de poser quelques problèmes… vos pauvres fleurs seront « gazées » plutôt qu'arrosées. Lorsque la volonté de l'homme se branche sur le monde ou sur elle-même, elle peut difficilement recevoir la plénitude à laquelle elle aspire. La volonté amoureuse de la créature, qui cherche à s'unir à la volonté de Dieu en tout ce qu'elle vit, réalise le bon branchement sur la source divine pour laquelle elle est créée et sans laquelle elle demeure amputée et susceptible d'épuisement : « Qui boira de l'eau que je lui donnerai n'aura plus jamais soif » (Jn 4,14).

**Branchement efficace**, d'autre part. Lorsque l'âme amoureuse fait de la volonté de Dieu sa douce obsession, elle n'est pas seulement dans la conformité au niveau de la vie chrétienne, elle permet à Dieu de régner de plus en plus en elle. On peut se contenter d'être un catholique « réglo », on est en règle avec les commandements,

2. Saint François DE SALES, *Traité de l'amour de Dieu*, *op. cit.*, p. 245.

le bon branchement est effectué. Mais lorsqu'on cherche à se conformer en tout à la volonté de Dieu, on permet au torrent de l'Esprit de répandre à flots ses multiples bienfaits : « L'eau que je lui donnerai, poursuit le verset de saint Jean cité à l'instant, deviendra en lui source d'eau jaillissant en vie éternelle » (Jn 4,14).

### *Décentrement du moi…*

Plus nous avançons dans la « vie dévote », plus l'Esprit Saint, à la mesure de notre souplesse intérieure, va s'approcher et nous montrer combien nous sommes obsédés de notre moi. Ce travers ne se traduit pas forcément par un « m'as-tu-vu » risible ou par un « je m'étale avec assurance » trop visible. Ce moi ventru, cette tendance au « je ramène à moi » est enkystée très profondément en nous, elle ne gâte pas seulement notre rapport aux autres, mais aussi notre relation à Dieu. Sans l'Esprit, il est bien difficile de mesurer l'ampleur de ce fonctionnement égotique.

En se décidant à conformer notre volonté propre à celle de Dieu, à force, cela ne peut que nous décentrer de nous-mêmes et dégonfler ce moi infatué de lui-même. L'union de volonté déplie ce mouvement centripète du *Moi* et le centre de plus en plus sur le *Toi* de Dieu. Grâce à un abandon authentique, pratiqué assidûment, le Fils de Dieu va imprimer dans sa créature l'orientation même de son âme divine qui, comme dit le prologue de saint Jean, est toute « tournée vers le sein du Père » (cf. Jn 1,18). En peu de mots, saint François de Sales décrit cette révolution copernicienne : « Qui est bien attentif à plaire amoureusement à l'Amant céleste n'a ni le cœur ni le loisir de se retourner sur soi-même[3]. »

Tout ce travail de dégagement du moi conduit à un plus grand oubli de soi. Il y avait parmi les premières visitandines des âmes d'élite qui, par leur humilité, attiraient Dieu d'une manière irrésistible. Sœur Anne-Marie Rosset faisait partie de cette légion. Sainte Jeanne de Chantal demandait un jour à ses sœurs en récréation :

3. Saint François de Sales, *Œuvres*, *op. cit.*, 26, 273.

« Où iriez-vous si l'on vous permettait quelque pèlerinage? » — « À Rome », répond l'une — « À Notre-Dame de Lorette », répond une autre. La sœur Anne-Marie Rosset se taisait. « Et vous, sœur Anne-Marie? » interrogea la Mère. — « Pour moi, ma Mère, le grand voyage que je désire, ce serait de sortir de moi-même pour aller à Jésus Christ[4]. »

Cet oubli de soi n'est pas seulement une noble vertu, cela crée un véritable « boulevard » pour Dieu, lui qui ne prend que la place qu'on lui donne. On peut donc dire que l'abandon au bon vouloir de Dieu signe le début d'une vie proprement spirituelle, l'Esprit ayant désormais plus de latitude pour prendre les choses en main.

### *... pour se centrer sur Dieu*

L'âme qui désire se livrer plus intensément au Très-Haut va passer progressivement de son *moi* au *Toi* de Dieu. Décentrée d'elle-même et de sa volonté propre, elle se centre sur Dieu et sa volonté. Considérer ce recentrage sur Dieu comme l'expression d'un zèle un peu excessif – « m'enfin, Dieu n'en demande pas tant! » –, est à l'évidence le signe d'une certaine légèreté. En effet, ce mouvement de décentrement du moi pour se river sur Dieu n'est rien d'autre que les retrouvailles avec notre vocation profonde – vivre à partir de Dieu –, les retrouvailles avec ce centre de gravité divin qui nous tient, nous unifie et nous dilate : « Le centre de l'âme, c'est Dieu », écrit saint Jean de la Croix, une des références spirituelles de François[5].

Le fruit essentiel de l'union de volonté réside donc dans ce recentrage sur Dieu et son divin vouloir. Tous les autres fruits qui vont être énumérés ne sont que les conséquences bienfaisantes découlant de cette divine greffe sur le cœur du Christ. L'âme ayant invité Dieu, Dieu se laisse inviter. Et comme il ne se déplace jamais

---

4. Cité par Mgr Trochu, *Saint François de Sales*, Tome II, *op. cit.*, p. 417.
5. Saint Jean de la Croix, *Œuvres complètes*, « Vive Flamme A », Strophe 1, 12, *op. cit.*, p. 1096.

sans ses dons, il irradie tout naturellement – tout surnaturellement, devrions-nous dire – l'âme de son amour, de sa puissance et de sa joie divine : « Qu'il est donc bienheureux le cœur qui aime Dieu sans autre plaisir que celui de plaire à Dieu[6] ! »

## *L'âme abandonnée devient amoureuse*

Lorsque l'âme décide de se laisser « téléguider » par la volonté de Dieu, volonté qui, rappelons-le, n'est pas une chose mais Dieu lui-même, cette âme devient passionnée de l'amour passionné de son Dieu. Ceux qui s'imaginent que les êtres livrés à Dieu sont des âmes desséchées sont bien loin du compte. C'est tout le contraire, il n'y a pas plus amoureux qu'un saint, pas plus enflammée qu'une âme toute donnée à son Seigneur.

> « Le cœur indifférent, écrit François, n'aime pas les choses que Dieu veut, mais il aime la volonté de Dieu qui les aime. C'est pourquoi, entre plusieurs choses conformes à la volonté de Dieu, il choisit, quoi qu'il puisse lui en coûter, celle où la volonté de Dieu est le plus manifestement présente. Elle aimerait mieux l'enfer avec la volonté de Dieu que le paradis sans la volonté de Dieu[7]. »

*L'abandon est le fruit délicieux de l'amour*, il jaillit logiquement du désir amoureux d'une âme envers son Dieu. En retour, on peut tout aussi bien dire que *l'amour est le fruit délicieux de l'abandon* : l'âme s'étant livrée à l'amour de Dieu, en réponse, le Très-Haut ne peut que l'inonder de son amour-feu.

---

6. Saint François de Sales, *Traité de l'amour de Dieu*, *op. cit.*, p. 649.
7. *Ibid.*, p. 619-620.

## 2 – Une plus grande légèreté intérieure

L'union de volonté, qui n'est rien d'autre que la petite voie de la confiance, permet d'expérimenter une étonnante légèreté intérieure. L'âme en est toute surprise, elle savoure sans avoir besoin de se faire prier. Alors qu'avant, elle pouvait se sentir écrasée par sa propre inertie, par le poids des événements ou les lourdeurs du prochain, il lui semble qu'avec l'indifférence spirituelle, le quotidien, la vie, lui sont moins pesants : un « Autre » porte mystérieusement une partie du poids de sa vie !

### *La légèreté découle de la confiance*

Cette impression de l'âme, comme si « Quelqu'un » portait en elle sa propre vie, n'est pas qu'une impression, c'est bien la réalité. Quand on bascule du côté de Dieu en lui livrant notre volonté, il bascule aussitôt de notre côté. Quand on laisse passer Dieu, il passe et soutient avec nous ce que nos frêles épaules ont parfois de la peine à porter : « Venez à moi, dit Jésus, vous tous qui peinez et ployez sous le fardeau, et moi je vous soulagerai et vous trouverez soulagement pour vos âmes » (Mt 11,28-29). Le levier puissant permettant de réaliser ce retournement est la confiance, rien que la confiance. La foi vive, la vraie confiance n'a rien à voir avec cette vague croyance – « Je crois qu'il va peut-être faire beau demain ! » Croire en Dieu est aux antipodes de cette version délavée de la confiance. Se confier en Dieu, c'est littéralement laisser Dieu être Dieu en nous : « Jetez bien votre confiance en Dieu, il [...] vous tendra sa main favorable[8]. » Que pensez-vous que Dieu fait lorsqu'on lui laisse les clés de notre intérieur ? Il fait tout simplement son « métier » de Dieu qui est d'irradier son amour et de prendre en charge l'âme qui l'invite en lui remettant les clés de sa volonté propre. N'oublions pas cette grande vérité, énoncée par saint Jean de la Croix, à qui François de Sales doit tant : « La foi donne Dieu

8. Saint François de Sales, *Œuvres*, *op. cit.*, 20, 24.

même[9]. » Nous ne supposons pas le pouvoir qu'a la confiance sur le cœur de Dieu. François, conversant avec les premières visitandines : « Nul ne se confie en Dieu qu'il ne retire les fruits de sa confiance. Je dis ceci entre nous autres. Car pour ce qui est des gens du monde, bien souvent leur confiance est accompagnée d'appréhension, c'est pourquoi elle est d'une valeur nulle devant Dieu[10]. »

## *Tout devient plus facile*

Le mal profond qui ronge l'homme réside dans la recherche désordonnée de lui-même par l'orgueil, l'égoïsme, la sensualité, etc. Nous sommes loin de supposer l'ampleur de ces plis et la gravité de notre noirceur intérieure. Nous voir en vérité est finalement impossible sans les lumières de l'Esprit ; nous changer en profondeur est impossible sans les dons de l'Esprit. Lorsque l'âme entre dans l'abandon, elle reste la même, toujours aussi faible et pécheresse, mais un début de transformation s'amorce, elle se place résolument en orbite autour de la volonté de Dieu, son vrai et unique centre de gravité. Tout change !

Avant ce basculement, la personne travaillait à sa propre conversion et pouvait faire preuve d'une admirable générosité dans cette œuvre de sanctification. Mais il lui semblait que son ascension spirituelle butait sur un plafond de verre, elle se découvrait impuissante à redresser certaines habitudes peccamineuses. Elle avait beau redoubler de générosité dans l'ascèse, la prière et la fréquentation des sacrements, elle stagnait. C'est qu'elle œuvrait trop à partir de ses propres forces et vertus personnelles.

9. Saint Jean de la Croix, *Œuvres complètes,* « Cantique spirituel » B 12, 4, *op. cit.*, p. 1272.
10. Saint François de Sales, *Œuvres*, *op. cit.*, 6, 87.

Avec l'abandon à Dieu et la conformité à son divin vouloir, une vitesse supérieure va s'enclencher. Étant donné que l'âme consent à lâcher le volant de sa propre vie pour le confier à Dieu, celui-ci ne se fait pas prier longtemps. Lorsqu'on l'autorise à prendre les commandes, le Très-Haut est comme libéré, il peut enfin donner à profusion ses dons, ses lumières, son amour. En lui remettant notre vie, nous réjouissons Dieu, nous lui permettons de rayonner en nous. La personne livrée a alors l'impression que son cœur se « liquéfie » sous l'onction de l'Esprit. Écoutons François de Sales, il parle d'expérience : « Un cœur doux, docile, perméable aux suggestions divines, est qualifié de “cœur liquide”. “Mon cœur est comme de la cire fondue, au milieu de mon ventre[11]” (Ps 22,15). » L'âme abandonnée constate que ce qui se passe à l'intérieur d'elle-même – cet assouplissement, cette liquéfaction de son âme – se réalise aussi dans sa manière de faire face aux événements, aux rencontres, et même dans la façon dont se dénouent certaines difficultés. Elle est toute surprise de voir que certaines situations sur lesquelles elle butait auparavant se résolvent d'elles-mêmes. « Ça coule facilement », « c'est beaucoup plus fluide qu'avant » disent les âmes livrées, lorsqu'elles tentent de rendre compte de leur expérience nouvelle : « L'écoulement d'une âme en son Dieu est une véritable extase, ajoute François : l'âme franchit ses propres limites, elle est absorbée, engloutie par son Dieu. Ceux qui ont expérimenté cet excès de l'amour divin et qui reviennent à eux ne voient plus rien parmi les choses de la terre qui puisse les contenter[12]. »

Précisons que la disponibilité à l'agir de Dieu ne vise pas seulement la correction des défauts et la croissance des vertus, c'est l'ensemble de la vie de la personne qui est prise en charge par Dieu. Le rayonnement de cette âme s'élargit et exerce souvent une attraction irrésistible auprès des personnes qu'elle est amenée

11. Saint François de Sales, *Traité de l'amour de Dieu*, *op. cit.*, p. 447.
12. *Ibid.*, p. 449-450.

à rencontrer : « Toutes [les vertus] reçoivent une nouvelle valeur, une nouvelle dignité, de la présence du saint amour[13]. »

## *Assurance*

En paroisse ou dans le cadre des retraites, on rencontre parfois des personnes qui disent souffrir d'un manque de confiance en elles-mêmes : « Mon Père, je n'ai pas confiance en moi, vous ne connaîtriez pas un thérapeute qui puisse me guérir de cela ? » « Mon Père, je voudrais suivre des séances de coaching pour avoir plus d'assurance, vous n'auriez pas une adresse ? » Les coachs, en ce qui concerne ce problème précis, ne manquent sans doute pas sur le marché et font certainement du bon travail. Mais nous qui sommes du Christ, croyons-nous au pouvoir « thérapeutique » de la vie spirituelle ? J'ai été plus d'une fois témoin de personnes qui présentaient un réel déficit de confiance en elles-mêmes, et qui, par la pratique assidue de l'abandon et de la conformité de volonté, se sont découvertes beaucoup plus assurées. Il me semble de plus en plus que le fond du problème de la confiance en soi n'est pas d'abord psy, même si certaines personnes ont pu tirer bénéfice d'une aide en ce domaine. Il s'agit d'un problème de foi. Il n'est pas d'Être qui ait plus confiance en chacun d'entre nous que Dieu lui-même. À chacun il dit, comme à l'apôtre Pierre : « N'aie pas peur, j'ai confiance en toi, avance en eau profonde et jette tes filets » (cf. Lc 5,4) ; « Homme de peu de foi, lâche tes sécurités trop humaines, et rejoins-moi en marchant sur la mer » (cf. Mt 14,31-33). En me reposant sur le Christ qui pose sur moi un regard d'infinie confiance, cette confiance toute divine va peu à peu s'imprimer en moi, devenir mienne et dissiper ainsi des craintes irraisonnées ainsi que des inhibitions tenaces. Je vais peu à peu acquérir de l'assurance, non pas de manière artificielle, un peu comme certains font de la « gonflette » en musculation, mais de manière surnaturelle. Acte d'abandon après acte d'abandon, Dieu,

13. *Ibid.*, p. 776.

en retour, va en quelque sorte inoculer dans la personne l'assurance toute divine qui est la sienne. Cette confiance de Dieu va devenir la confiance de la personne, l'assurance de Dieu va devenir l'assurance de la personne elle-même. « Entre les bras de leur maman, les enfants vivent en *assurance* et savent que rien ne pourrait leur nuire, pourvu qu'ils tiennent sa main [...]. Tendez la main à Dieu et ne vous épouvantez point, car il vous sauvera et protégera contre tous vos ennemis[14]. » À la Visitation naissante, l'évêque de Genève recommandait :

> « Saint François d'Assise, envoyant ses enfants aux champs, en voyage, leur donnait pour toute provision cet avis plutôt que de l'argent : "Jetez votre soin en notre Seigneur, et il vous nourrira." Je vous en dis de même mes chères filles : jetez bien tout votre cœur, vos prétentions, vos sollicitudes et vos affections dans le sein paternel de Dieu, et il vous conduira, et vous portera où son amour vous veut[15]. »

### *Repos*

On se souvient d'un slogan qui a couru lors d'une campagne présidentielle française : « Travailler plus pour gagner plus. » La promesse faite à ceux qui adoptent l'union de volonté pourrait être celle-ci : « Travailler plus et se reposer plus ! » Il n'y a là aucune provocation, cela participe tout simplement aux nombreux paradoxes de la vie en Dieu : la joie au cœur de la croix, la paix au cœur des épreuves, le repos profond de l'âme prise par de multiples œuvres.

Ce paradoxe, d'un profond repos intérieur alors que la personne est immergée dans de multiples activités, ne dépend pas seulement d'un bon tempérament ou d'une santé extraordinaire. Il est

14. Saint François de Sales, *Œuvres*, *op. cit.*, 10, 203.
15. *Ibid.*, 6, 218.

frappant de voir de nombreux saints, diminués physiquement ou frappés de limites apparemment irrémédiables, accomplir de lourdes tâches ou s'engager dans des projets de construction, d'évangélisation, de fondations qui dépassent la mesure humaine. Il y a longtemps que le « tout-venant », sous le poids de ces tâches écrasantes, aurait explosé en plein vol. Les saints, eux, au milieu de toutes leurs entreprises et fatigues apostoliques, semblent sereins, presque reposés. Ce fut vraiment le cas de saint François de Sales, toujours disponible et paisible, alors qu'il était littéralement mangé. Peut-on rendre compte de cet étonnant paradoxe vécu par les saints, peut-on pénétrer en leur intérieur et entrevoir le secret de leur sérénité ? Deux éléments de réponse peuvent être esquissés.

### L'âme donnée se sait accompagnée

La personne toute donnée n'a pas seulement conscience de la présence du divin autour d'elle – « Il doit bien y avoir quelque chose au-dessus de nous ! », entend-on dire parfois. L'union de volonté réalise une telle communion entre l'âme et son Seigneur, qu'elle est convaincue de la présence intime de Dieu, elle croit, au sens de toucher du doigt, à la sollicitude du Père éternel qui ne s'occupe pas d'elle de loin, mais se soucie d'elle jusqu'aux plus petits détails de son quotidien. Celui qui se reconnaît dans ce descriptif, celui qui en vit, sait de l'intérieur ce que cette intimité d'amour avec Dieu – pas toujours sentie la plupart du temps – veut dire, et combien cela change la vie et le rapport au travail. On dit qu'une des plus grandes souffrances de l'homme est la solitude. L'âme dont nous parlons est tellement livrée à son Seigneur, qu'elle a conscience de vivre avec lui un compagnonnage et même un « mariage ». L'intimité est si profonde avec le cœur du Christ que le mariage terrestre semble bien pâle en regard de cette communion toute divine. Voilà déjà un élément fondamental qui explique le repos profond de l'âme livrée : même dans la sécheresse et dans la peine, l'âme est littéralement « soulevée » par l'amour de Dieu. « Dieu est Dieu de joie », écrit François à Angélique Arnaud[16].

### L'âme livrée se reçoit de son Seigneur

L'âme toute donnée est littéralement « extravertie », tournée vers un Autre, et quel autre, puisqu'il s'agit de Dieu lui-même. Il y a plus encore. L'union de volonté ne facilite pas seulement l'extraversion, elle favorise aussi une attitude profonde d'accueil, de réceptivité. L'âme est constamment installée dans cette disposition intérieure : « Seigneur, que veux-tu que je pense ? Que veux-tu que je fasse ? Comment veux-tu que je le fasse ? » Une telle attitude de réceptivité ne peut que détendre l'âme et toutes les facultés de la personne. Elle travaille plus tout en fatiguant moins, jusqu'à se recharger d'énergie tout en besognant. La personne œuvre avec ardeur pour son Seigneur, mais elle ne travaille plus pour elle-même et par elle-même. L'union de volonté crée un certain détachement intérieur vis-à-vis de ce qu'elle entreprend, ce qui fait qu'elle connaît rarement l'épuisement comme par le passé. Nous n'imaginons pas ce que l'esprit humain, lorsqu'il veut tout penser, tout maîtriser et tout organiser, est capable de mobiliser comme force et dynamisme. On dit que le burn-out est la maladie des généreux – ce qui explique au passage pourquoi de nombreux consacrés en souffrent. Si les personnes épuisées apprenaient à se recevoir en tout de Dieu, elles seraient comme une batterie qui se recharge tranquillement tout en roulant. La vie spirituelle sous le régime de l'abandon a quelque chose d'un bras de fer un peu spécial : l'âme livrée à Dieu se jette à corps perdu dans le combat, mais elle sait que Dieu combat pour elle et avec elle. Elle produit son effort, mais tout en laissant la main invisible de Dieu soutenir et pousser par-derrière. La victoire est assurée car le « partenaire » est puissant et nous a déjà obtenu la victoire : « Gardez courage, j'ai vaincu le monde » (Jn 16,33). La personne se bat tout en se

16. *Ibid.*, 13, 36.

reposant sur Dieu, elle ne peut que se recharger d'énergie dans l'effort même. C'est toute l'expérience décrite par le bouillonnant saint Paul : « Je me fatigue à lutter, avec son énergie qui agit en moi avec puissance » (Col 1,29). De son côté, saint François de Sales enseigne :

> « Vous me demandez à quoi doit s'occuper intérieurement cette âme qui est tout abandonnée entre les mains de Dieu. Elle ne fait rien sinon demeurer auprès de Notre Seigneur, sans avoir souci d'aucune chose, pas même de son corps ni de son âme. Puisqu'elle s'est embarquée sous la providence de Dieu, qu'a-t-elle à faire de penser à ce qu'elle deviendra ? Notre Seigneur, auquel elle s'est toute délaissée, y pensera pour elle. Je n'entends pas pourtant dire qu'il ne faille pas penser les choses auxquelles nous sommes obligés, chacun selon sa charge[17]. »

## *Un nouveau regard porté sur la croix*

### Ici-bas, l'abandon aura toujours une saveur « d'aigre-doux »

Si la sérénité profonde est un des grands bienfaits qui découlent de l'abandon à la volonté de Dieu, cela ne veut pas dire que l'âme livrée en est « anesthésiée », au point de ne plus du tout ressentir la rudesse de la croix. Comme le dit saint François de Sales, l'abandon produit réellement des fruits de paix et de joie intérieures, mais il y aura toujours une impression d'*aigre-doux*, le *délicieux* sera toujours assaisonné d'un peu de *douloureux* : « Tel est l'amour, *aigre-doux*. Tant que nous serons en ce monde, sa douceur ne sera jamais parfaitement douce parce qu'il n'est jamais parfait, ni pur, ni pleinement comblé. Il n'en sera pas moins délicieux, parce que

17. *Ibid.*, 6, 27.

son aigreur affine la suavité de sa douceur, comme sa douceur aiguise l'aigreur de son acidité[18]. »

Tant qu'on n'est pas ancré dans l'union de volonté, il est assez difficile de comprendre ce que peut signifier cet *aigre-doux* de l'abandon. On n'aura aucune difficulté à envisager le côté aigre, mais la dimension de douceur nous échappera. Beaucoup se disent : « Mais la douceur et la douleur sont incompatibles, quand l'une est là, elle chasse forcément l'autre et inversement. » Non, c'est bien les deux pour le prix d'un ! Dans les situations rudes, l'âme abandonnée est comme tout le monde, elle n'échappe pas comme par enchantement à la morsure de la souffrance, mais l'onction intérieure qu'elle éprouve est si douce qu'elle a l'impression de souffrir sans souffrir. L'âme veut et aime tellement la volonté de Dieu que celle-ci fait office de « pare-chocs » entre la personne et sa souffrance : « L'âme crie perpétuellement en son sacré silence : il me suffit que Dieu soit Dieu [...]. Que je meure ou que je vive, il importe peu[19]. » L'âme abandonnée expérimente quelque chose du sommeil paisible de notre Seigneur dans la barque des Apôtres alors que la tempête fait rage : « Laissez bruire et gronder les vagues tout autour de votre barque et ne craignez point, car Dieu y est, et par conséquent le salut[20]. »

Que cette indifférence paisible est désirable ! Mais que personne ne s'illusionne, on ne peut pas parvenir à une telle sérénité sans au préalable payer le prix fort, c'est du « donnant-donnant ». Il est en effet impossible de prétendre à un *attachement* sublime à Dieu sans de multiples *détachements* à ce qui n'est pas Dieu : « On ne peut aimer Dieu parfaitement qu'à condition de rompre toutes les affections qui nous attachent aux choses périssables[21]. » Il est impossible d'entrer dans l'insouciance et la liberté de l'Esprit, sans

18. Saint François de Sales, *Traité de l'amour de Dieu*, *op. cit.*, p. 452.

19. Cité par Henri Lemaire, *François de Sales, docteur de la confiance et de la paix*, éd. Beauchesne, 1963, p. 118.

20. Saint François de Sales, *Œuvres*, *op. cit.*, 13, 120.

21. Saint François de Sales, *Traité de l'amour de Dieu*, *op. cit.*, p. 901.

au préalable lui sacrifier notre propre liberté : « Quand donc vous offrirons-nous en holocauste notre liberté, qui est notre unique enfant, notre Isaac à nous[22] ? » Seule l'âme livrée comprend de l'intérieur que l'homme n'est vraiment *libre* que lorsqu'il se fait *esclave* de la volonté de Dieu : « Notre liberté n'est jamais plus libre que lorsqu'elle est esclave de la volonté du Seigneur. Elle n'est jamais plus esclave que lorsqu'elle sert notre volonté propre, elle n'est jamais plus vivante que lorsqu'elle meurt à elle-même[23]. » Nous retrouvons là un des nombreux paradoxes de l'Évangile.

### Le désir d'être identifié au Rédempteur

Dans la croissance spirituelle, il y a une première phase de purification au cours de laquelle l'âme se détache progressivement de sa volonté propre pour se conformer à la volonté de Dieu. Lorsque ce délestage prend forme, l'âme ne désire plus seulement obéir au bon vouloir de l'Aimé, son amour la pousse à s'identifier à l'Aimé. Or cet Aimé, Jésus, est indissociablement le Crucifié-Glorifié. Le vœu de l'âme enamourée est d'être conformée au Crucifié afin de pouvoir lui manifester sa compassion et compenser les ingratitudes du monde. L'âme entre alors dans les secrets de l'amour de *conformité* et de *réparation*, éléments déterminants de la doctrine du Sacré-Cœur si chère à l'évêque de Genève. « La compassion [...] n'est pas autre chose qu'un sentiment d'affection qui nous fait participer aux souffrances de ceux que nous aimons [...]. C'est l'amour qui unit ainsi le cœur de celui qui aime au cœur de celui qui est aimé. Les maux et les biens deviennent communs[24]. »

---

22. *Ibid.*, p. 903-904.
23. *Ibid.*, p. 904.
24. *Ibid.*, p. 351.

## 3 – Marie, Mère de notre abandon

Saint François de Sales fut le chantre de la très sainte Vierge Marie. Quand on pense que sur deux cent quarante homélies et plans de sermons qui nous sont parvenus de lui, plus de vingt sont entièrement consacrés à Marie, on mesure ainsi l'importance que la Mère de Dieu avait pour lui. Il nous semblait donc difficile de conclure cet ouvrage sans évoquer la figure de la Vierge Marie. La Mère de Dieu est un des grands fruits de l'abandon à Dieu : « Femme, voici ton Fils », dit Jésus au moment du suprême abandon à son Père (Jn 19,26). Si Marie est un des fruits délicieux de l'abandon à Dieu, elle le sera dans la mesure où nous la prendrons comme « Mère » de notre abandon. « Ne crains pas de prendre chez toi Marie » (Mt 1,20) : cette parole de l'ange à saint Joseph nous est aussi adressée. N'ayons pas peur de prendre Marie en notre intérieur pour qu'elle exerce sa maternité de grâce. Plus nous adopterons Marie, plus elle deviendra mère de notre abandon et plus notre abandon en sera profond, fructueux et comblant.

### *Médiatrice dans l'unique Médiateur*

Pourquoi passer par Marie pour aller à Jésus ? Pourquoi faut-il plonger en Marie pour recevoir les eaux vives de l'Esprit ? Saint François de Sales, avec sa parole théologique toujours très ajustée, offre des réponses convaincantes. S'appuyant sur une parole de saint Augustin – « Nul n'aura Jésus Christ pour frère qui n'aura voulu avoir Marie pour mère[25] » –, l'évêque de Genève nous assure qu'une saine dévotion à Marie, non seulement ne fait pas ombrage au Christ, mais qu'un manque d'amour envers sa divine mère blesserait le Fils : « Point de dévotion pour Dieu sans affection de plaire à Notre-Dame[26]. »

25. Saint Augustin, *Serm. III de Symb.* Cité par saint François de Sales, *Œuvres*, *op. cit.*, 7, 29.
26. Saint François de Sales, *Œuvres*, *op. cit.*, 9, 93

Le malaise ressenti par certains au sujet de la médiation particulière de Marie dans l'ordre de la grâce, est souvent dû à une conception étriquée de la médiation du Christ et de la maternité de Marie. Oui, le Christ est l'unique médiateur du salut, mais sa médiation n'est pas une tour d'ivoire parfaitement hermétique, c'est une médiation « ouverte », comme l'enseigne le concile Vatican II[27]. Saint François de Sales dit : « Nous la nommons belle "comme la lune" (Ct 6,9) qui reçoit sa clarté de celle du soleil, car elle reçoit la gloire de son Fils[28]. » Par ailleurs, nous ne mesurons pas la médiation de Marie qui est contenue dans sa maternité : elle est médiatrice de toute grâce parce qu'elle est Mère de celui sur qui repose la plénitude de la grâce (cf. Jn 1,16). « Dites-moi, ô très chère Mère et ma très douce Souveraine, ces trésors resplendissants de la sagesse et de la science n'étaient-ils pas dans le Verbe, dans le Fils de Dieu, avant qu'il fût conçu dans votre sein[29] ? »

### *Vivre l'abandon « en » Marie*

Ils sont nombreux parmi les fidèles à aimer et prier Marie : elle en est profondément touchée et Dieu en est glorifié. Mais c'est une tout autre dévotion que d'adopter Marie comme Mère de notre vie spirituelle, Mère de notre abandon et de notre union de volonté. Comment s'y prend-on concrètement pour cela ? C'est on ne peut plus simple : il s'agit d'appeler Marie en tout, afin qu'elle nous apprenne à vivre « en elle » les événements. L'important est de demeurer dans cette disponibilité filiale à la Mère de Dieu. Voici quelques traits de cette maternité de Marie à l'école de l'indifférence spirituelle.

27. « Tout comme le sacerdoce du Christ est participé sous des formes diverses, tant par les ministres que par le peuple fidèle, [...] ainsi l'unique médiation du Rédempteur n'exclut pas, mais suscite au contraire une coopération variée de la part des créatures, en dépendance de l'unique source », Concile Vatican II, *Lumen gentium*, n° 62.
28. Saint François de Sales, *Œuvres*, *op. cit.*, 7, 458.
29. *Ibid.*, 8, 45-46.

Le lien entre Marie et l'Esprit est si intime, que vivre en Marie est le moyen le plus fécond pour se laisser prendre par le Saint-Esprit et donc pour basculer dans l'union de volonté :

> « Ô bienheureuse Vierge Marie, digne Mère de Dieu et fidèle Dispensatrice de toutes les grâces qu'Il veut nous distribuer en cette vie, je vous supplie, par l'amour de votre cher Fils, notre Sauveur Jésus Christ, de m'obtenir de votre divin Époux, le Saint-Esprit, une lumière céleste et un bon conseil pour connaître ce que je dois faire et comment je dois me conduire[30]. »

On peut tout à fait pratiquer l'abandon et l'indifférence spirituelle sans passer par Marie. Sachons tout de même que Dieu ne considère pas la très sainte Vierge comme un « conduit » purement passif de la grâce divine : elle a reçu d'en-haut la mission d'être l'éducatrice de notre abandon confiant, l'ayant elle-même vécu d'une manière sublime : « Elle est comme en une parfaite indifférence : arrive tout ce qui pourra, semble-t-elle dire, pourvu que je sois toujours auprès de lui et que je le possède, je suis contente puisque je ne veux et ne cherche que lui[31]. »

Une âme vraiment désireuse de Dieu pourra difficilement faire l'économie des nuits purificatrices, ces phases douloureuses au cours desquelles l'Esprit Saint « déstabilise » l'âme pour la rendre plus souple et l'unifier en Dieu. Dans ces périodes nocturnes, Marie n'est pas donnée par le Christ pour pallier une douceur qui manquerait à Dieu, mais pour justement la manifester. Comme la maman a une grâce particulière pour apaiser les fièvres et les nuits agitées de l'enfant, ainsi la très sainte Vierge est vraiment la mère des nuits intérieures de l'âme. Rappelons-nous, le jeune François de Sales en fit l'expérience lors de sa grave crise de la foi. Entré

30. *Ibid.*, 26, 429.
31. *Ibid.*, 9, 180.

dans une église de Paris, après avoir fait un acte d'abandon total à la volonté de Dieu, il récita un *Souvenez-vous* à la Mère de Dieu et « en ce même instant, rapporte sainte Jeanne de Chantal, il se trouva parfaitement et entièrement guéri ; et il lui sembla que son mal était tombé sur ses pieds comme des écailles de lèpre[32] ».

Marie n'est pas seulement Mère des hommes, elle aussi Reine des Apôtres. Adoptons-la comme la maîtresse de notre évangélisation, nous ne le regretterons pas. Que ce soit pour recevoir d'en-haut ses « plans pastoraux », ou pour parler de Marie et du mystère de son Fils, elle est toujours disposée à nous obtenir les lumières de l'Esprit. C'est ainsi que procédait saint François de Sales : « Vous savez que notre glorieuse Maîtresse me donne toujours une aide particulière quand je parle de sa divine Maternité. Je la supplie, cette Dame sacrée, de mettre sa main dans le précieux côté de son Fils pour y prendre ses plus chères grâces, afin de nous les donner en abondance[33]. »

32. André Ravier, *op. cit.*, p. 27-28.
33. Saint François de Sales, *Œuvres*, *op. cit.*, 21, 184.

# Conclusion

Décidément la Providence est bien bonne! Alors que je m'apprêtais à jeter sur le papier les premiers mots de ce livre, les retraites prêchées çà et là me firent découvrir une figure attachante, en lien avec ce travail, une visitandine, la vénérée mère Marie de Sales Chappuis (1793-1875), dont la dépouille repose actuellement au couvent de la Visitation de Troyes. La biographie de cette digne fille de la Visitation, que les Oblates de Saint-François-de-Sales de Troyes, communauté toute proche du couvent de la Visitation, mirent entre mes mains, est l'œuvre du père Louis Brisson, fondateur des Oblates. Je n'ai aucune autorité pour qualifier la sainteté de la mère Chappuis, je laisse volontiers cette tâche de discernement à l'Église, mais le fait que le père Brisson connaisse de manière si intime la mère Chappuis – il fut son père spirituel – et qu'il ait été depuis béatifié par l'Église (2012), tout ceci lui donne une autorité particulière quant au jugement porté sur la vie et l'enseignement de la mère Marie de Sales. La vie de cette religieuse est admirable. Mais ce qui attira plus particulièrement mon attention dans cette biographie, ce fut le chapitre consacré à la spiritualité de la mère Chappuis : un véritable concentré de la doctrine de l'abandon et de la conformité de volonté enseignée par saint François de Sales. Si la vie de cette chère mère incarne parfaitement le pur amour salésien, son message comporte par ailleurs une dimension qu'on pourrait qualifier de « prophétique ». C'est une des raisons pour lesquelles nous tenions tant à évoquer cette figure au terme de notre parcours. Nous sommes en effet convaincus que les paroles de la mère Marie de Sales qui vont être citées, toucheront le cœur du lecteur, comme elles ont pénétré l'auteur de ce livre. Le lecteur verra avec évidence que la voie d'indifférence salésienne n'a surtout pas une longueur de retard ; elle aurait plutôt une longueur d'avance !

Dans ses différents courriers, il est une expression qui revient souvent sous la plume de la bonne mère Marie de Sales : la *voie*. Cette voie spirituelle est tout simplement le nom qu'elle donne à l'abandon confiant, à la conformité de volonté, cœur de l'enseignement salésien. Le bienheureux père Brisson résume ainsi ce que mère Chappuis entendait par sa fameuse *voie* : « Elle entendait par là un état d'âme qui consiste à dépendre de la volonté actuelle de Dieu en agréant intérieurement ce qui est de son bon plaisir, et imitant extérieurement la vie du Sauveur. Elle disait que cette voie n'était pas nouvelle quant à sa pensée, puisque la perfection chrétienne et religieuse n'a jamais eu d'autre base[1]. »

Si cette *voie* est un principe de vie, mère Marie de Sales s'empresse d'ajouter que cette spiritualité est un chemin de félicité et un véritable secret de sérénité :

> « Ceux qui ont bien voulu y entrer ont trouvé en elle le rassasiement complet des besoins de leur âme, une paix profonde, une assurance calme et douce que Dieu leur était bon et miséricordieux, un amour filial de sa divine volonté, une humilité sincère, la connaissance de leurs défauts et les moyens efficaces pour les corriger, un attrait puissant pour aimer le Sauveur et pour suivre affectueusement ses divins exemples. Cette voie a opéré des transformations subites[2]. »

Venons-en à la dimension proprement « prophétique » des paroles de la mère Chappuis. À écouter notre chère mère visitandine

1. Bienheureux père Louis Brisson, *Vie de la vénérée Mère Marie de Sales Chappuis*, éd. de Paris, 1891, p. 419.
2. *Ibid.*, p. 423.

de Troyes, sa *voie* semble être une grâce toute particulière pour les temps présents et à venir :

> « Elle ajoutait, précise le Père Brisson, que le Sauveur avait voulu, en ces derniers temps, répandre cette doctrine, la rendre accessible à un plus grand nombre d'âmes, afin de glorifier Dieu davantage et lui donner l'occasion d'accorder plus abondamment ses grâces. Elle affirmait que ces grâces auraient un cachet spécial, qu'elles amèneraient les âmes à une ressemblance plus intime et plus complète avec le Sauveur, et qu'elles réaliseraient ce désir du Sauveur : "Qu'ils soient un avec moi, comme je suis un avec mon Père", et celui de l'Apôtre : "Revêtez-vous de Jésus Christ" – "Cette voie, ajoutait-elle, sera non seulement une rénovation pour les âmes, mais encore une rénovation pour le monde extérieur, en ramenant chez ceux qui la suivront les manières d'être, de voir et d'agir du divin Maître." Elle disait que le Sauveur venait d'obtenir de Dieu son Père que cette *voie* fût mise en activité d'une manière toute spéciale, et qu'il comblerait de grâces et de faveurs ceux qui voudraient la suivre et y rester invinciblement fidèles[3]. »

Ces paroles prophétiques peuvent surprendre, interroger, j'en conviens. Mais lorsqu'on les met en correspondance avec les propos tenus par certaines âmes saintes au sujet de la mystérieuse « nouvelle Pentecôte » à venir, les similitudes et les convergences sautent aux yeux. Quelques exemples. La bienheureuse Conchita Cabrera de Armida, mère de famille mexicaine, évoque à plusieurs reprises, dans ses dialogues avec Jésus, ce qu'elle appelle « l'incarnation mystique », ce don de l'Esprit offert au monde pour hâter la venue pentecostale de l'Esprit sur le monde et sur l'Église. Si l'expression n'est pas la même, la dynamique

3. *Ibid.*, p. 419-420.

intérieure de « l'incarnation mystique » de Conchita comporte les mêmes exigences que la fameuse « voie » de mère Chappuis[4]. Il en est de même en ce qui concerne « l'union de volonté » pratiquée et enseignée par sainte Faustine[5] ou par la vénérable Luisa Piccarreta : cette spiritualité doit préparer le monde à la « seconde venue[6] » du Seigneur, au temps béni du « divin vouloir[7] ». La dévotion mariale d'un saint Louis-Marie Grignion de Montfort et sa remise au goût du jour grâce à la vénérable Marthe Robin[8], afin de préparer les « apôtres des derniers temps » et le monde entier à « l'ère de paix » promise par la Vierge à Fatima est, dans son orientation profonde, dans la droite ligne de l'abandon au bon vouloir divin préconisé par saint François de Sales[9]. Ces rapprochements ne veulent aucunement gommer l'originalité propre de chacune de ces démarches spirituelles, nous attirons seulement l'attention sur leurs étonnantes similitudes quant à la trame de fond et à leur lien avec cette mystérieuse Pentecôte à venir. Tout ceci nous amène premièrement à penser que la grâce propre de la mère Chappuis est promise à un bel avenir. En second lieu, puisque son message n'est rien d'autre que la doctrine de l'abandon, fondement de la vie baptismale selon François de Sales, la spiritualité salésienne, un peu « jaunie » au jugement de certains, a toutes les chances d'éclater à nouveau de ses mille feux et d'être largement plébiscitée par nombre de croyants. Ces petites âmes de feu seront très

4. Nous renvoyons au dernier chapitre de notre ouvrage *La Sagesse de la Croix*, éd. de l'Emmanuel, 2012.

5. Nous renvoyons au dernier chapitre de notre ouvrage *Que vienne ta miséricorde*, éd. de l'Emmanuel, 2011.

6. Sainte Faustine, *Petit Journal*, n° 635.

7. Nous renvoyons à notre ouvrage, *Rendre amour pour amour*, éd. Téqui, 2015, p. 263 ss.

8. Cf. Père Henri-Marie Manteau-Bonamy, *Marthe Robin sous la conduite de Marie. 1925-1932*, éd. Saint-Paul, 1995.

9. Nous renvoyons à notre ouvrage *Vivre en Marie*, éd. du Carmel, 2013, p. 241 ss.

désireuses de scruter et d'adopter cette spiritualité d'indifférence et du divin vouloir pour hâter la nouvelle Pentecôte et en vivre.

Nous l'avons noté à plusieurs reprises, François de Sales prend soin de préciser que la vie à l'école de la volonté Dieu aura toujours une saveur « aigre-douce ». Il en sera de même pour la régénération dans l'Esprit, annoncée par tant de mystiques sérieux et reconnus. Elle ne sera possible qu'au prix d'une purification du monde, de l'Église, de chacune de nos âmes. Voici deux mille ans, il n'y eut pas de Pentecôte sans Vendredi saint… à l'avenir, pas de nouvelle Pentecôte sans un nouveau Vendredi saint, sans une purgation spirituelle qui la précédera. Dans sa biographie, le père Brisson ajoute :

> « La *voie* devenait, pour ceux qui étaient fidèles à la suivre, une source de bonheur et de joies spirituelles persistantes et profondes. Souvent au milieu de ces allégresses, on les entendait dire : 'Mais c'est quelque chose du ciel ; au ciel, on doit avoir quelque chose de semblable ; mais on dirait volontiers : Seigneur, il ne nous reste rien à désirer.' La bonne Mère ne voulait point qu'on parlât ainsi : 'C'est vrai, disait-elle, c'est quelque chose du ciel ; mais Dieu se révélera bien autrement encore de l'autre côté, et puis, ce qu'il donne en ce moment, c'est pour aider à *supporter ce qui viendra ensuite*, afin qu'on puisse se conformer plus entièrement à l'image du *Sauveur crucifié*[10]. »

Ne gaspillons pas notre temps à imaginer, par curiosité ou par inquiétude, les contours précis de ces événements à venir. Décidons-nous sans tarder à vivre dans l'indifférence intérieure, l'ici et le maintenant dans le bon vouloir de Dieu. Car, de cette expérience personnelle d'abandon, nous recevrons à la fois les lumières suffisantes au sujet de ces mystérieux événements et la sérénité pour les vivre lorsqu'ils se présenteront : « En cette

10. Bienheureux père Louis Brisson, *op. cit.*, p. 424.

pratique, dit saint François de Sales, vous trouverez la paix pour vos âmes : Tenez vos cœurs en cette sainte indifférence... Je veux dire, en un mot, ne désirez rien, mais laissez-vous, vous-mêmes et toutes vos affaires, pleinement et parfaitement au soin de la divine Providence[11]. »

11. Saint François de Sales, *Œuvres*, *op. cit.*, 6, 92.

# Table

## CHAPITRE 10



## CHAPITRE 11

## CHAPITRE 12

Achevé d'imprimer par CPI BUSSIERE,
en mars 2022
N° d'imprimeur : 2063834

Dépôt légal : janvier 2022

*Imprimé en France*